Global Energy Review & Outlook

全球能源分析与展望

2020

国网能源研究院有限公司　编著

中国电力出版社
CHINA ELECTRIC POWER PRESS

图书在版编目（CIP）数据

全球能源分析与展望．2020 / 国网能源研究院有限公司编著．— 北京：中国电力出版社，2020.11
ISBN 978-7-5198-5170-5

Ⅰ．①全… Ⅱ．①国… Ⅲ．①能源发展－研究报告－世界－2020 Ⅳ．① F416.2

中国版本图书馆 CIP 数据核字（2020）第 226069 号

出版发行：中国电力出版社
地　　址：北京市东城区北京站西街 19 号（邮政编码 100005）
网　　址：http://www.cepp.sgcc.com.cn
责任编辑：刘汝青（010-63412382）
责任校对：黄　蓓　朱丽芳
装帧设计：赵姗姗　永诚天地
责任印制：吴　迪

印　刷：北京瑞禾彩色印刷有限公司
版　次：2020 年 11 月第一版
印　次：2020 年 11 月北京第一次印刷
开　本：889 毫米 ×1194 毫米　16 开本
印　张：13
字　数：305 千字
印　数：0001—2000 册
定　价：188.00 元

全球能源分析与展望 2020

编写组

组　长	单葆国				
主笔人	李江涛	张春成	翁玉艳	谭清坤	
成　员	谭显东	吴　鹏	张成龙	吴姗姗	段金辉
	冀星沛	徐　朝	刘　青	姚　力	王　向
	张莉莉	汲国强	吴陈锐	曲天词	唐　伟
	刘小聪	王成洁	张　煜	贾跃龙	马　捷
	张玉琢	张　宁	薛美美	闫　湖	孔维政

前　言

2020年，新冠肺炎疫情突如其来、席卷全球，给各国经济社会带来前所未有的冲击。疫情初期，能源需求大幅减少，供给调整延后迟滞，导致库存暴涨、价格骤降、投资下滑。当前，世界经济缓慢复苏，能源市场供需低迷；疫情尚未得到有效控制，欧美多国正在经受二次冲击。新冠肺炎疫情的全球大流行使世界百年未有之大变局加速演进，世界政治经贸格局必将深刻调整，经济绿色复苏正在成为国际社会的普遍共识与一致行动，未来全球能源清洁低碳转型步伐将明显加快。

在第七十五届联合国大会一般性辩论上，习近平主席郑重宣布“中国力争2030年前达到二氧化碳排放峰值，努力争取2060年前实现碳中和”，彰显了中国积极应对气候变化、走绿色低碳发展道路的雄心和决心，为国际社会有效落实《巴黎协定》注入强大动力。截至目前，英国、法国、德国等已将碳中和纳入国家立法，欧盟、日本、韩国等已将碳中和作为战略承诺，这些举措有力重振了全球应对气候变化行动的信心与希望。

中国国家电网有限公司主动顺应能源革命与数字革命相融并进的趋势，确立了建设具有中国特色国际领先的能源互联网企业的战略目标，积极投身能源清洁低碳转型的探索和实践。作为公司智库机构，国网能源研究院有限公司（简称国网能源研究院）依托在能源领域的多年积累，突出能源研究的电力特色，持续开展全球能源分析与展望研究工作。

《全球能源分析与展望》是国网能源研究院年度系列报告之一，自2016年开始采用中英双语编著，今年是第5次公开发布。本报告每年年末出版，滚动更新全球、大洲及主要国家在经济、人口、能源、电力、环境等方面的最新统计数据；跟踪经济社会、能源战略、行业政策、技术效率等因素变化，滚动开展全球（分品种、分部门、分地区）中长期能源展望；聚焦热点地区、关键技术、重大议题，开展专题研究。

国网能源研究院自主开发了涵盖“经济 - 能源 - 电力 - 环境”4E因素的全球能源供需预测模型（GEMS-4E），为《全球能源分析与展望》的编著提供基础支撑。2020年，参考全球变化评估模型（GCAM）的思路再造GEMS-4E模型，主要是细化终端能源服务需求刻画、引入用能技术优化选择机制、加强成本价格考量和能源市场模拟。

《全球能源分析与展望　2020》的主要特点有：一是突出疫情影响，研判对当前及中长期全球能源发展的影响；二是加强研究全面性，新增能源投资、能源贸易等内容，细化能源生产情况分析；三是研判全球疫情防控形势，考虑各国能源转型政策和多国碳中和目标，更新情景设计与展望结果；四是增设“热点聚焦”，关注碳中和路径、低碳技术、氢能发展、数字化等议题；五是聚焦能效，分析现状水平、解析影响因素、展望未来趋势；六是聚焦欧盟，回顾转型进展、总结转型行动、展望未来发展、提炼启示借鉴；七是聚焦中国，定量评述全球能源转型的中国贡献。

本报告分为概述、全球能源现状分析、全球能源发展展望、专题研究四个部分。其中，概述部分由单葆国主笔；现状部分由翁玉艳、张春成、李江涛主笔；展望部分由李江涛、张春成主笔；三个专题中，能效专题由张春成、谭清坤主笔，欧盟专题由翁玉艳主笔，中国专题由李江涛、翁玉艳主笔。全书由李江涛统稿，谭显东、吴鹏、张成龙校核。

本报告编写过程中，得到了国家电网有限公司研究室周海洋、国务院发展研究中心资源与环境政策研究所洪涛、中国社会科学院工业经济研究所朱彤、中国石油经济技术研究院王利宁、中国海洋石油集团林益楷、Agora 能源转型论坛涂建军、彭博新能源财经刘雨菁、中电能源情报研究中心杨永明等专家的帮助，在此一并向关心和支持《全球能源分析与展望》的机构和专家表示诚挚的感谢！

受数据来源、统计口径、折算系数等因素影响，本报告能源统计与各国、国际机构统计存在差异。受自然灾害、技术进步、军事冲突等因素影响，能源展望情景结果与实际情况往往不同。国网能源研究院不对报告中数据或信息的任何直接、间接或连带损失承担责任。报告中的观点和判断仅代表编著者的研究思考，不代表任何外部专家及其所在机构的立场。

受研究能力及编写时间所限，报告中难免存在疏漏与不足之处，冀予同行切磋指正，恳请方家不吝赐教。

编著者

2020 年 11 月

目　录

概　述

2020年，新冠肺炎疫情给短期全球能源供需带来严重冲击，对中长期全球能源发展产生深远影响。新冠肺炎疫情的全球大流行使世界百年未有之大变局加速演进，世界政治经贸格局必将深刻调整，经济绿色复苏正在成为国际社会的普遍共识与一致行动，未来全球能源清洁低碳转型步伐将明显加快。

《全球能源分析与展望　2020》在梳理提炼1980年以来全球经济社会、能源电力、碳排放等长期演变规律的基础上，归纳总结了2019年全球能源发展的新动向新变化，简要分析了新冠肺炎疫情对2020年全球能源市场的短期冲击。

● **全球一次能源消费增速放缓。**2019年，全球一次能源消费达206亿吨标准煤，较上年增长0.9%，增速较上年下降1.4个百分点；全球人均能源消费为2.68吨标准煤，较上年微降0.3%。相比1980年，全球一次能源消费总量接近翻番，年均增长1.8%；全球人均能源消费增长15.4%，年均增长0.4%。受疫情影响，预计2020年全球一次能源消费下降5%，其中煤炭、石油、天然气、核能分别下降7%、8%、3%、4.5%，可再生能源增长5%。

● **全球非化石能源消费占比继续提高。**2019年，煤炭消费在2017—2018年连续两年小幅增长之后，增速转负，占一次能源消费总量的比重降至26.1%；石油消费增速较2018年有所下降，占比降至31.4%；天然气消费增长较2018年明显放缓，增速回归至2010—2017年平均水平，占比升至23.2%；非化石能源消费持续快速增长，占比升至19.4%，较1980年提高4.4个百分点。

● **全球电力消费增速为近十年新低。**2019年，全球电力消费达25.2万亿千瓦·时，较上年增长2.0%，增速为2010年以来最低水平；电能占全球终端能源消费的比重约19.6%，较上年提高0.3个百分点，保持稳步提升态势。分部门看，工业用电占比为42.0%，自2000年以来始终在此水平波动，商业、居民占比分别为21.2%、26.8%。预计2020年，全球用电量下降约2%，其中商业、工业用电量分别下降5%、3%，居民用电量上升1%。

● **全球发电装机稳步增长，非水可再生能源成为主力新增电源。**截至2019年底，全球发电装机达74.8亿千瓦，较上年增长3.6%，其中非水可再生能源贡献全球新增装机的64.0%，占总装机的比重达到19.2%。2019年，全球发电量达27.1万亿千瓦·时，较上年增长2.7%，其中非水可再生能源贡献全球新增发电量的49.4%，占总发电量的比重为 10.0%。预计 2020 年，煤电、气电、核电发电量分别下降 7%、2%、5%，可再生能源发电量增长 5%。

● 全球能源相关碳排放在连续两年较快增长之后放缓增长步伐。2019 年，全球能源相关碳排放达 333 亿吨，与 2018 年基本持平，结束了 2017—2018 年的较快增长态势，主要是发达经济体电力部门碳排放大幅减少。1980—2019 年，全球能源相关碳排放增长近九成。预计 2020 年，全球能源相关碳排放下降约 7%。

2019 年以来，以欧盟成员国为代表的越来越多的国家先后明确了碳中和时间表，不断汇聚起携手落实《巴黎协定》温控目标的有效力量。2020 年 9 月，习近平主席郑重宣布"中国努力争取 2060 年前实现碳中和"，极大重振了全球共同应对气候变化行动的信心与希望。

《全球能源分析与展望 2020》着重考虑疫情影响、各国能源转型政策和碳中和目标，更新了基准、加快转型、2℃三个情景设计，面向 2050 年开展全球分品种、分部门、分地区能源展望。与 2019 年版报告相比，中长期能源需求总量有所下降，能源清洁转型步伐加快，碳减排和温升控制取得更大成效。三个展望情景对疫情防控的假设保持一致，均认为 2021 年疫苗研制取得决定性进展、全球疫情逐步得到有效控制。

● 基准情景：能源效率水平持续提高，能源清洁低碳转型稳步推进，技术创新潜力平稳释放，自主减排承诺全部兑现，并在 2030 年后保持政策连续性。

● 加快转型情景：能源效率水平进一步提高，能源清洁低碳转型加快推进，技术创新成效显著，能源气候政策趋于严格，终端电气化与可再生能源发展提速。

● 2℃情景：以实现全球 2℃温升控制目标为约束，考虑各国已公布的碳中和愿景，能源效率水平大幅提高，能源清洁低碳转型快速推进，颠覆性能源技术取得突破，电气化达到更高水平，可再生能源实现更大力度替代。

全球能源消费总量 2023 年恢复至 2019 年水平。短期内的疫情防控举措和全球供应链循环受阻，给能源设施运维、能源项目建设带来一定困难；能源价格的剧烈波动增大了能源投资的不确定性，对能源供应基本面产生负面影响。展望近期，煤炭需求持续下降，发电用煤、工业用煤均增长乏力；石油需求回到疫情发生前水平后还会实现一定增长，但预计 2030 年前达到峰值；天然气需求增长表现出一定韧性，在发电、燃料、化工等领域均呈现增长态势。总体研判，预计全球能源消费总量 2023 年恢复至 2019 年水平；若疫情出现反复、病毒持续扩散，恢复时间或推迟至 2025 年前后。

全球一次能源需求增长动力仍较为强劲。展望中长期，全球经济增长、人口规模扩张导致全球能源需求增长动力仍较为强劲。在基准情景下，全球一次能源需求持续攀升，2050 年约 252 亿吨标准煤，较 2019 年增长约 22%。在加快转型情景下，2035 年前后全球一次能源需求进入平台期，2050 年约 223 亿吨标准煤，较 2019 年增长约 9%。在 2℃情景下，全球一次能源需求较快进入平台期，2035 年前后开始大幅下降，2050 年约 188 亿吨标准煤，较 2019 年下降约 9%。

全球碳减排步伐加快，但要实现 2℃目标仍任重道远。2020 年新冠肺炎疫情暴发导致全球碳排放骤然下降，各国普遍采取积极举措加快能源清洁转型、推动经济绿色复苏；此外越来越多的国家制定碳中和时间表，将对全球共同应对气候变化行动产生深远影响。在基准情景下，全球碳排放在 2035 年前后达峰，2050 年较 2019 年高约 7%，全球平均温升超过 3℃。在加快转型情景下，全球碳排放在 2025 年后持续下行，2050 年约 223 亿吨，约为 2019 年的 2/3，全球平均温升在 2040—2045 年间超过 2℃。在 2℃情景下，全球碳排放快速下降，2050 年仅约为 2019 年的 30%。

一次能源结构迈向清洁低碳，煤炭需求持续下降，石油需求 2030 年前达峰，天然气需求平缓增长。在加快转型情景下，全球煤炭需求持续下降，北美、欧盟、中国等煤电装机大幅减少，以印度为代表的亚太发展中国家煤电略有增长；石油需求 2030 年前达峰，主要是汽车用油较快达峰，交通电气化快速推进，氢能、生物质在交通、化工等领域实现一定程度替代；天然气需求 2035 年前后达峰，天然气发电更多用于保障高峰时段电力供应和为可再生能源发电提供灵活性；非化石能源占比大幅提升，2050 年约为 40%，较 2019 年提高约 21 个百分点。

全球一次能源需求的重心继续向亚太转移，发展中国家贡献绝大部分增量。发达国家能源需求延续饱和或减少态势，发展中国家则保持稳定增长，贡献绝大部分增量。在加快转型情景下，亚太贡献全球一次能源需求增量的 70% 左右，其中印度、东盟接续中国成为全球增长的中心，欧洲、北美地区能效不断提高，需求有所下降。

全球终端能源需求增幅高于一次能源需求增幅，电气化水平大幅提升。受加工转换效率提升及可再生能源占比提高影响，终端能源需求增幅将高于一次能源需求增幅。在加快转型情景下，全球终端能源需求 2040 年进入平台期，2050 年约 165 亿吨标准煤，较 2019 年增长约 14%。各国普遍支持电气化发展，加快转型情景下 2050 年终端电能占比约 40%，较 2019 年约高 20 个百分点，比基准情景（34%）约高 6 个百分点。在 2℃情景下，2050 年全球终端电能占比约 52%，较加快转型情景进一步提高。

2050 年全球电力需求增至约 60 万亿千瓦・时。虽然能效提升会减缓用电增长，但受工业化进程、电气化加速、城市化发展等因素驱动，全球电力需求将保持快速增长。在加快转型情景下，2050 年全球电力需求约 60 万亿千瓦·时，较 2019 年增长约 1.4 倍。

可再生能源以较快速度渗透融入全球能源系统，全球发电装机快速攀升。为应对气候变化、满足用电增长，各国普遍将可再生能源开发利用作为电力发展的战略选择，明确设置了可再生能源发电规模目标或占比目标。在加快转型情景下，2050 年全球发电装机增至约 251 亿千瓦，其中化石能源发电装机占比从 60% 降至不足 20%；可再生能源发电装机占比在 2025 年前后约为 50%，2050 年超过 80%；可再生能源发电量占比在 2035 年超过 50%，2050 年超过 70%。

全球工业用能需求增速逐步放缓，煤炭和石油占比有所下降，电能占比快速提升。考虑能效标准范围不断扩大、能源管理系统逐步推广、能效审计制度普遍实施等举措带动能源效率稳步提高，工业部门能源需求增速逐步放缓。在加快转型情景下，2050 年全球工业用能需求较 2019 年增长约 16%。受北美、欧盟、中国清洁低碳发展影响，工业用煤占比较快下降；石油作为工业能源的竞争力有所降低；化工行业用气需求旺盛，主要是作为原料或燃烧产生高温蒸汽；电能占比从 27% 快速提升至 50%。

全球交通用电增幅远高于用能增幅。未来，发展中国家对交通服务的数量和质量需求快速提升，预计 2050 年全球交通服务需求增长约 1 倍。但受内燃机效率提高、电气化进程加快等影响，交通部门能源需求增长明显放缓。在加快转型情景下，2050 年全球交通用能需求较 2019 年增长约 14%，其中全球交通用电需求增长约 15 倍，占交通用能的比重升至 22%。具体地，公路电气化水平从几乎为零升至 26%，铁路电气化水平升至 80%，航空、航运电气化水平提升有限。

全球建筑用能需求增长以电为主。未来，更多国家实施家用电器的强制性能效标准和能效标识计划，新兴市场国家逐步淘汰白炽灯等低效电器，绿色建筑、被动建筑蓬勃发展，建筑领域能效水平稳步提升。在加快转型情景下，2050 年全球建筑用能需求较 2019 年增长约 15%。分品种看，建筑用煤逐步减少，转向了天然气和电力；建筑用气小幅增长，主要在采暖和烹饪领域替代煤和油；建筑用电大幅增长，占比迅速提高，主要是电器、制冷、采暖等需求增加，2050 年居民、商业部门电气化水平分别达到 55%、73%。

2050 年全球能源消费强度降至目前的一半左右。1980—2019 年，全球能源消费强度从 3.69 吨标准煤 / 万美元降至 2.42 吨标准煤 / 万美元，累计下降 35%。综合考虑能效政策支持、技术进步推动、管理手段提升、市场化改革进程等因素影响，全球能效水平将加速提升，预计 2050 年三种情景下全球能源消费强度较目前下降 46%~61%。其中，欧美地区能源消费强度约下降 50%，能效始终处于领先水平；亚太地区能源消费强度下降近 2/3，能效提升幅度最大。预计到

2050 年，能效提升可帮助累计减少 23%~30% 的能源需求。

欧盟能源转型在战略、法律、市场、公众行动、技术等多方面持续发力，已取得明显成效，为各国能源转型实践提供良好经验与借鉴。1990 年以来，欧盟经济增长与能源消费和碳排放逐渐脱钩，能源效率持续提升，可再生能源迅猛发展，能源转型取得明显成效。通过制定一系列能源转型与应对气候变化的战略、目标与法律，灵活运用市场机制，积极引导公众参与，大力创新推广低碳技术，欧盟能源转型从重点保障能源供应安全向全方位引领绿色低碳发展、提升经济竞争优势、增强全球话语权转变。未来欧盟能源需求与碳排放将继续下降，能源结构持续调整，2050 年可再生能源发电量占比将超过 80%，保持全球领先地位。

中国能源需求及碳排放逐步达峰，为全球能源转型作出显著贡献。2010 年以来，中国能源消费增速逐步放缓，能源结构趋于清洁低碳，向全球提供很大份额的清洁能源设备，碳排放快速增长局面基本扭转。2020 年 9 月，中国提出“努力争取 2060 年前实现碳中和”目标，未来将制定一系列政策，继续为应对气候变化付出艰苦努力。在 2℃情景下，中国一次能源需求于 2025 年前后达峰，之后持续下行，能源结构加快朝着清洁化、低碳化、电气化的方向调整；能源相关碳排放于 2025 年前后达峰，之后稳中有降，与欧美部分发达国家一道为全球减排作出显著贡献。

第一部分

全球能源现状分析

要 点

全球经济增速显著放缓，主要发达经济体增速持续下行。2019 年，全球 GDP 总量达 87.8 万亿美元（2019 年现价，2010 年不变价为 85.0 万亿美元），较上年增长 2.4%，主要受国际贸易环境恶化、各国尤其是发达经济体货币与财政政策的效果减弱等因素影响。

全球人口平稳增长，发展中国家贡献人口增长的九成。2019 年，全球人口达 76.7 亿，较上年增长 1.1%，其中非 OECD 国家贡献全球人口增长的 90.5%。

全球一次能源消费增速放缓，可再生能源快速增长。2019 年，全球一次能源消费达 206 亿吨标准煤，较上年增长 0.9%。分品种看，可再生能源增长 3.7%，其中风能、太阳能实现两位数增长。受疫情影响，预计 2020 年全球一次能源消费下降 5%。

全球终端能源消费持续增长，电气化水平持续提升。2019 年，全球终端能源消费达 145 亿吨标准煤，较上年增长 2.0%。其中，煤炭占比降至约 10%，石油占比约 41%，天然气、电能占比分别升至 16%、20%。

全球能源投资占 GDP 的比重继续下降，中国是全球最大能源投资市场。2019 年，能源投资占全球 GDP 的比重从 2014 年峰值时期的 3% 降至 2.2%，2020 年受疫情影响预计降至 2% 以下。虽受疫情冲击，中国仍保持全球最大能源投资市场地位。

全球电力消费增速创近十年新低。2019 年，全球电力消费量达 25.2 万亿千瓦·时，较上年增长 2.0%，增速为 2010 年以来最低水平。受疫情影响，预计 2020 年全球用电量下降约 2%；中国增长 2%~3%，是唯一用电量实现正增长的主要经济体。

分部门用电结构整体稳定、小幅调整。2019 年，全球工业用电占比为 42.0%，较上年上升 0.5 个百分点，商业、居民分别占 21.2%、26.8%，均较上年下降 0.2 个百分点。预计 2020 年，商业、工业用电量分别下降约 5%、3%，居民用电量增长约 1%。

非水可再生能源发电成为主力新增电源。2019 年，全球发电装机达 74.8 亿千瓦，较上年增长 3.6%。其中，煤电、气电、水电、风电、太阳能发电装机分别增长 1.7%、2.0%、1.0%、10.5%、20.2%，非水可再生能源贡献新增装机的 64.0%。

全球发电量平稳增长，非水可再生能源贡献近一半的新增发电量。2019 年，全球发电量达 27.1 万亿千瓦·时，较上年增长 2.7%。其中，风电、太阳能发电量分别增长 12.6%、28.5%，非水可再生能源贡献全球新增发电量的 49.4%。2020 年，预计煤电、气电、核电发电量分别下降 7%、2%、5%，可再生能源发电量增长 5%。

全球能源相关碳排放在连续两年较快增长之后放缓增长步伐。2019 年，全球能源相关碳排放达 333 亿吨，与 2018 年基本持平，主要是发达经济体电力部门碳排放大幅减少。受疫情影响，预计 2020 年全球能源相关碳排放下降约 7%。

一、经济社会

（一）GDP

全球经济增速显著放缓，主要发达经济体增速持续下行。2019 年，全球 GDP 总量达 87.8 万亿美元（2019 年现价，2010 年不变价为 85.0 万亿美元），较上年增长 2.4%，增速较上年下降 0.6 个百分点，主要受国际贸易环境恶化、各国尤其是发达经济体货币与财政政策的效果减弱等因素影响。其中，美国经济增速为 2.3%，较上年下降 0.9 个百分点；欧盟增速为 1.5%，较上年下降 0.6 个百分点，多数成员国不同程度放缓；在全球经济增长放缓、外部动荡源和风险点增多、国内结构性体制性周期性问题交织的复杂局面下，中国经济继续保持总体平稳、稳中有进的发展态势，增速达 6.1%；印度经济增速降至 5.0%，较上年下降 1.3 个百分点。1980—2019 年，全球 GDP 年均增长 2.9%，其中非 OECD 国家年均增速为 4.6%，为 OECD 国家年均增速的 2 倍，占全球 GDP 的比重从 19.9% 升至 37.3%。2020 年，全球经济陷入深度衰退，预计中国将是全球唯一实现正增长的主要经济体。

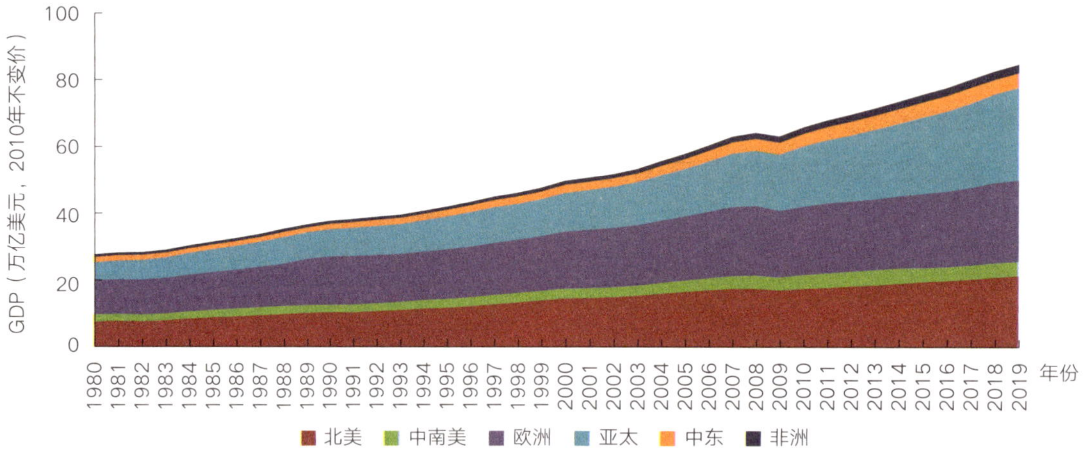

图 1-1　1980—2019 年分地区 GDP 增长

亚太经济占全球总量的近 1/3，贡献全球增量的 50% 以上。2019 年，亚太、欧洲、北美 GDP 占全球的比重分别为 32.6%、28.6%、25.4%，分别贡献 2019 年全球增量的 54.5%、18.7%、21.8%。1980—2019 年，亚太、非洲 GDP 占全球的比重上升，增幅分别为 13.7、0.3 个百分点；欧洲、北美、中南美、中东 GDP 占比下降，降幅分别为 8.3、2.5、2.5、0.8 个百分点。

中国是全球经济增长的重要引擎，增速显著高于全球平均水平。2019 年，中国 GDP 对全球增长的贡献率达 32.4%，GDP 增速高于全球平均水平 3.6 个百分点。1980—2019 年，中国 GDP 年均增长 9.5%，比全球平均水平高 6.6 个百分点，占全球的比重从 1.2% 升至 13.6%，提高 12.4 个百分点。

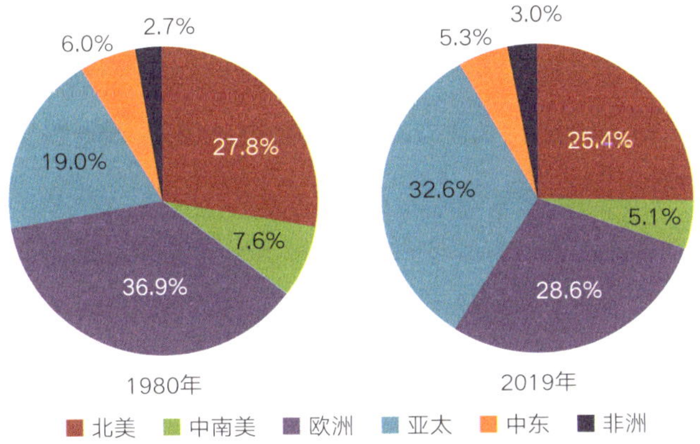

图 1-2　1980 年、2019 年分地区 GDP 占比

（二）人口

全球人口平稳增长，发展中国家贡献人口增长的九成。2019 年，全球总人口达到 76.7 亿，较上年增长 1.1%，其中非 OECD 国家增长 1.2%，贡献全球人口增长的 90.5%。1980—2019 年，全球总人口增长 73%，年均增长 1.4%，其中 1980—2000 年年均增长 1.6%，2000—2019 年年均增长 1.2%。OECD 国家人口从 1980 年的 9.9 亿增至 2019 年的 13.0 亿，增长 26%，年均增长 0.7%；非 OECD 国家人口从 34.4 亿增至 63.8 亿，增长 67%，年均增长 1.6%，占全球人口的比重从 77.7% 升至 83.1%，贡献全球增量的 90.6%。

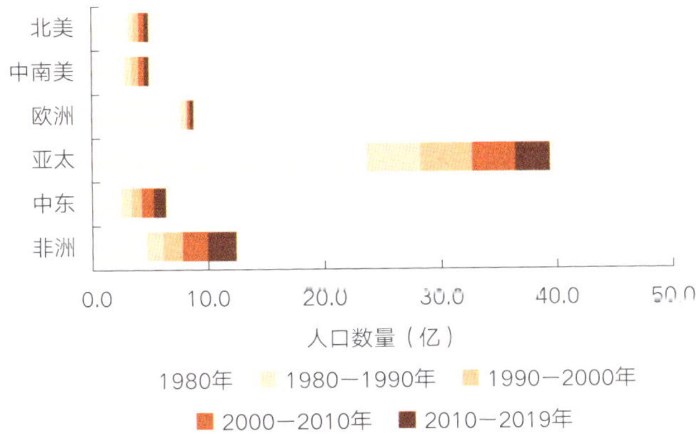

图 1-3　1980—2019 年分地区人口增长

欧洲人口增速最低，非洲人口上升最快。2019 年，欧洲人口增长 0.3%，为各地区最低水平；非洲人口增长 2.5%，为各地区最高水平；中东次之，达到 1.8%；中南美、亚太、北美人口分别增长 0.8%、0.8%、0.7%。1980—2019 年，欧洲仅增长 15% 至 8.8 亿，非洲、中东分别增长 169%、156% 至 12.4 亿、6.3 亿，亚太增长 67% 至 39.3 亿，北美增长 54% 至 4.9 亿，中南美增长 74% 至 4.9 亿。在此期间，亚太人口占全球的比重始终在 50% 以上，2019 年较 1980 年下降 1.9 个百分点；北美占比从 7.2% 降至 6.4%；欧洲占比降幅最大，从 17.2% 降至 11.4%；中南美占比保持不变，均为 6.4%；中东占比从 5.6% 升至 8.3%；非洲占比升幅最高，从 10.4% 升至 16.2%。

中国、印度两国人口占全球的 1/3 以上。2019 年，中国人口达到 14.0 亿，占全球的 18.2%，超过欧洲与北美人口之和；印度人口达到 13.7 亿，占全球的 17.8%。1980—2019 年，中国、印度人口年均增速分别为 0.9%、1.7%，占全球的比重分别变化 -3.9、2.0 个百分点。

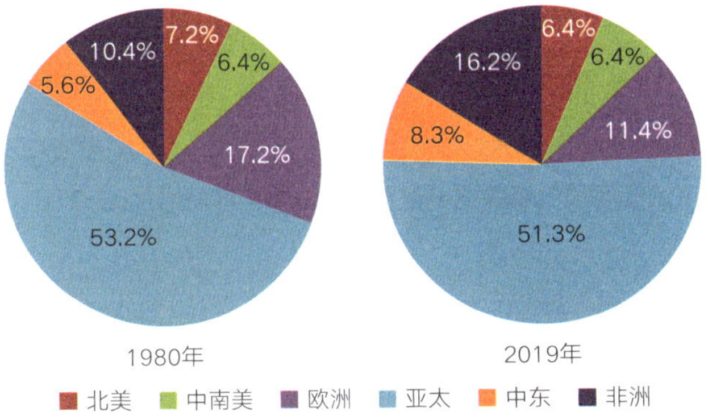

图 1-4　1980 年、2019 年分地区人口占比

（三）人均 GDP

全球人均 GDP 持续上升，发达国家人均 GDP 是发展中国家的 8 倍以上。2019 年，全球人

均 GDP 达到 1.11 万美元（2010 年不变价，下同），较上年增长 1.4%，其中 OECD 国家增长 1.4%，非 OECD 国家增长 2.3%。1980—2019 年，全球人均 GDP 增长 76%，年均增长 1.5%。其中，OECD 国家人均 GDP 从 2.25 万美元升至 4.11 万美元，增长 82%；非 OECD 国家人均 GDP 从 0.16 万美元升至 0.50 万美元，增长 209%；两者绝对差距从 2.09 万美元扩大至 3.61 万美元，但相对差距从 14.0 倍缩小到 8.3 倍。

亚太人均 GDP 增长最快，非洲不足全球平均水平的 1/5。2019 年，亚太、北美、欧洲、非洲人均 GDP 分别达到 0.71 万、4.37 万、2.78 万、0.21 万美元，较上年分别增长 3.4%、1.4%、1.3%、0.3%；中南美、中东分别达到 0.87 万、0.71 万美元，较上年分别下降 1.3%、0.5%。1980—2019 年，北美、欧洲人均 GDP 总体持续增长，期间受 2008 年国际金融危机影响短暂明显下行，之后企稳回升；亚太经济持续增长，人均 GDP 稳步提升；中东、中南美人均 GDP 整体呈上升趋势；非洲人均 GDP 一直处于全球最低水平，不足全球平均水平的 1/5。

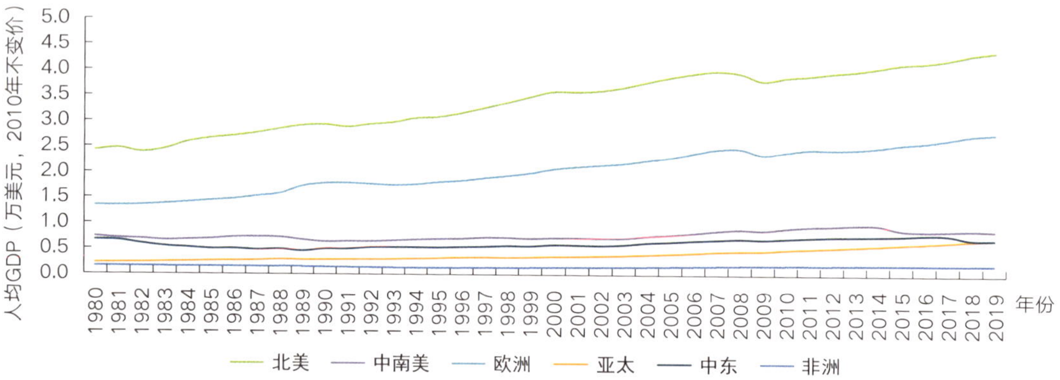

图 1-5　1980—2019 年分地区人均 GDP 变化

中国人均 GDP 约为全球平均水平的 3/4，印度仅约全球平均水平的 1/5。2019 年，中国人均 GDP 达到 0.83 万美元，为全球平均水平的 74.5%，但仍远低于美国（5.58 万美元）、日本（4.92 万美元）等发达国家，也低于俄罗斯（1.22 万美元）、巴西（1.11 万美元）等国；印度人均 GDP 为 0.22 万美元，仅约全球平均水平的 19.6%。1980—2019 年，中国人均 GDP 增长 23 倍，年均增速为 8.5%；印度人均 GDP 增长 4 倍，年均增速为 4.3%。

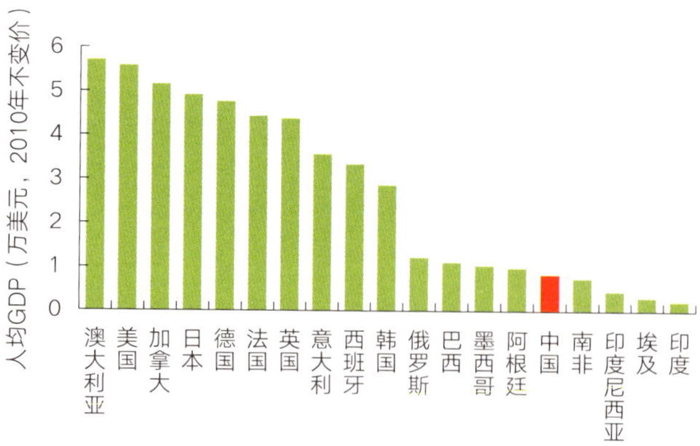

图 1-6　2019 年主要国家[1]人均 GDP（由大到小排序）

[1] 在现状分析部分，主要国家包括美国、加拿大、墨西哥、巴西、阿根廷、英国、法国、德国、意大利、西班牙、俄罗斯、澳大利亚、中国、印度、日本、韩国、印度尼西亚、埃及、南非等。

二、能源消费

（一）一次能源

1. 分地区

全球一次能源消费增速明显放缓。2019 年，全球一次能源消费达 206 亿吨标准煤，较上年增长 0.9%，增速较上年下降 1.4 个百分点，主要受全球经济增速放缓和气候状况等因素影响。相比 1980 年，全球一次能源消费总量接近翻番，年均增长 1.8%；其中 OECD 国家年均增长 0.7%，非 OECD 国家年均增长 2.8%，发展中国家取代发达国家成为全球一次能源消费增长的主要来源，尤其 2000 年以来非 OECD 国家一次能源消费年均增速达到 3.6%，而 OECD 国家几乎零增长。

亚太地区是全球能源消费增长的主要来源。2019 年，亚太一次能源消费达 87.8 亿吨标准煤，较上年增长 2.1%，占全球的比重为 42.7%，对 2019 年全球增长的贡献率高达 123.8%；北美一次能源消费为 38.2 亿吨标准煤，较上年下降 1.2%，占全球的比重为 18.6%；欧洲一次能源消费降至 41.0 亿吨标准煤，较上年下降 1.1%，占全球的比重为 19.9%。相比 1980 年，亚太一次能源消费翻两番，贡献全球一次能源消费增长的 64.3%，占全球的比重提高 21.5 个百分点；北美、欧洲分别贡献全球一次能源消费增长的 8.1%、1.9%，占全球的比重分别下降 10.4、18.0 个百分点。

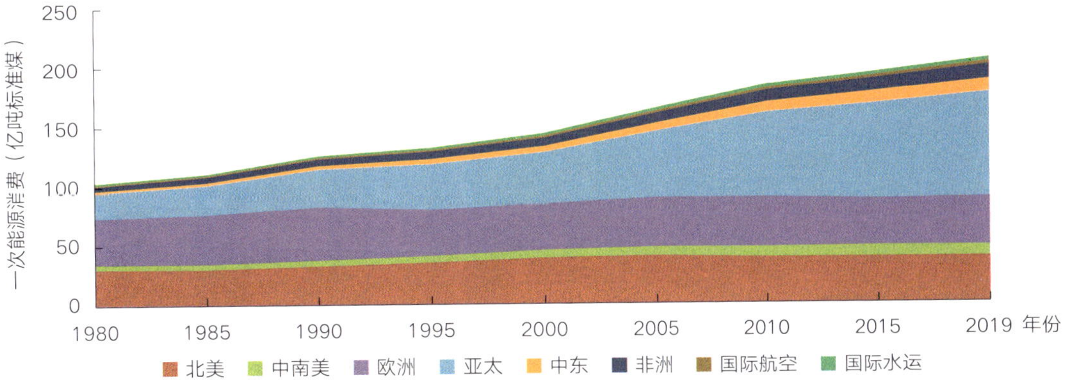

图 1-7 1980—2019 年分地区一次能源消费增长

中国、美国、欧盟一次能源消费合计约占全球的一半。2019 年，中国、美国、欧盟一次能源消费分别达到 47.0 亿、31.6 亿、22.6 亿吨标准煤[1]，消费量合计占全球的 49.2%。美国、欧盟一次能源消费已经饱和，2019 年一次能源消费分别下降 0.6%、2.0%。作为最大的发展中国家，

[1] 国内通常采用发电煤耗法统计非化石能源发电的一次能源消费量，而国际上通常以电热当量为基础考虑一定系数进行折算。本报告采用国际能源署统计方法，水能（不含抽水蓄能）、风能、光伏及其他可再生能源（潮汐、波浪、海洋）发电的折算系数为 100%，核能、光热、生物质发电的折算系数为 33%，地热发电的折算系数为 10%。

中国一次能源消费保持增长态势，2019 年增速为 3.4%。由于经济增速明显下滑，2019 年印度一次能源消费仅增长 0.9%，大幅低于 1980 年以来的平均增速（4.0%）。

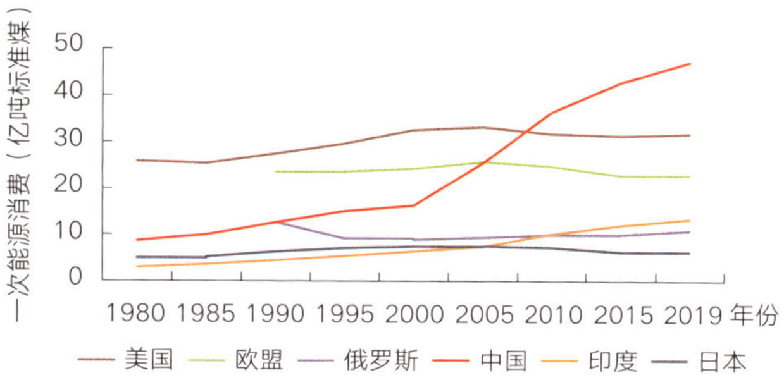

图 1-8　1980/1990—2019 年主要国家和地区一次能源消费增长

2. 人均能源消费

全球人均能源消费趋于稳定，OECD 国家和非 OECD 国家人均差距进一步缩小。2019 年，全球人均能源消费为 2.68 吨标准煤，较上年微降 0.3%。其中，OECD 国家人均能源消费为 5.87 吨标准煤，较上年下降 1.3%；非 OECD 国家人均能源消费为 1.93 吨标准煤，较上年上升 0.5%。1980—2019 年，全球人均能源消费较 1980 年增长 15.4%，年均增长 0.4%。其中，OECD 国家人均能源消费整体呈现先升后降趋势，2000 年前后进入平台期，2005 年之后伴随一次能源消费下降出现明显下滑；非 OECD 国家整体呈现上升

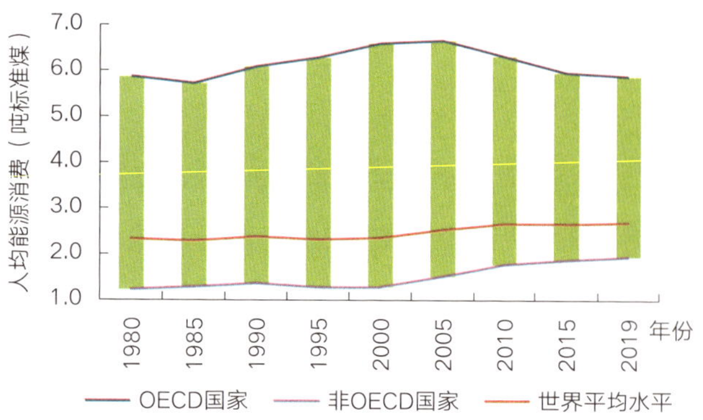

图 1-9　1980—2019 年全球及 OECD/ 非 OECD 国家人均能源消费变化

趋势，2000 年增速明显加快，2015 年后有所放缓。整体来看，OECD 国家和非 OECD 国家人均能源消费差距缓慢缩小，从 1980 年的 4.64 吨标准煤降至 2019 年的 3.94 吨标准煤。

北美人均能源消费水平最高，亚太和中东人均能源消费增长最快。2019 年，北美、欧洲、亚太、中南美、中东、非洲人均能源消费分别为 7.75、4.68、2.23、1.85、1.77、0.98 吨标准煤，同比增速分别为 -1.9%、-1.4%、1.3%、-0.6%、1.3%、-0.7%。1980—2019 年，北美、欧洲人均能源消费年均分别下降 0.5%、0.2%；中东、亚太、中南美、非洲人均能源消费年均分别增长 2.6%、2.3%、0.6%、0.4%。

主要发达国家人均能源消费持续下降。2019 年，美国、俄罗斯、日本、欧盟、中国、印度人均能源消费分别为 9.63、7.46、4.78、4.39、3.36、0.97 吨标准煤，同比增速分别为 -1.3%、-0.7%、-0.7%、-1.6%、2.6%、-0.5%。1980—2019 年，美国、欧盟、俄罗斯人均能源消费年均均下降 0.4%，中国、印度人均能源消费年均分别上升 3.5%、2.2%。

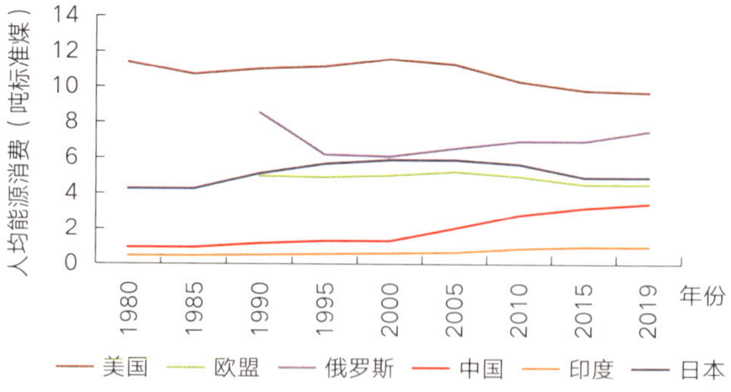

图 1-10　1980/1990—2019 年主要国家和地区人均能源消费变化

3. 分品种

全球一次能源消费中非化石能源占比持续上升。2019 年，全球一次能源消费仍以化石能源为

主，煤炭、石油占比分别为 26.1%、31.4%，较上年分别下降 0.8、0.1 个百分点；天然气消费快速增长，占比达到 23.2%，较上年提高 0.3 个百分点。低碳化和清洁化进程持续推进，非化石能源占比达到 19.4%，较上年提高 0.6 个百分点。1980—2019 年，全球煤炭、石油、天然气、非化石能源占比分别变化 1.3、-11.7、6.1、4.4 个百分点。

全球煤炭消费增速由正转负。在 2017—2018 年连续两年小幅增长之后，2019 年全球煤炭消费出现下降，降幅为 1.7%，主要原因是全球燃煤发电量下降、天然气和可再生能源发电快速发展。煤炭消费增长主要来自中国、印度尼西亚等亚太国家，2019 年中国、印度尼西亚煤炭消费较上年分别增长 0.9%、20%，占全球煤炭消费的比重分别为 53.3%、1.8%，占本国一次能源消费的比重分别为 60.7%、26.5%。由于天然气替代煤炭进程加速，美国 2019 年煤炭消费大幅下降约 15%，同时页岩气革命促使天然气价格下降，进一步加速了发电部门的“以气代煤”。受益于电力部门的低碳转型加快，欧盟 2019 年煤炭消费大幅下降约 19%。1980—2019 年，全球煤炭消费增长 110.3%，年均增速为 1.9%。

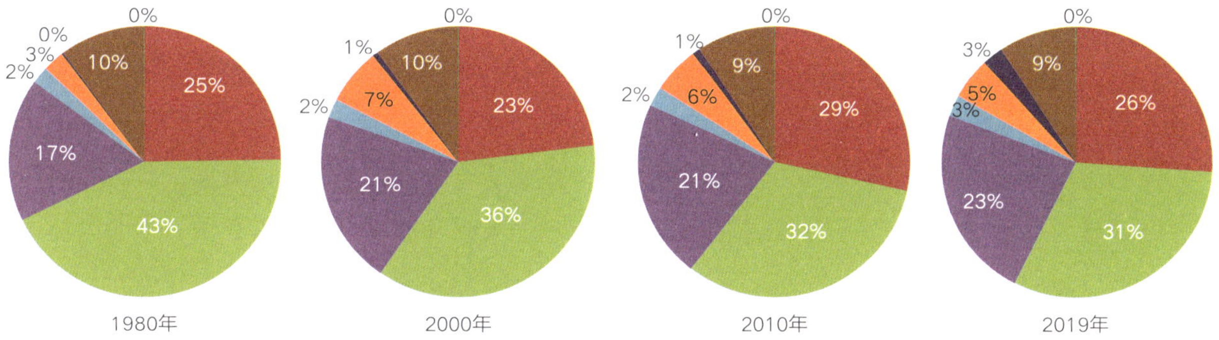

图 1-11　1980 年、2000 年、2010 年、2019 年全球一次能源消费分品种结构变化

全球石油消费增速有所下降。2019 年，全球石油消费较上年增长 0.7%，增速较上年下降 0.6 个百分点。主要发达国家的石油消费均有所下降，增量主要来自中国、印度、南非、印度尼西亚等发展中国家。2019 年，中国、印度石油消费较上年分别增长 3.6%、1.1%，占全球石油消费的比重分别为 14.0%、5.3%，占本国一次能源消费的比重分别为 19.2%、25.7%。由于工业产出下降、燃油经济性提升以及电动汽车的快速发展，欧盟石油消费下降。1980—2019 年，全球石油消费增长 45.4%，年均增速为 1.0%。

全球天然气消费增速回落到 2010—2017 年平均水平。2019 年，全球天然气消费较上年增长 1.8%，增速较 2018 年明显降低，回到 2010—2017 年平均水平，主要是 2019 年全球气候较 2018 年更为温和。美国和中国天然气消费增速较上年均显著降低，但仍是当前全球天然气消费增长的最大市场，分别贡献 2019 年全球天然气增量的 35.4%、23.7%。1980—2019 年，全球天然气消费增长 170.5%，年均增速为 2.6%。

可再生能源贡献全球一次能源消费增长的一半以上。2019 年，全球可再生能源保持快速增长，增速达 3.7%，贡献全球一次能源消费增长的一半以上，其中风能、太阳能实现两位数增长。中国继续领跑可再生能源发展，风能、太阳能增长贡献全球增长的 30% 左右。1980—2019 年，全球可再生能源消费增长 3.5 倍，其中非水可再生能源消费增长超过 27 倍，年均增速达 9.0%。

热点聚焦

新冠肺炎疫情对 2020 年能源发展的冲击

2020 年，新冠肺炎疫情对全球能源短期运行产生了明显冲击。各国每日或每周能源消费普遍下降，降幅之大、下降之快前所未有。除可再生能源之外，煤、油、气、电等能源消费普遍下降。疫情对能源市场的影响主要集中在上半年，三季度以来市场供需有所恢复。

煤炭下降受疫情与气候的双重影响。一是能源需求萎缩之下，煤炭难以抵御来自低价天然气的竞争；二是 2020 年初全球多地气候偏暖，采暖用煤有所下降。

石油受疫情影响最为严重。公路和航空运输用油占全球石油消费的 60% 以上，疫情期间两者大幅减少是总消费量下降的主要原因。

天然气受疫情影响相对较小。一是天然气虽较煤炭具有成本优势和环境优势，但天然气发电还是随需求萎缩有所下降；二是疫情之下，中国的工业用气相对平稳，居民用气因居家隔离还略有增加。

电力对疫情影响的反映最为直观。从电量降幅看，严格防控举措会导致日用电量下降 20% 左右，而部分防控举措会导致日用电量下降 10% 左右。从负荷特性看，工作日负荷曲线变得平滑，更像周末，早高峰推迟了 1~2 个小时，晚高峰（5 点至 8 点）需求有所增加。从用电结构看，电力消费从工业生产、商业办公向居民生活转移，服务业用电占比越高，整体用电降幅越大。从发电结构看，煤电、气电、核电发电量均有所下降。从电力价格看，市场化的电力批发价格平均下降了 1/3~1/2，欧美个别国家部分时段还出现了负电价。

可再生能源是唯一保持稳定增长的能源品种。一是可再生能源发电装机保持快速增长；二是可再生能源发电边际成本低，有足够能力在电价大幅下跌环境中依然保持竞争力；三是可再生能源发电在绝大部分国家拥有优先调度权，对用电需求下降、负荷特性变化形成了“天然免疫”。

国际能源署（IEA）于 2020 年 10 月发布的《世界能源展望 2020》中预计，2020 年全球能源消费同比下降 5%，其中煤炭下降 7%，石油下降 8%，天然气下降 3%，电力下降 2%，核电下降 4.5%，可再生能源增长 5%。

4. 能源消费强度

全球能源消费强度普遍下降，发达国家能源效率显著高于发展中国家。2019年，全球能源消费强度降至2.42吨标准煤/万美元（2010年不变价，下同），较上年下降1.7%，其中OECD国家、非OECD国家能源消费强度分别为1.43、3.89吨标准煤/万美元，分别下降2.7%、1.7%。1980年以来，全球能源消费强度稳步下降，累计降幅达到34.5%。

欧洲、北美能源效率最高。2019年，欧洲、北美能源消费强度分别为1.69、1.77吨标准煤/万美元，明显低于其他地区平均水平；非洲、亚太能源消费强度分别为4.76、3.16吨标准煤/万美元，虽显著高于其他地区，但下降趋势明显。1980年以来，非洲能源消费强度曾短暂上升，1995年后稳步下降，年均下降1.4%；亚太能源消费强度总体呈下行趋势，尤其是2005年以来，亚太能源消费强度年均下降1.5%。

中国、印度能源消费强度是OECD国家平均水平的3倍左右。2019年，中国、印度能源消费强度分别为4.08、4.45吨标准煤/万美元，分别较全球平均水平高68.5%、84.2%，分别约为OECD国家平均水平的2.9、3.1倍。在经济结构持续调整、能源技术水平稳步提高等因素作用下，中国、印度能源消费强度相比1980年分别降低83.8%、53.9%，年均分别下降4.6%、2.0%，中国是主要经济体中能源消费强度下降最快的国家。

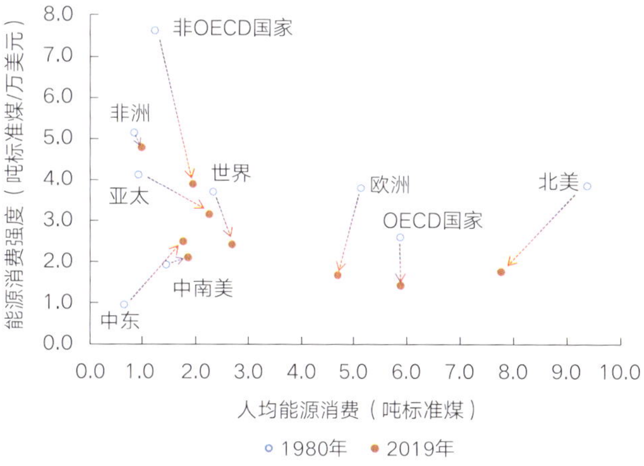

图1-12 1980年、2019年分地区能源消费强度及人均能源消费变化

（二）终端能源

1. 分地区

全球终端能源消费持续增长，非OECD国家贡献全球增长的2/3以上。2019年，全球终端能

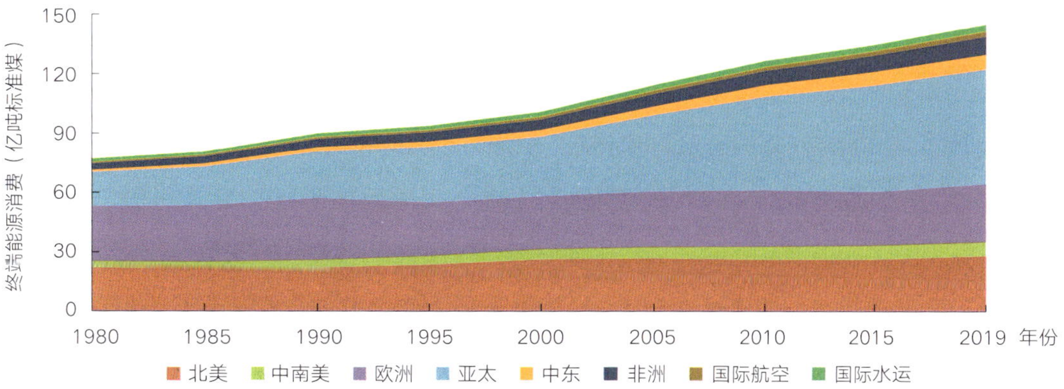

图1-13 1980—2019年分地区终端能源消费增长

源消费达 145 亿吨标准煤，较上年增长 2.0%，其中 OECD 国家贡献全球增长的 24.7%，非 OECD 国家贡献全球增长的 67.3%。相比 1980 年，全球终端能源消费增长 89%，年均增长 1.6%。其中，OECD 国家占全球终端能源消费的比重从 1980 年的 54.9% 降至 2019 年的 37.8%，非 OECD 国家占比从 41.8% 升至 57.9%。

各地区中亚太终端能源消费最高。2019 年，亚太终端能源消费达 57.7 亿吨标准煤，占全球的比重达 39.9%，位列六大地区之首。相比 1980 年，亚太终端能源消费增长 2.3 倍，年均增长 3.2%。北美、欧洲终端能源消费已较为稳定，占全球的比重分别从 1980 年的 28.5%、36.3% 降至 2019 年的 19.3%、20.3%。

中国、印度终端能源消费合计超过全球的 1/4。2019 年，中国、印度终端能源消费分别达到 29.9 亿、8.9 亿吨标准煤，较上年分别增长 1.7%、3.2%，消费量合计占全球的 27%。相比 1980 年，中国、印度终端能源消费分别增长 3.3、2.6 倍，年均增速分别为 3.8%、3.3%；美国、日本年均增速均为 0.5%；英国、德国负增长，年均分别下降 0.1%、0.3%。

2. 分品种

电能占终端能源消费的比重显著提高。煤炭占全球终端能源消费的比重在 1980—2000 年期间总体下降，2000 年后有所回升，2019 年约为 10.0%，较 1980 年降低 3.1 个百分点；石油是终端消费第一大能源，1980 年以来占比始终保持在 40% 以上；天然气占比稳定在 15%~16% 之间；随着经济社会发展、生活水平提高，电气化水平显著提升，电能占终端能源消费的比重从 1980 年的 10.9% 升至 2019 年的 19.6%。

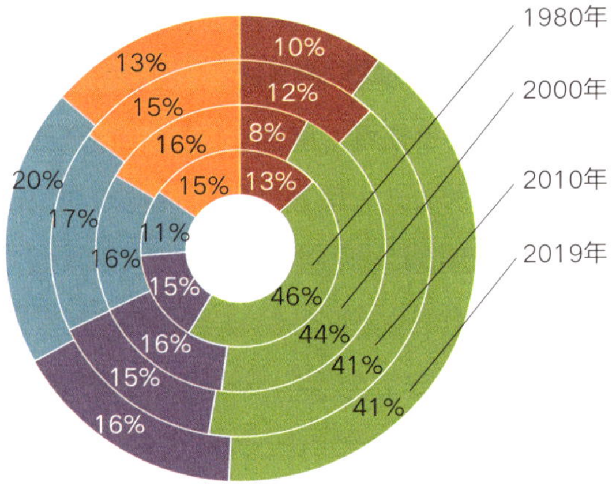

图 1-14　1980 年、2000 年、2010 年、2019 年全球终端能源消费分品种结构变化

中东、北美、欧洲终端能源消费以油气为主。2019 年，中东、北美、欧洲石油和天然气合计占终端能源消费的比重分别为 83.6%、71.8%、61.6%；亚太煤炭占终端能源消费的比重达到 21.1%，显著高于全球其他地区。相比 1980 年，中东、北美、欧洲、中南美油气消费占比有所降低，亚太、非洲油气占比明显提高。

中国煤炭占终端能源消费的比重远高于其他国家。2019 年，中国煤炭占终端能源消费的比重达到 30.9%，显著高于其他主要经济体；其次是南非、印度，煤炭占终端能源消费的比重分别为 25.9%、17.6%。1980—2019 年，中国煤炭占终端能源消费的比重一直保持在 30% 以上，较全球平均水平高 20 个百分点以上。

3. 分部门

终端能源消费中交通用能占比最大。2019 年，全球交通、工业、居民、非能利用及其他、商业用能占终端能源消费总量的比重分别为 29.1%、28.6%、21.2%、13.0%、8.1%；相比 1980 年，分别变化 5.9、-4.3、-2.5、0.6、0.3 个百分点。

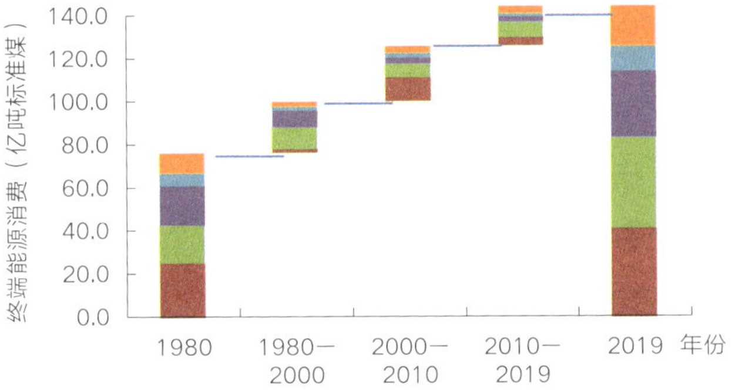

图 1-15　1980—2019 年全球分部门终端能源消费变化

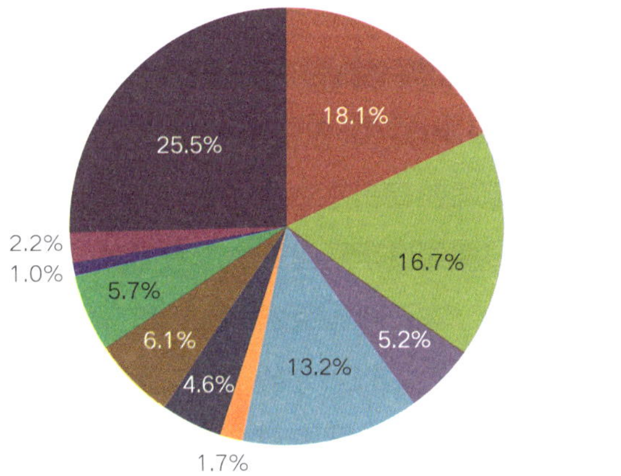

图 1-16　2019 年全球主要工业行业用能占工业用能的比重

全球高耗能行业占全部工业能源消费的比重上升。2019 年，高耗能行业（主要指黑色金属、化工、有色金属、建材四大行业，下同）占全球工业能源消费的比重达到 53.3%。相比 1980 年，全球高耗能行业用能占比提升 12.6 个百分点，其中 OECD 国家提升 8.8 个百分点，非 OECD 国家提升 12.2 个百分点。

各地区中亚太高耗能行业占工业能源消费的比重最高。2019 年，亚太、欧洲、北美、中南美、非洲、中东高耗能行业占工业能源消费的比重分别为 61.8%、56.6%、41.8%、34.6%、28.7%、15.0%；相比 1980 年，分别变化 2.2、7.1、19.2、1.9、-3.3、3.2 个百分点。

中国工业能源消费增长主要来自高耗能行业。2019 年，中国高耗能行业能源消费占工业能源消费的比重达到 72.0%，较全球平均水平高 18.7 个百分点，较 1980 年提高 11.9 个百分点，对工业能源消费增长的贡献率达 74.6%。

三、能源供应

（一）能源生产

1. 分地区

全球能源生产量持续增长，较 1980 年翻番。2019 年，全球一次能源生产总量约为 202 亿吨标准煤，其中 OECD 国家占比为 30.2%，非 OECD 国家占比为 69.8%。相比 1980 年，全球一次能源生产总量增长 98%，年均增长 1.8%。

亚太贡献全球能源生产量增量的近八成。2019 年，亚太一次能源生产量为 68.7 亿吨标准煤，占全球一次能源生产总量的比重为 33.9%，贡献全球增长的 79.0%；北美、欧洲一次能源生产量分别约为 39.2 亿、41.7 亿吨标准煤，占全球的比重分别为 19.4%、20.6%。相比 1980 年，亚太、北美、欧洲一次能源生产量占全球的比重分别变化 16.9、-6.1 、-11.2 个百分点。

中国能源产量位居世界首位。2019 年，中国一次能源生产量达 38.5 亿吨标准煤，再创新高。1980—2019 年，中国一次能源生产量占全球的比重从 8.6% 增至 19.0%，对全球增长的贡献率达 29.7%。

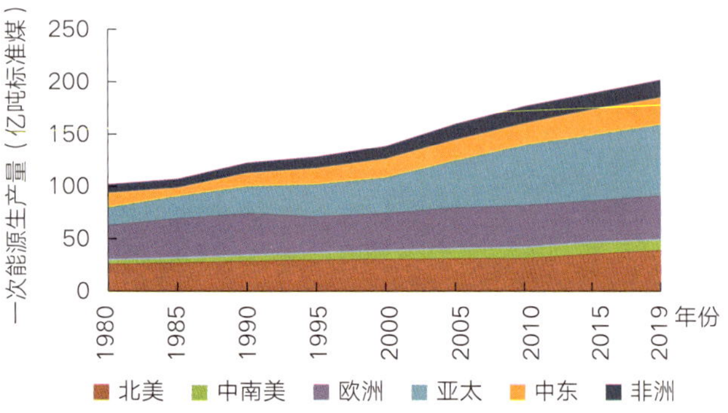

图 1-17 1980—2019 年分地区一次能源生产量增长

2. 分品种

全球煤炭生产量略有提高。2019 年，全球煤炭生产量达到 56 亿吨标准煤，较上年增长 1.6%，增量主要来自亚太地区。1980—2019 年，全球煤炭生产量年均增长 2.0%，对一次能源生产增量的贡献率为 30.7%，占一次能源生产总量的比重从 25.1% 增至 27.9%，其中 2000 年曾降至 23.4%。

全球石油生产量占比下降，但仍为第一大能源。2019 年，全球石油生产量达到 57 亿吨标准煤，较上年下降 0.4%，下降主要来自中东地区。1980—2019 年，全球石油生产量年均增长 0.7%，对一次能源生产增量的贡献率为 14.0%，占一次能源生产总量的比重从 42.4% 降至 28.4%，但占比仍高于其他能源。

全球天然气生产量占比持续提升。2019 年，全球天然气生产量达 49 亿吨标准煤，较上年增长 3.4%，增长主要来自 OECD 美洲地区。1980—2019 年，全球天然气生产量年均增长 2.6%，对一次能源生产增量的贡献率为 30.9%，占一次能源生产总量的比重从 17.3% 增至 24.0%，提高 6.7 个百分点。

水能生产量占比始终维持在较低水平。2019 年，全球水能生产量达 5.2 亿吨标准煤，较上年增长 0.1%，增长主要来自亚太地区。1980—2019 年，全球水能生产量年均增长 2.3%，对一次能源生产增量的贡献率为 3.1%，占一次能源生产总量的比重仅从 2.1% 增至 2.6%，占比始终较低。

核能生产量占比相对稳定。2019 年，全球核能生产量达 10.4 亿吨标准煤，较上年增长 2.8%，增长主要来自欧美地区。1980—2019 年，全球核能生产量年均增长 3.6%，对一次能源生产增量的贡献率为 7.7%，占一次能源生产总量的比重从 2.6% 增至 5.1%。

非水可再生能源生产量增速最快。2019 年，全球非水可再生能源生产量达 5.1 亿吨标准煤，较上年增长 24.0%，增长主要来自亚太地区。1980—2019 年，全球非水可再生能源生产量年均增长 9.0%，对一次能源生产增量的贡献率为 4.9%，占一次能源生产的比重从 0.2% 升至 2.5%，提高 2.3 个百分点，其中 2000—2019 年提升 1.9 个百分点。

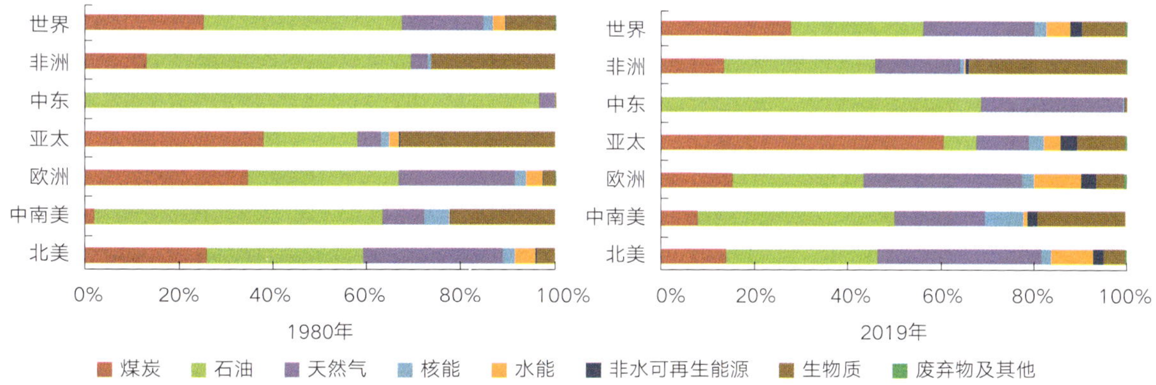

图 1-18　1980 年、2019 年分地区一次能源生产分品种结构

（二）资源储量与国际贸易

全球煤炭资源集中在美国、俄罗斯、澳大利亚和中国，油气资源集中在中东地区和俄罗斯。2019 年，全球煤炭探明储量 1.1 万亿吨，可采年限约 132 年，美国、俄罗斯、澳大利亚、中国煤炭探明储量居世界前四位，合计超过全球的 66%；全球石油、天然气探明储量分别达 2446 亿吨、7019 万亿米 ^{3}，可采年限均为 50 年左右，中东地区油气储量超过全球的 40%。

亚太是全球最大的煤炭进出口地区。从进口看，2019 年全球煤炭进口量超过 16 亿吨，主要是亚太和欧洲地区，其中亚太进口量占比超过 70%。中国是全球最大煤炭进口国，进口量占全球的比重接近 20%，在欧洲多国提出“去煤”计划背景下，中国煤炭进口量已经超过欧洲各国煤炭进口总和。从出口看，全球煤炭主要出口来源地仍为亚太和欧洲地区，其中澳大利亚、印度尼西亚、俄罗斯煤炭出口量合计占全球的 70% 左右。

亚太进口原油量超过全球的一半，中东原油出口量约占全球的 40%。从进口看，2019 年全球原油进口量接近 24 亿吨，亚太地区进口量占比约 52%，其次是欧洲、北美地区。主要国家中，中国、美国、印度为前三大原油进口国，合计占全球原油进口量的 46%。从出口看，按照出口量大小排序依次为中东、欧洲、北美、非洲、中南美、亚太，其中中东地区出口原油约 9 亿吨。

欧洲是全球最大的天然气进出口地区。从进口看，2019 年全球天然气进口量超过 1 万亿米 ^{3}，欧洲、亚太地区进口量占比分别约 47%、34%，主要是欧盟国家天然气资源匮乏，需要大量外部进口。中国天然气进口量持续增长，目前约占全球的 10%。从出口看，俄罗斯天然气出口量约占全球的 20%，是全球最大天然气出口国。美国、澳大利亚、加拿大天然气出口量分别占全球的 8%、7%、7%。

四、能源投资

1. 总量

能源投资占GDP的比重继续下降。2019年，全球能源投资约1.9万亿美元（2019年价），2017—2019年三年间规模总体相当，逐年小幅下降，占全球GDP的比重从2014年峰值时期的3%降至2.2%。2020年，新冠肺炎疫情导致建设施工迟滞、企业营收下降，国际能源署（IEA）预计全球能源投资较2019年下降约18%，而全球GDP下降约5%，能源投资占GDP的比重将降至2%以下。

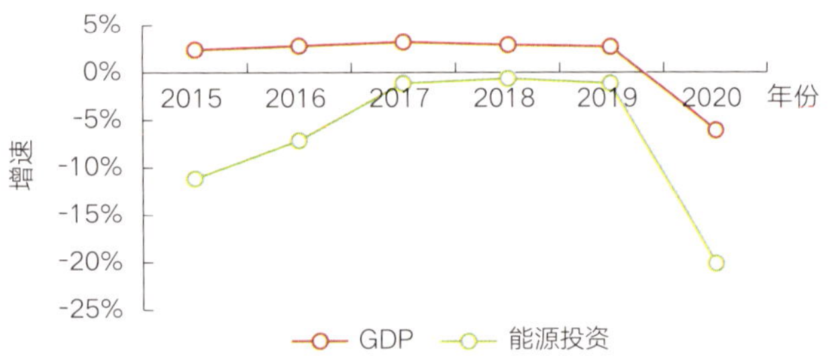

图 1-19　2015—2020年GDP增速与能源投资增速对比

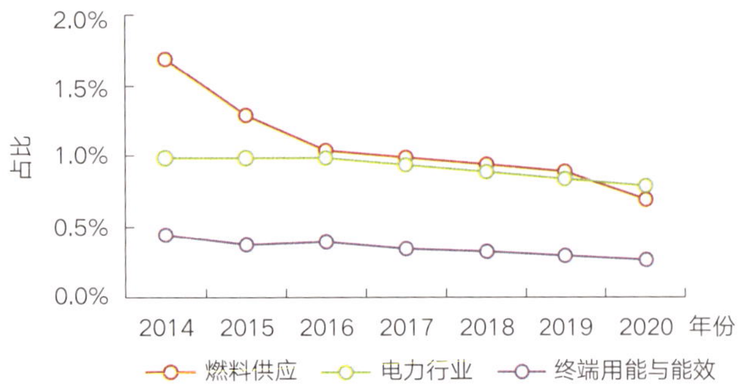

图 1-20　2014—2020年分部门能源投资占全球GDP的比重变化

2. 分地区

中国保持全球最大能源投资市场地位。2019年，中国、美国、欧洲占全球能源投资的比重分别约25%、20%、15%，俄罗斯及里海周边国家、中东和北非合计占全球能源投资的10%左右。2020年，中国率先走出疫情冲击，预计能源投资与2019年相当，保持全球最大能源投资市场地位；美国疫情防控不力与经济恢复不及预期，预计能源投资较2019年下降25%左右。

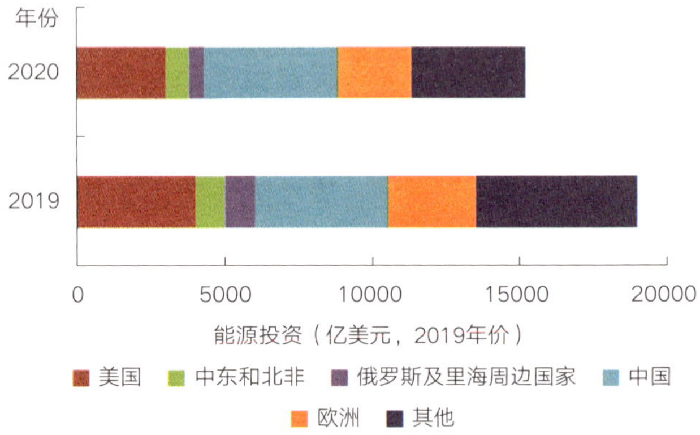

图 1-21　2019年、2020年分地区能源投资变化

3. 分品种

油气、电力合计占全球能源总投资的约80%。2019年，全球煤炭投资约900亿美元，占全球能源总投资的5%左右，同比增长约15%，主要由中国拉动；油气投资微降至约7600亿美元，占全球能源总投资的40%左右；电力行业投资略有下降，占全球能源总投资的40%左右；终端用能与能效投资保持稳定，约2500亿美元，占全球能源总投资的15%左右，其中建筑、工业、交通部门占比分别约60%、15%、25%。2020年，预计油气投资下降约1/3，降至约5000亿美元，不足2014年峰值时期1.1万亿美元的一半；电力投资下降约10%，降幅相对较小；煤炭投资下降约1/6；终端用能和能效投资下降约1/8。

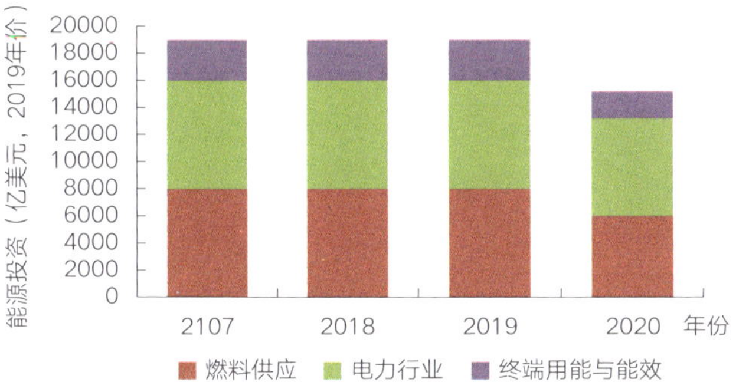

图 1-22　2017—2020 年分部门能源投资变化

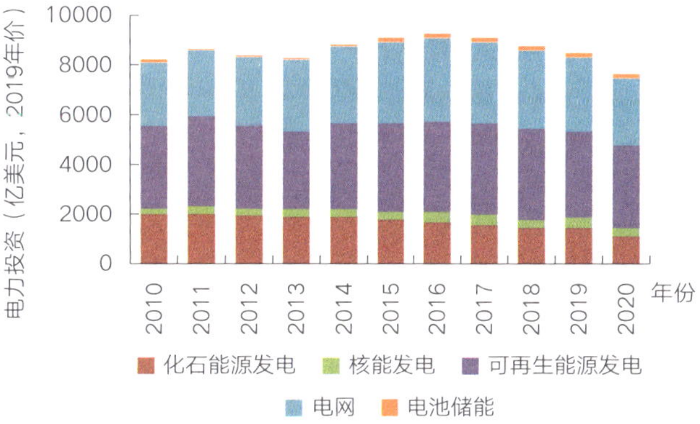

图 1-23　2010—2020 年电力投资细分领域变化

可再生能源发电占电力投资的比重最高。2019 年，全球电力投资约 7600 亿美元，其中化石能源发电、可再生能源发电、核能发电、电网、电池储能占电力投资的比重分别约 17%、41%、5%、35%、2%。2020 年，预计全球电力投资降至约 6900 亿美元，为近十年来最低水平，各细分领域均下降，其中可再生能源发电保持较好韧性，占电力投资的比重有所提升。

五、电力消费

（一）用电量

1. 分地区

全球电力消费增速创 2010 年以来新低。 2019 年，全球电力消费为 25.2 万亿千瓦·时，较上年增长 2.0%，增速创 2010 年以来新低，主要由于全球经济低迷及欧美冬季气候温和导致。1980—2019 年，全球电力消费年均增长 3.1%，OECD 国家、非 OECD 国家年均分别增长 1.8%、4.8%。1980—2000 年、2000—2019 年，OECD 国家年均增速由 2.8% 降至 0.7%；非 OECD 国家年均增速由 3.8% 升至 5.9%，主要是中国等发展中国家电力消费持续快速增长。受疫情影响，预计 2020 年全球电力消费约下降 2%。

亚太地区引领全球电力消费增长。 2019 年，亚太电力消费较上年增长 4.5%，在各地区中增速最高，对全球电力消费增长的贡献率高达 108.3%；中东、非洲、中南美电力消费分别增长 1.5%、1.5%、1.1%，合计对全球电力消费增长的贡献率为 7.9%；北美、欧洲电力消费负增长，分别下降 1.1%、0.5%。1980—2019 年，亚太电力消费年均增长 6.1%，占全球电力消费的比重从 15.9% 增至 48.2%，对全球电力消费增长的贡献率为 62%；北美、欧洲电力消费年均增速分别仅为 1.7%、1.1%，占全球的比重分别从 34.1%、43.0% 降至 20.2%、20.1%；中南美、中东、非洲占比仍较小，2019 年占比分别为 4.4%、4.2%、2.9%。

中国、美国电力消费量明显高于其他国家。 2019 年，中国电力消费达到 7.2 万亿千瓦·时[1]，

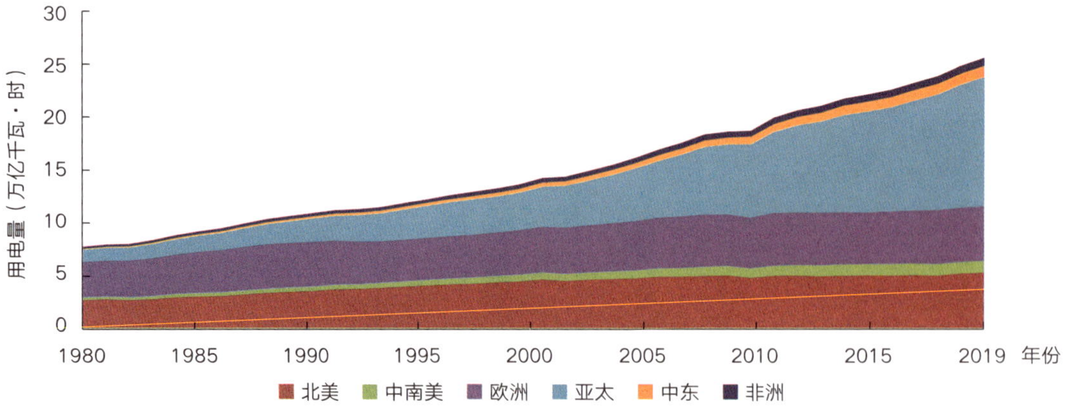

图 1-24　1980—2019 年分地区用电量增长

[1] 数据来源于国际能源署；中国电力企业联合会公布的 2019 年中国全国全社会用电量为 72486 亿千瓦·时，主要差别为国际能源署数据不含输配线损。

较上年增长 4.5%，于 2011 年超越美国成为世界第一大电力消费国，2019 年约为美国的 1.7 倍；美国电力消费为 5.1 万亿千瓦·时，较上年下降 1.1%，中美合计占全球电力消费的 45.2%；印度电力消费为 1.4 万亿千瓦·时，较上年增长 5.9%，于 2014 年超越日本成为全球第三大电力消费国。

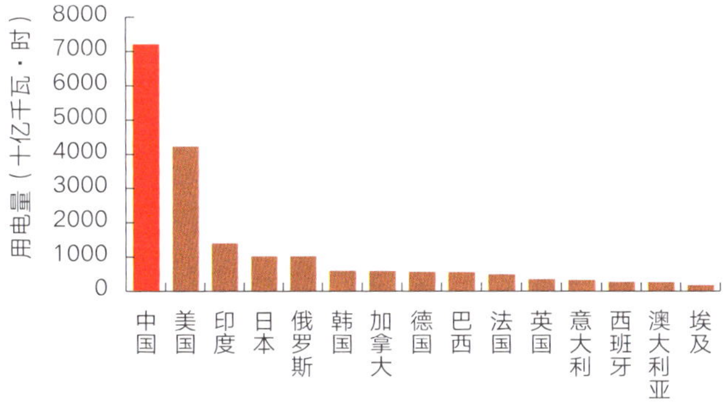

图 1-25　2019 年主要国家用电量（由大到小排序）

2. 分部门

全球分部门用电结构整体稳定、小幅调整。 2019 年，全球工业用电占终端用电总量的比重为 42.0%，较上年上升 0.5 个百分点，居民、商业用电量占比分别为 26.8%、21.2%，较上年均下降约 0.2 个百分点。与 1980 年相比，工业用电占比下降 8.8 个百分点，但 2000 年以来基本在 42% 上下，主要由以中国为代表的发展中国家工业化进程拉动；商业、居民用电占比分别上升 3.4、1.6 个百分点，两者的阶段性高点均出现在 21 世纪初，之后受新兴市场国家工业化影响略有下降；交通用电占比基本维持在 2% 左右，受交通电气化进程影响，近几年微弱提升。

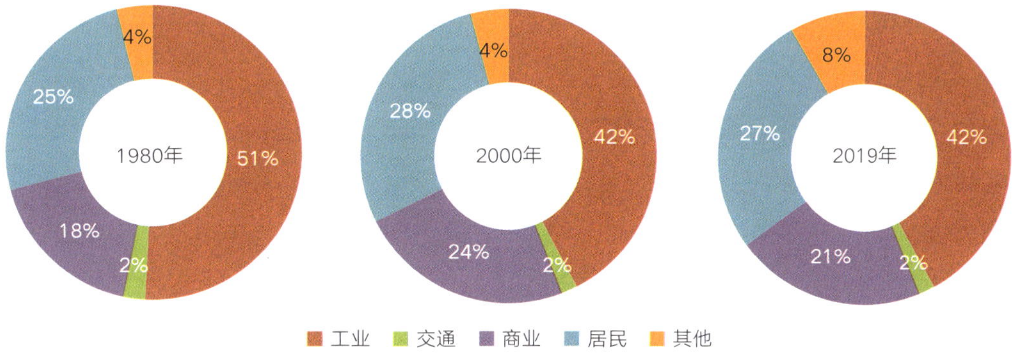

图 1-26　1980 年、2000 年、2019 年全球分部门用电结构变化

发达国家工业、商业、居民用电占比相当。 2019 年，OECD 国家工业、商业、居民用电占总用电量的比重分别为 31.7%、31.4%、30.9%，结构较为均衡；非 OECD 国家工业、商业、居民用电占总用电量的比重分别为 49.5%、13.7%、23.9%，工业用电“一家独大”的现象仍比较明显。1980—2019 年，OECD 国家、非 OECD 国家工业用电占比均明显下降，分别下降 13.9、13.5 个百分点；OECD 国家工业用电下降主要由商业替代，商业用电占比上升 10.2 个百分点；非 OECD 国家工业用电下降主要由居民替代，居民用电占比上升 10.7 个百分点。

北美、中东居民用电占比较高。 2019 年，北美居民、商业用电占比均超过工业，分别为 35.9%、32.8%、23.2%；中东居民用电占比高达 39.4%，居各地区首位，商业、工业用电占比分别为 27.7%、22.0%；亚太工业用电占比最高，为 53.2%；非洲工业、居民用电占比相当，分别为 37.9%、36.3%；欧洲、中南美工业用电占比分别为

39.6%、38.9%，商业、居民用电合计占比已分别达到 53.8%、56.2%。

主要国家工业用电占比不断下降。2019 年，中国工业用电占比为 60.3%，较上年下降 1.5 个百分点，较 1980 年大幅下降 17.5 个百分点，但在主要国家中仍最高；南非、俄罗斯工业用电占比分别为 51.4%、44.8%。发达国家中，韩国、德国工业用电占比处于较高水平，分别为 52.7%、45.4%，较上年分别下降 0.5、1.6 个百分点，较 1980 年分别下降 16.7、5.5 个百分点；美国工业用电占比仅为 19.4%，较上年下降 1.5 个百分点，较 1980 年下降 17.4 个百分点。

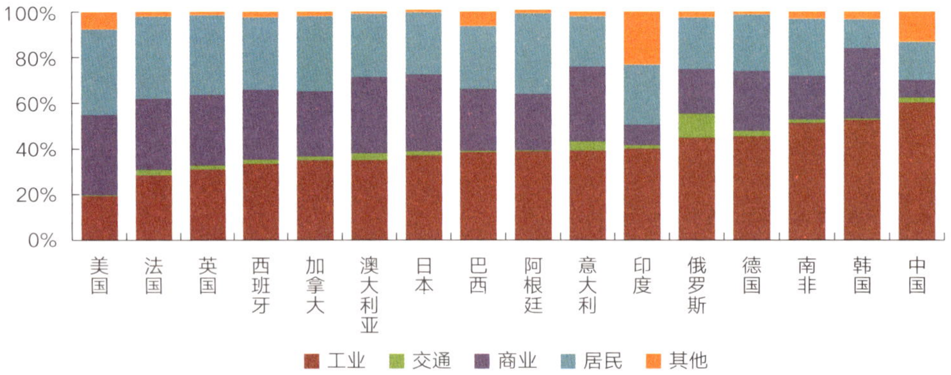

图 1-27　2019 年主要国家分部门用电结构（按工业用电占比由小到大排序）

3. 人均用电量

全球人均用电量持续增长，增速先升后降，人均生活用电量增速逐步放缓。2019 年，全球人均用电量为 3289 千瓦·时，较上年增长 0.9%；全球人均生活用电量为 880 千瓦·时，较上年增长 0.3%。1980—2019 年，全球人均用电量年均增长 1.7%，分阶段增速先升后降，其中 1980—2000 年、2000—2010 年、2010—2019 年年均分别增长 1.5%、2.2%、1.5%；全球人均生活用电量年均增长 1.8%，前二十年年均增长 2.1%，后十九年年均增长 1.6%，增速有所放缓。

发达国家人均用电量下降，发展中国家人均用电量稳步增长，但与发达国家仍有巨大差距。2019 年，OECD 国家人均用电量为 8480 千瓦·时，较上年下降 1.3%；非 OECD 国家人均用电量为 2285 千瓦·时，较上年增长 2.9%，保持稳步提升态势，但 2019 年非 OECD 国家人均用电量仅约为 OECD 国家的 1/4。1980—2019 年，OECD 国家人均用电量年均增长 1.1%，其中 2010—2019 年年均下降 0.3%，显现饱和态势；非 OECD 国家人均用电量年均增长 3.2%，显示出

图 1-28　1980—2019 年世界及 OECD/ 非 OECD 国家人均用电量及人均生活用电量变化

经济社会发展对用电增长的强劲拉动。2019 年，OECD 国家人均生活用电量为 2619 千瓦·时，较上年下降 1.9%；非 OECD 国家人均生活用电量为 545 千瓦·时，较上年增长 3.5%，非 OECD 国家人均生活用电量仅约为 OECD 国家的 1/5。

北美人均用电量在各地区中最高，亚太保持较快增长。2019 年，北美人均用电量为 10328 千瓦·时，较上年下降 1.8%，是唯一人均用电量“破万”的地区；亚太人均用电量为 3090 千瓦·时，较上年增长 3.7%，在各地区中增速最高；欧洲、中东、非洲人均用电量分别为 5782、1683、591 千瓦·时，较上年分别下降 0.8%、0.2%、1.0%；中南美人均用电量为 2256 千瓦·时，较上年增长 0.2%。1980—2019 年，各地区人均用电量均有所增长，亚太、中东增速最高，年均分别增长 4.7%、4.2%，欧洲、北美年均增速较低，分别为 0.8%、0.6%。2019 年，北美、欧洲、中东人均生活用电量分别为 3711、1592、663 千瓦·时，较上年分别下降 2.1%、0.8%、2.0%；中南美、亚太、非洲人均生活用电量分别为 683、636、215 千瓦·时，较上年分别上升 1.4%、4.0%、1.2%。

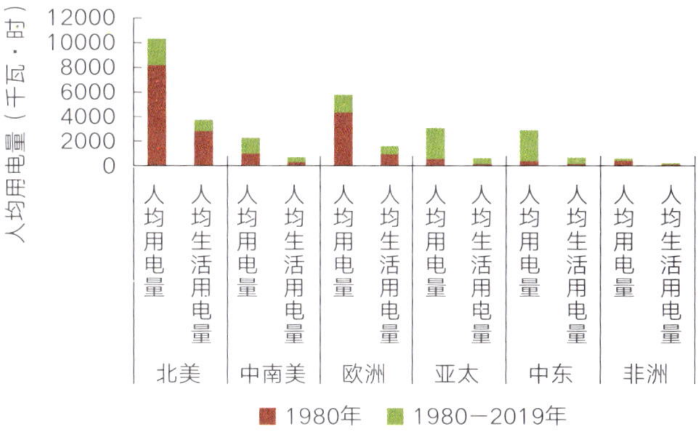

图 1-29 1980—2019 年分地区人均用电量

加拿大、美国人均用电量遥遥领先，印度与其他国家差距明显。2019 年，加拿大、美国、韩国人均用电量超过 10000 千瓦·时，分别达到 15412、12855、11315 千瓦·时，遥遥领先于其他国家，加拿大、美国较上年分别下降 0.2%、2.1%，韩国较上年上升 2.1%；印度约为世界平均水平的 31%，仅为 1015 千瓦·时，较上年上升 4.8%。1980—2019 年，韩国、印度人均用电量增长较快，年均增速分别为 6.7%、5.2%；日本、法国、美国、德

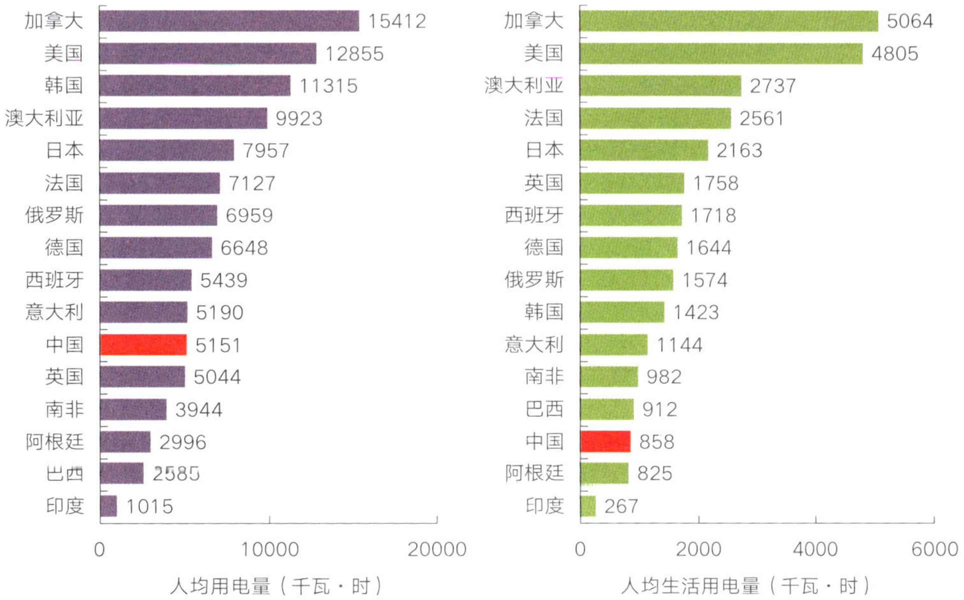

图 1-30 2019 年主要国家人均用电量及人均生活用电量（由高到低排序）

国、英国等增长较慢，年均增速均不足 1.5%。2019 年，加拿大、美国人均生活用电量分别达到 5064、4805 千瓦・时，大幅领先其他国家，较上年分别下降 0.3%、2.3%；印度为 267 千瓦・时，约为世界平均水平的 30%，较上年上升 7.4%。

中国人均用电量保持较快增长，2019 年突破 5000 千瓦・时。2019 年，中国人均用电量为 5151 千瓦・时，较上年增长 4.2%，约为世界平均水平的 1.6 倍；中国人均生活用电量为 858 千瓦・时，较上年增长 5.3%，与世界平均水平相当，中国人均用电量及人均生活用电量在主要国家中均处于相对较低水平。1980—2019 年，中国人均用电量、人均生活用电量年均增速分别为 7.7%、11.6%，在主要国家中增长最快。

4. 电力消费强度

全球电力消费强度小幅波动，发达国家稳步下降，发展中国家有所上升。2019 年，全球电力消费强度为 2969 千瓦・时 / 万美元，较上年下降 0.5%，其中 OECD 国家为 1997 千瓦・时 / 万美元，较上年下降 2.6%，非 OECD 国家为 4563 千瓦・时 / 万美元，较上年上升 0.6%。全球电力消费强度在 1980—2010 年间稳步下降，2010 年以来基本在 2900~3000 千瓦・时 / 万美元波动。其中，OECD 国家电力消费强度前二十年有所上升，2000 年后稳步下降；非 OECD 国家电力消费强度

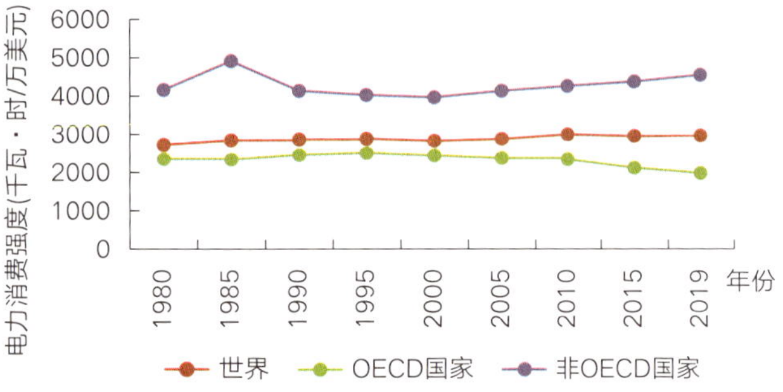

图 1-31　1980—2019 年世界及 OECD/ 非 OECD 国家电力消费强度变化

先降后升，2000 年前后曾降至 4000 千瓦・时 / 万美元以下，此后逐步上升。

北美、欧洲、非洲电力消费强度延续下降态势，中南美、亚太、中东电力消费强度上升。2019 年，欧洲、北美、非洲电力消费强度分别为 2083、2363、2872 千瓦・时 / 万美元，较上年分别下降 2.0%、3.1%、1.3%；中东、中南美、亚太电力消费强度分别为 2387、2579、4381 千瓦・时 / 万美元，较上年分别上升 0.3%、1.6%、0.3%，亚太电力消费强度明显高于其他地区。1980—2019 年，欧洲、北美电力消费强度大幅下降，分别约下降 35%、30%，年均分别下降 1.1%、0.9%；中东、中南美、亚太分别增长 372%、99%、92%，年均分别增长 4.1%、1.8%、1.7%，其中亚太地区 2010 年以来电力消费强度增长明显放缓，2010—2019 年期间累计增幅仅为 3%；非洲增长 25%，年均增长 0.6%，但非洲自 1995 年以来整体有所下降。

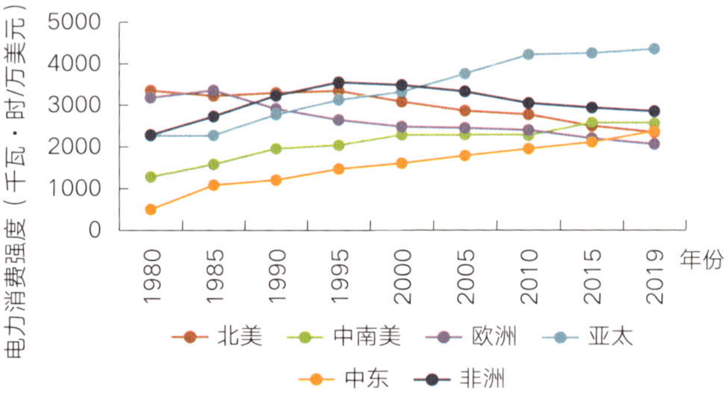

图 1-32　1980—2019 年分地区电力消费强度变化

金砖国家电力消费强度普遍高于发达国家。2019 年，金砖国家中俄罗斯、南非、印度、巴西的电力消费强度分别为 5701、5369、4677、2325 千瓦・时 / 万美元；日本、法国、英国电力消费强度仅分别为 1618、1608、1155 千瓦・时 / 万美元，远低于金砖国家；韩国电力消费强度为

3956千瓦·时/万美元，主要受工业化起步晚及重工业占比高影响，高于金砖国家中的巴西。1980—2019年，巴西、韩国、印度电力消费强度分别上升91%、59%、41%，年均分别增长1.7%、1.2%、0.9%；英国、德国、美国降幅较大，分别下降46%、37%、33%，年均分别下降1.6%、1.2%、1.0%。

中国电力消费强度远高于发达国家。2019年，中国电力消费强度为6241千瓦·时/万美元，较上年下降0.7%，较1980年下降近1/4，但仍分别为英国、德国、日本、美国的5.4、4.5、3.9、2.7倍，亦高于其他金砖国家。

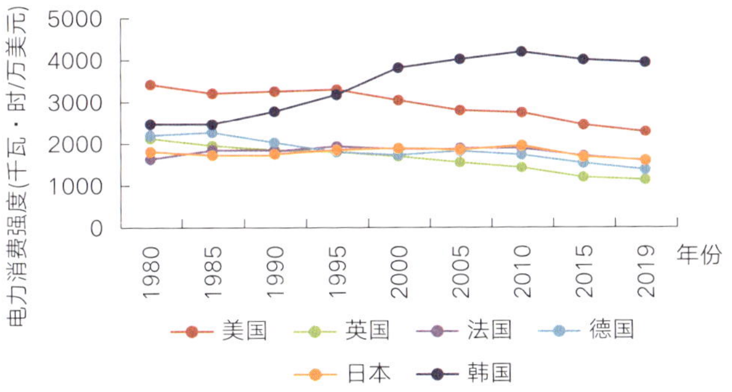

图1-33　1980—2019年部分发达国家电力消费强度变化

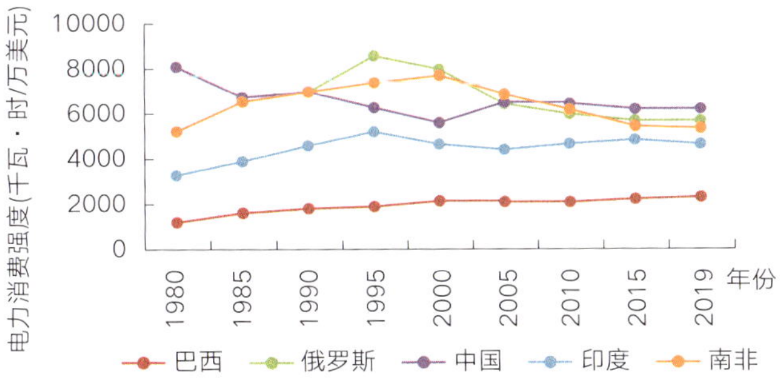

图1-34　1980—2019年金砖国家电力消费强度变化

（二）电气化指标

1. 发电能源占一次能源消费的比重

全球发电能源占一次能源消费的比重继续提升。2019年，全球发电能源占一次能源消费的比重为34.7%，较上年上升0.2个百分点，其中OECD国家、非OECD国家发电能源占比分别为37.8%、34.6%，较上年分别下降0.2个百分点、上升0.6个百分点。1980—2019年，全球发电能源占一次能源消费的比重提高11.1个百分点，OECD国家、非OECD国家分别提高9.2、16.3个百分点，但OECD国家发电能源占比从2010年开始由升转降。

亚太发电能源占比升幅最大。2019年，亚太发电能源占一次能源消费的比重居各地区之首，为40.4%，较上年提高1.0个百分点；北美、中东、欧洲、中南美、非洲发电能源占比分别为37.3%、33.8%、31.5%、28.4%、20.9%，较上年分别下降0.3、0.5、0.5、0.1、0.2个百分点。1980—2019年，各地区发电能源占比均有所上升，亚太升幅最大，上升21.4个百分点。

发达国家发电能源占比较高。2019年，法国发电能源占一次能源的比重超过50%，为51.6%，与上年基本持平；日本、南非、澳大利亚、韩国、埃及、印度发电能源占比均超过40%，除印度、日本较上年上升0.6、0.4个百分点外，其他国家均有所下降；俄罗斯、巴西发电能源占比在主要国家中最低，分别为22.7%、24.1%，较上年分别下降0.6、0.2个百分点。1980—2019年，英国发电能源占比下降3.2个百分点，其他主要国家均明显上升，印度升幅高达28.1个百分点。

非化石发电能源占比主要取决于发展程度和资源禀赋。2019年，法国非化石发电能源占一次能源消费的比重遥遥领先，高达48.4%，较1980年上升36.9个百分点，主要是核电占比较高；英国、巴西处于第二梯队，非化石发电能源占比分别为 18.3%、18.0%，英国主要是高比例的核电和新能源发电，巴西主要是高比例的水电。南非、印度非化石发电能源占比较低，仅为 3.2%、6.2%。

中国发电能源占比已超过部分发达国家水平。2019 年，中国发电能源占一次能源的比重为 40.9%，较上年提高 1.4 个百分点，在主要国家中当年升幅最大，较 1980 年提高 26.8 个百分点；中国发电能源占比分别超过意大利、英国、德国 11.1、8.6、6.3 个百分点，较领先的法国低 10.6 个百分点。2019 年，中国非化石发电能源占比约 9%，约低于世界平均水平 1.5 个百分点。

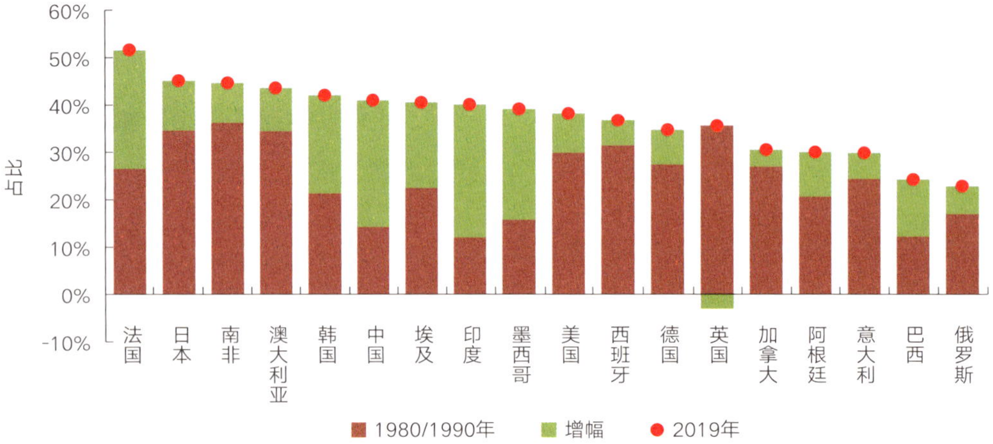

图 1-35 1980/1990—2019 年主要国家发电能源占一次能源消费的比重

2. 电能占终端能源消费的比重

全球电能占终端能源消费的比重稳步提升，发展中国家增幅高于发达国家。2019 年，全球电能占终端能源消费的比重为 19.6%，较上年上升 0.3 个百分点，其中 OECD 国家、非 OECD 国家终端电能占比分别为 22.1%、19.4%，较上年分别上升 0.02、0.6 个百分点。1980—2019 年，全球终端电能占比上升 8.7 个百分点，OECD 国家、非 OECD 国家分别提高 8.2、11.6 个百分点，其中 OECD 国家自 2015 年以来基本保持在 22% 左右，非 OECD 国家保持较快提升。

亚太电能占终端能源消费的比重跃居各地区首位。2019 年，亚太电能占终端能源消费的比重为 23.6%，较上年上升 0.8 个百分点，电气化水平最高，升幅最大；北美、欧洲终端电能占比分别为 20.9%、18.8%，较上年均下降约 0.1 个百分点；中南美、中东、非洲终端电能占比分别为 18.8%、15.9%、9.6%，较上年分别上升 0.2、0.3、0.1 个百分点。1980—2019 年，各地区终端电能占比均有所上升，升幅在 3.2~15.5 个百分点，亚太升幅最大。

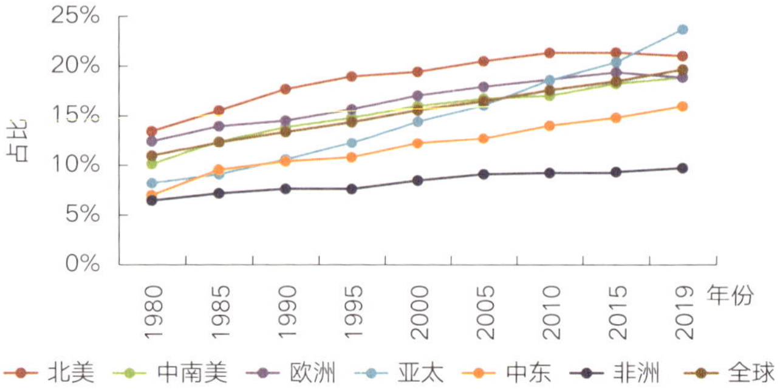

图 1-36 1980—2019 年分地区电能占终端能源消费的比重变化

发达国家电能占终端能源消费的比重普遍较高。2019 年，日本电能占终端能源消费的比重达 29.1%，较上年上升 0.4 个百分点，与其国内能源资源贫乏、大力发展核电及可再生能源发电有关；美国、意大利、法国、韩国等国虽高于世界平均水平但已低于中国，且 2015 年以来小幅波动或略有下降，与其终端天然气消费占比较高有关；南非终端电能占比为 25.1%，主要是其商业、居民用电占比较高；印度、俄罗斯终端电能占比较低，分别为 17.3%、12.4%，前者主要是仍存在大量的传统生物质消费，后者主要受终端大量天然气消费影响。1980—2019 年，主要国家终端电能占比整体提升明显，韩国、印度、法国、埃及、日本升幅超过 10 个百分点。

中国电能占终端能源消费的比重保持较快提升，在主要国家中仅低于日本。2019 年，中国电能占终端能源消费的比重达到 26.1%，较上年提高 0.6 个百分点，较 1980 年提高 21.8 个百分点，在主要国家中增幅最大。中国终端电能占比分别超过德国、美国、法国、韩国 6.4、5.3、1.1、0.9 个百分点，低于日本 3.0 个百分点。

图 1-37 1980/1990 年、2019 年主要国家电能占终端能源消费的比重

电能占终端能源消费的比重随收入增长而提高。各国电能占终端能源消费的比重与人均 GDP 呈显著的正相关关系，发达国家电能占终端能源消费的比重普遍更高。中国目前人均 GDP 与发达国家仍有明显差距，但中国电能占终端能源消费的比重远高于发达国家同时期水平，目前已赶超大部分发达国家。随着中国人均 GDP 的增长，电气化水平必将进一步提升。

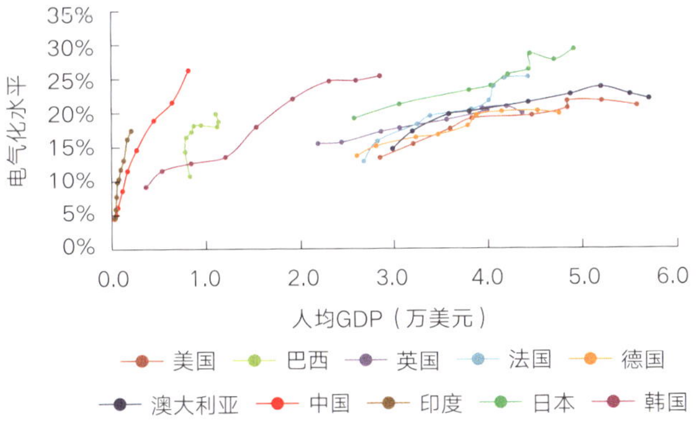

图 1-38 1980—2019 年主要国家人均 GDP 与电气化水平

六、电力供应

（一）发电装机

1. 分地区

全球发电装机持续增长，非 OECD 国家贡献全部新增装机。2019 年，全球发电装机容量为 74.8 亿千瓦，较上年增长 3.6%，其中 OECD 国家、非 OECD 国家发电装机容量分别为 31.1 亿、43.6 亿千瓦，较上年分别增长 0.02%、6.2%。2000—2019 年，全球发电装机增长 1.1 倍，年均增长 4.1%，其中 OECD 国家发电装机增长约 50%，占全球的比重由 59.4% 降至 41.6%；非 OECD 国家增长 2.1 倍，对全球新增装机的贡献率高达 74%。

亚太贡献全球新增发电装机的近 2/3。2019 年，亚太发电装机容量为 35.0 亿千瓦，较上年增长 4.9%，贡献了全球 63% 的新增装机；欧洲、北美发电装机容量分别为 15.9 亿、14.7 亿千瓦，较上年分别增长 2.4%、1.9%，合计对全球新增装机贡献率约 25%。2000—2019 年，北美、欧洲发电装机容量年均分别增长 2.0%、2.1%，占全球的比重分别从 29.0%、30.8% 降至 19.7%、21.3%；亚太发电装机年均增长 6.7%，占比从 29.1% 升至 46.8%，对全球新增装机贡献率为 62%；中南美、中东、非洲占比变化不大。

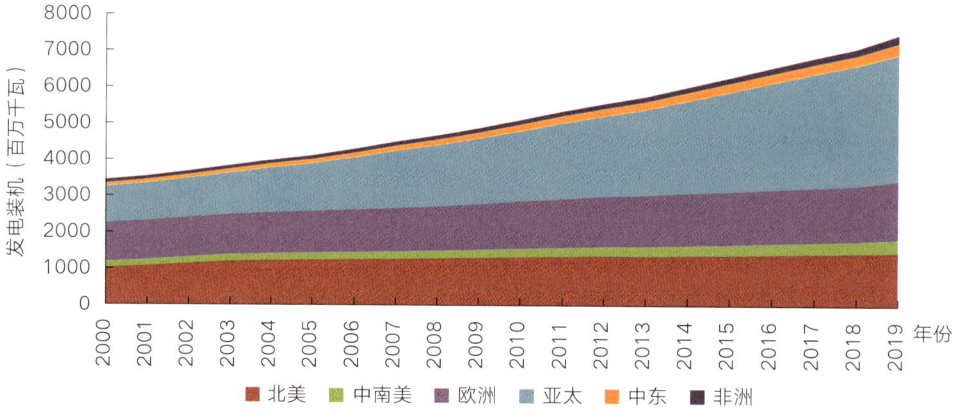

图 1-39　2000—2019 年分地区发电装机增长

中国贡献全球新增发展装机的约四成。2019 年，中国发电装机容量为 20.2 亿千瓦，较上年增长 5.8%，贡献全球 40% 的新增装机；美国发电装机容量为 12.4 亿千瓦，较上年增长 1.5%。2000—2019 年，中国发电装机容量增长 5.3 倍，年均增长 10.1%，贡献全球 43% 的新增装机，2012 年超过美国成为世界第一发电装机大国；美国发电装机增长约 43%，年均增长 1.9%。

2. 分品种

化石能源发电规模小幅增长，仍是主力电源。2019 年，全球煤电、油电、气电装机分别为 21.0 亿、3.3 亿、19.1 亿千瓦，较上年分别增长 1.7%、0.5%、2.0%，其中煤电、气电装机延续增长态势，油电装机继连续两年下降后由降转升；水电装机为

13.1 亿千瓦，较上年增长 1.0%；核电装机为 3.9 亿千瓦，较上年下降 1.2%。2000—2019 年，煤电、气电装机分别增长 92%、126%，油电装机下降 4%，化石能源合计占总装机的比重从 65.2% 降至 58.1%；水电、核电装机分别增长 67%、12%，占比分别从 22.3%、10.0% 降至 17.5%、5.2%。

非水可再生能源发电成为主力新增电源。2019 年，风电、太阳能发电、生物质及其他发电装机分别为 6.2 亿、5.8 亿、1.2 亿千瓦，较上年分别增长 10.5%、20.2%、5.3%，合计贡献新增装机的 64.0%，其中陆上风电、海上风电装机分别为 5.9 亿、0.3 亿千瓦，太阳能发电 99% 为光伏发电。2000—2019 年，全球风电、太阳能发电装机实现了从零到规模化的发展，新能源发电装机占总装机的比重从 2.5% 升至 19.2%，合计贡献了全球 32% 的新增装机。

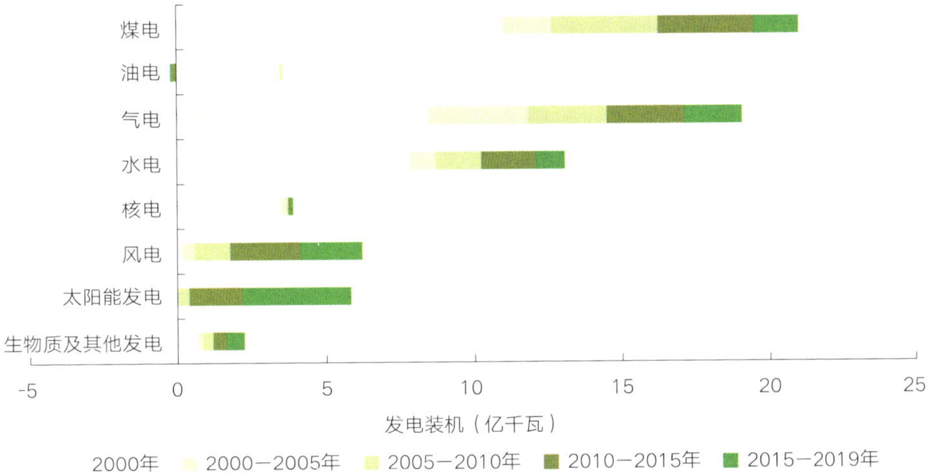

图 1-40　2000—2019 年分品种发电装机变化

北美、非洲、中东气电占比较高，亚太煤电占比较高，中南美以水电、气电为主，欧洲分品种结构较为均衡。北美气电在 21 世纪初取代煤电成为第一大电源品种，2019 年占比高达 41.3%，而煤电占比已降至 18.5%，非水可再生能源发电占比达 15.7%。受其他电源品种不同程度扩张影响，中南美水电占比在 2018 年首次降至 50% 以下，2019 年降至 49.1%，仍远超其他电源占比，非水可再生能源发电装机占比为 14.9%。欧洲发电装机结构较为均衡，2019 年煤电、气电、水电、核电、非水可再生能源发电装机占比分别为 14.3%、28.1%、19.3%、10.1%、26.2%，且全球 78% 的海上风电集中在欧洲。亚太煤电占比长期维持较高水平，近几年下降趋势明显，但 2019 年仍高达 43.9%，主要由于亚太发展中国家煤炭资源较为丰富、燃煤发电成本相对低廉。中东发电以气为主，2019 年气电占比约 64.5%，而燃油发电亦有 24.6%，远高于其他地区，主要由于其丰富的油气资源导致，非水可再生能源发电装机占比仅为 3.5%。非洲气电占比较高，煤电、气

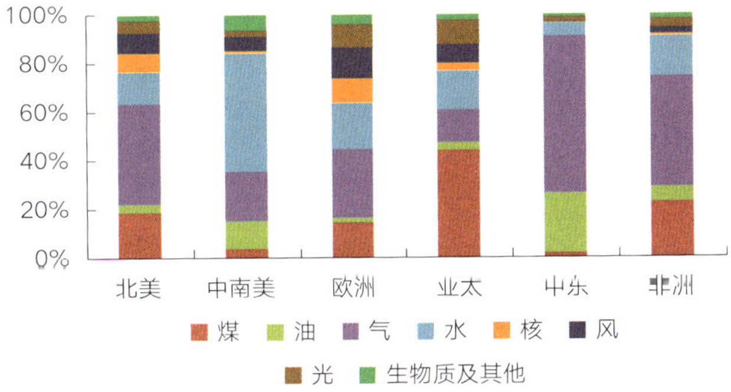

图 1-41　2019 年分地区分品种发电装机结构

电、水电、非水可再生能源发电装机占比分别为22.6%、45.5%、16.7%、8.3%。

金砖国家（除巴西外）化石能源发电占比较高，欧洲多国非水可再生能源发电占比较高。2019 年，南非、印度煤电占比高，分别为 73.4%、55.4%，远超其他国家；埃及气电占比高达 81.9%，阿根廷、俄罗斯气电占比超过 50%，墨西哥、美国、意大利气电占比超过 40%；巴西、加拿大水电占比高，分别为 63.2%、53.2%；法国核电占比高达 45.7%。从非水可再生能源发电装机占比看，德国 2019 年占比达 55.8%，远高于其他国家；英国、西班牙、意大利分别为42.9%、35.4%、31.7%，处于第二梯队。

中国非水可再生能源发电装机快速增长，煤电占比仍然较高。2019 年，中国非水可再生能源发电装机增长约 16%，占中国总装机的比重达到22.8%，与法国、日本、印度、巴西等国处于同一梯队，分别低于德国、英国 33.0、20.2 个百分点，高于美国、韩国 7.0、10.5 个百分点；中国海上风电装机约占全球的 21%。2019 年，中国煤电装机占比约为 52%，较 2000 年下降近 19 个百分点，但仍远高于世界平均水平（28.1%）。

图 1-42　2019 年主要国家非水可再生能源发电装机占比

（二）发电量

全球发电量平稳增长，非水可再生能源发电贡献全球增量的近一半。2019 年，全球发电量为 27.1 万亿千瓦·时，较上年增长 2.7%。其中，煤电为 10.1 万亿千瓦·时，较上年增长 0.7%；气电为 6.4 万亿千瓦·时，较上年增长 3.5%，贡献新增发电量的 32%；水电、核电分别为 4.3 万亿、2.6 万亿千瓦·时，较上年分别增长 1.2%、0.9%；风电、太阳能发电分别为 1.4 万亿、0.7 万亿千瓦·时，较上年分别增长 12.6%、28.5%，非水可再生能源发电合计贡献新增发电量的 49.4%。2000—2019 年，煤电发电量增长 72%，贡献新增发电量的 36%；气电发电量增长 1.2 倍，贡献新增发电量的 31%；非化石能源发电量增长 78%，贡献新增发电量的 36%，其中水电、风电、太阳能发电贡献率分别为 13%、12%、6%。2020 年，预计煤电、气电、核电发电量分别下降 7%、2%、5%，可再生能源发电量增长 5%。

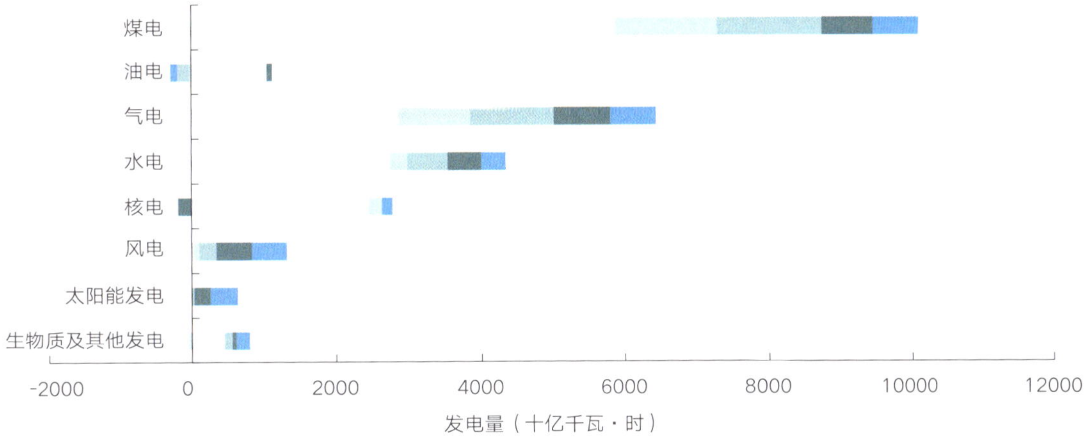

图 1-43 2000—2019 年全球分品种发电量变化

气电、非水可再生能源发电量占比上升，其余发电技术占比均下降。2019 年，煤电、油电、水电、核电占总发电量的比重分别为 37.1%、3.1%、15.9%、9.5%，较上年分别下降 0.7、0.1、0.2、0.2 个百分点；气电、风电、太阳能发电占总发电量的比重分别为 23.7%、5.2%、2.7%，较上年分别上升 0.2、0.5、0.5 个百分点。2000—2019 年，煤电发电量占比先升后降，2010 年左右曾升至 40% 以上；油电、水电、核电占比持续下降；气电占比上升 5.2 个百分点；非水可再生能源发电量占比持续上升至 10.0%，2019 年较装机占比低 9.2 个百分点。

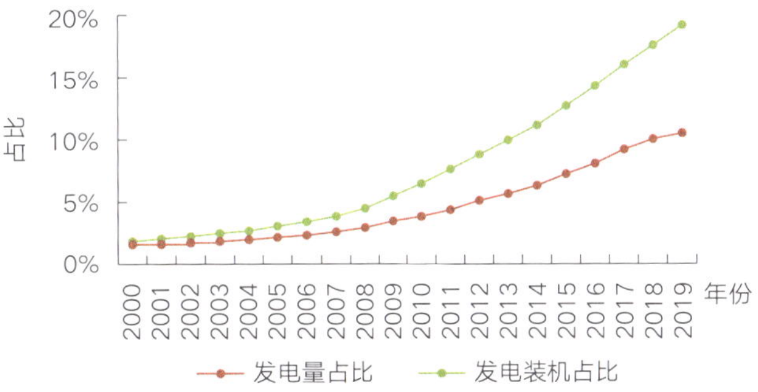

图 1-44 2000—2019 年全球非水可再生能源发电装机及发电量占比

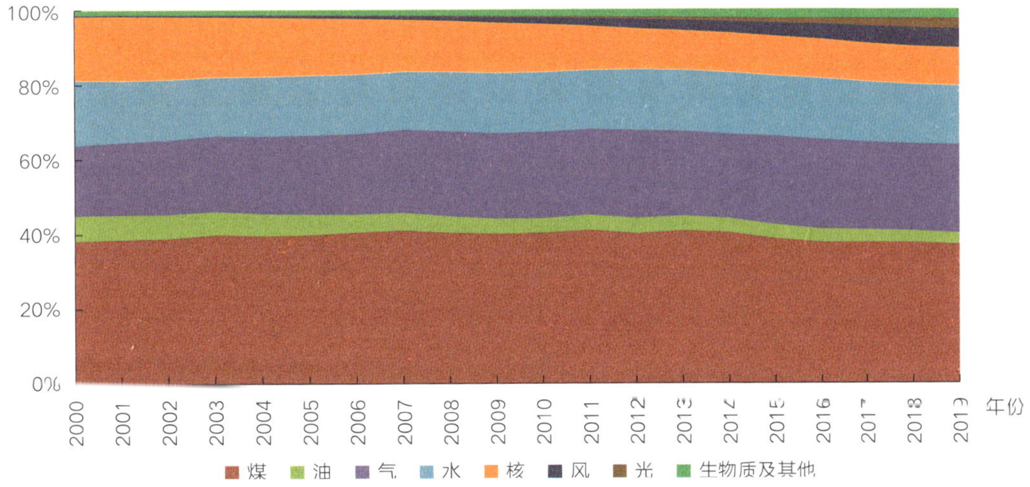

图 1-45 2000—2019 年全球分品种发电量结构变化

发达国家发电结构清洁低碳程度、均衡程度明显优于发展中国家。2019 年，OECD 国家化石能源发电量占比为 54.3%，较非 OECD 国家的 70.9% 低 16.6 个百分点，其中 OECD 国家煤电占比为 23.1%，低于非 OECD 国家（46.8%）23.7 个百分点；OECD 国家气电占比为 29.7%，高于非 OECD 国家（20.0%）9.7 个百分点；OECD 国家核电占比远高于非 OECD 国家，分别为 17.6%、4.3%。在非水可再生能源发电量占比方面，OECD 国家为 14.4%，非 OECD 国家仅为 7.1%。

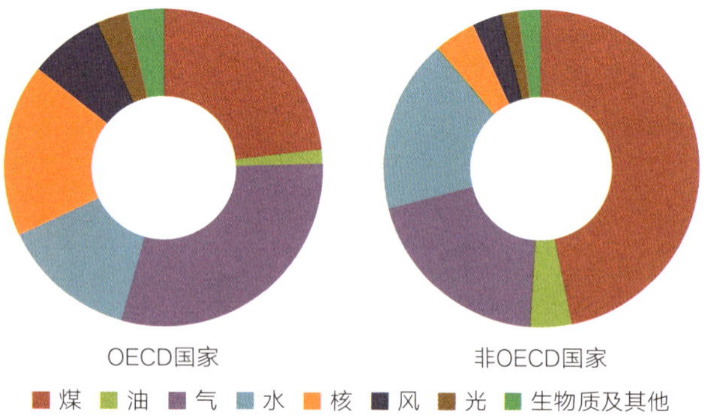

图 1-46　2019 年 OECD 国家 / 非 OECD 国家发电量分品种结构对比

德国、英国非水可再生能源发电量占比在主要国家中领先。2019 年，德国、英国非水可再生能源发电量占比明显高于其他国家，均超过 30%，分别达到 41.0%、36.9%，其中风电占比较高，占总发电量的比重分别为 21.9%、20.8%。西班牙、意大利均超过 20%，分别达到 29.7%、23.3%，处于第二梯队。俄罗斯非水可再生能源发电量占比远低于其他主要国家，仅为 0.9%。

中国非水可再生能源发电量占比处于中等水平。2019 年，中国非水可再生能源发电量占比为 9.5%，在主要国家中处于中等水平，与日本、法国水平相当，较领先的德国、英国分别低约 30.8、26.6 个百分点。

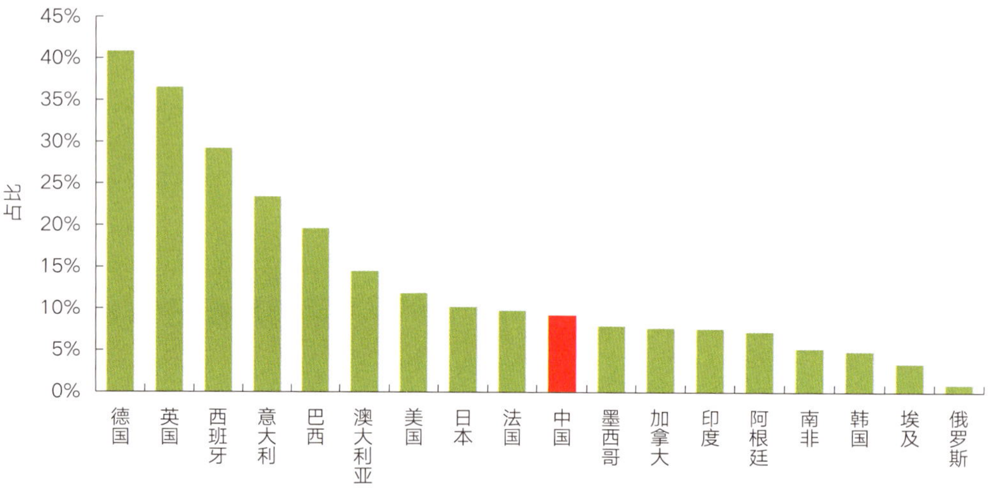

图 1-47　2019 年主要国家非水可再生能源发电量占比

七、碳排放

1. 分地区

全球能源相关碳排放在连续两年较快增长之后放缓增长步伐。2019 年全球能源相关碳排放达到 333 亿吨，与 2018 年基本持平，主要是发达经济体电力部门碳排放大幅减少，并进一步归功于可再生能源的快速发展、天然气加快替代煤炭以及核电产能提高等。相比 1980 年，全球能源相关碳排放增长 88%，年均增长 1.6%。其中，2000—2010 年增长较快，年均增长 2.8%，主要受以中国为代表的发展中国家快速增长拉动，在此期间部分发达国家碳排放达峰；2010—2019 年增长明显放缓，年均增长 0.9%。新冠肺炎疫情全球大流行致使碳排放出现短暂下降，预计 2020 年全球碳排放较 2019 年减少 7%。尽管如此，全球二氧化碳排放趋势与《巴黎协定》目标要求仍然存在很大差距，最近五年仍是有记录以来最暖的五年，能源清洁低碳转型刻不容缓。

亚太带动全球碳排放增长。2019 年，亚太能源相关碳排放达 163.4 亿吨，较上年增长 1.5%，占全球的比重达 49.1%；北美、欧洲能源相关碳排放分别为 57.1 亿、58.8 亿吨，分别较上年下降 3.4%、增长 0.8%。相比 1980 年，亚太能源相关碳排放增长 3.9 倍，占全球的比重提高 30.5 个百分点。

中国、美国、欧盟碳排放合计占全球的一半以上。2019 年，中国、美国、欧盟能源相关碳排放分别为 97.4 亿、47.7 亿、29.8 亿吨，合计占全球的比重约为 53%。1980—2019 年，美国、日本碳排放年均分别增长 0.1%、0.4%；英国、法国、德国碳排放已经达峰并逐步下降；中国、印度年均分别增长 5.2%、5.7%。

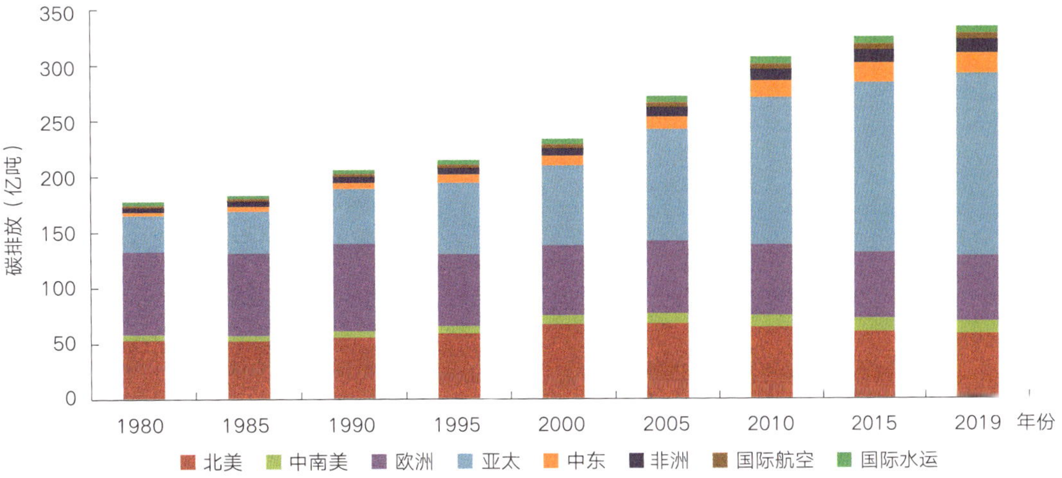

图 1-48　1980—2019 年分地区二氧化碳排放变化

2. 人均碳排放

全球人均碳排放略有下降，发达国家人均碳排放显著高于发展中国家。2019 年，全球人均二氧化碳排放达 4.3 吨，较上年下降 1.0%，其中 OECD 国家人均二氧化碳排放为 8.7 吨，非 OECD 国家为 3.3 吨。相比 1980 年，全球人均二氧化碳排放增长 8.6%，年均增长 0.2%，其中 OECD 国家年均下降 0.5%，非 OECD 国家年均增长 1.4%。

各地区中北美人均碳排放最高。2019 年，北美、欧洲、亚太、中东、中南美、非洲人均二氧化碳排放分别为 11.6、6.7、4.2、2.9、2.2、1.0 吨。1980—2019 年，北美、欧洲人均二氧化碳排放年均分别下降 0.9%、0.9%；亚太、中东、中南美、非洲人均二氧化碳排放年均分别增长 2.8%、2.2%、0.5%、0.3%。

中国人均碳排放在主要国家中处于中等水平。2019 年，加拿大、美国、澳大利亚人均碳排放水平均超过 14 吨；中国处于中等水平，达到 7.0 吨，约为全球平均水平的 161%；韩国（12.2 吨）、俄罗斯（11.9 吨）、日本（8.2 吨）、德国（7.6 吨）均高于中国；英国、西班牙、意大利、法国均高于全球平均水平但低于中国，在 4.5~5.0 吨之间；印度仅为 1.7 吨，约为全球平均水平的 38%。1980—2019 年，美国、加拿大、英国、法国、德国等发达欧美国家人均碳排放年均增速均为负，中国、印度、韩国、日本等亚洲国家人均碳排放年均增速均为正。

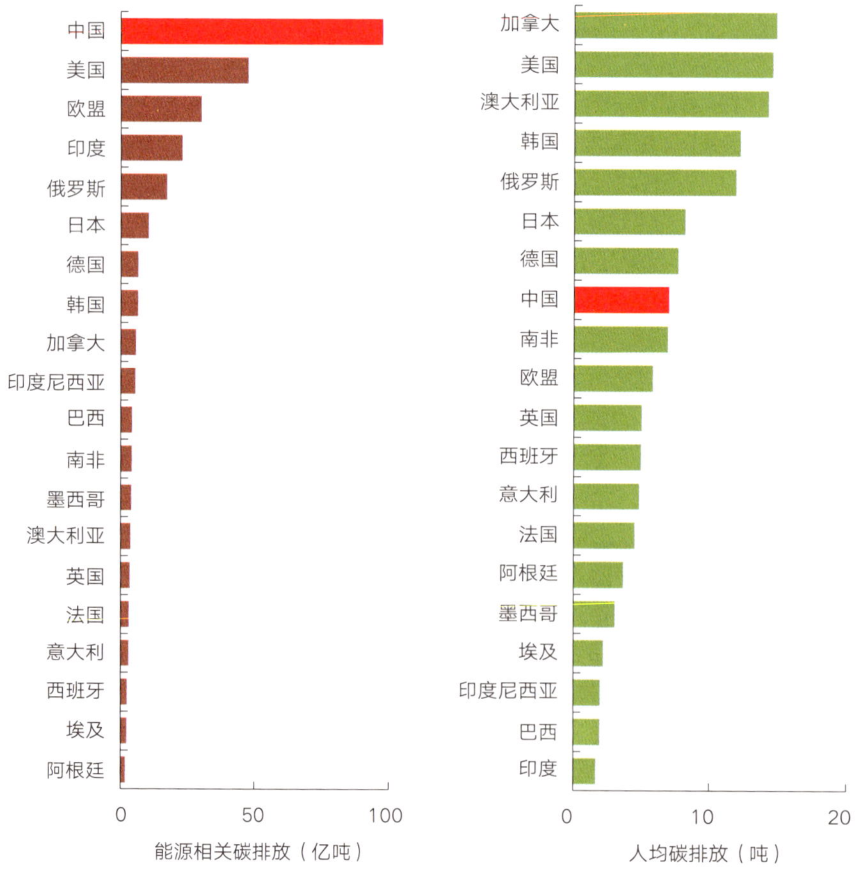

图 1-49　2019 年主要国家和地区能源相关碳排放及人均碳排放水平

3. 碳排放强度

全球二氧化碳排放强度持续下降。2019 年，全球二氧化碳排放强度为 3.9 吨 / 万美元（2010 年不变价，下同），较上年下降 2.4%；其中 OECD 国家为 2.1 吨 / 万美元，非 OECD 国家为 6.6 吨 / 万美元。相比 1980 年，全球二氧化碳排放强度下降 38.4%，其中 OECD 国家降幅达 55.2%，非 OECD 国家降幅达 44.6%。

各地区中亚太碳排放强度最高。2019 年，亚太、非洲、中东、北美、中南美、欧洲二氧化碳排放强度分别为 5.9、4.8、4.1、2.6、2.6、2.4 吨 / 万美元，较上年分别增长 -2.6%、-3.2%、1.4%、-5.4%、-0.6%、-0.8%。1980—2019 年，北美、欧洲碳排放强度持续下降，年均分别下降 2.4%、2.8%；非洲、亚太碳排放强度先升后降，年均分别下降 0.2%、0.1%；中东、中南美碳排放强度上升，年均分别增长 2.1%、0.1%。

发展中国家碳排放强度普遍高于发达国家。2019 年，加拿大、美国、澳大利亚、日本、德国、英国、法国碳排放强度分别为 2.9、2.6、2.5、1.7、1.6、1.1、1.0 吨 / 万美元，分别较 1980 年下降 51%、63%、47%、42%、69%、75%、67%；俄罗斯、南非、印度碳排放强度分别为 9.7、9.4、7.7 吨 / 万美元，远高于发达国家水平，其中南非、印度较 1980 年分别下降 13%、14%，俄罗斯较 1990 年下降 36%。

中国碳排放强度在主要国家中处于较高水平。2019 年，中国碳排放强度为 8.4 吨 / 万美元，分别是法国、英国、日本、美国的 8.3、7.4、5.1、3.2 倍，但比俄罗斯、南非分别低 13.3%、10.1%。相比 1980 年，中国碳排放强度下降 79%，在主要国家中降幅最大。

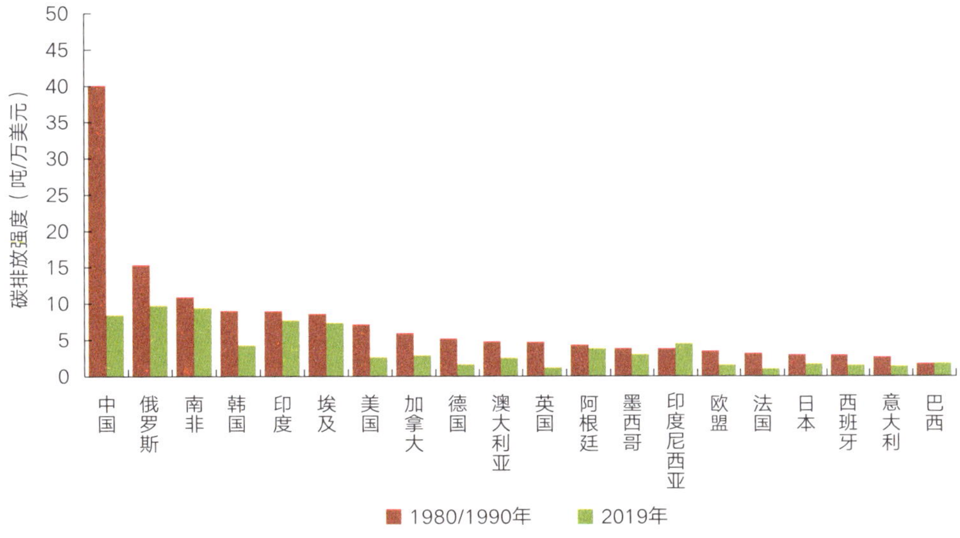

图 1-50　1980/1990 年与 2019 年主要国家和地区碳排放强度对比

全球能源发展展望

要 点

全球一次能源需求增长动力仍较为强劲。展望中长期，全球经济增长、人口规模扩张导致全球能源需求增长动力仍较为强劲。在基准情景下，2050 年全球一次能源需求增至约 252 亿吨标准煤，较 2019 年增长约 22%。在加快转型情景下，2035 年前后全球一次能源需求进入平台期，2050 年约 223 亿吨标准煤，较 2019 年增长约 9%。在 2℃情景下，全球一次能源需求很快进入平台期，2050 年降至约 188 亿吨标准煤，较 2019 年下降约 9%。

一次能源结构迈向清洁低碳。展望中长期，以风能、太阳能为主的可再生能源迅速崛起，能源政策的支持和技术创新的加快将有力推动全球能源清洁低碳转型。在加快转型情景下，煤炭占比下降主要是发电用煤和工业用煤均有所减少；石油占比下降主要是汽车用油较快达峰，交通电气化快速推进，在交通、化工等领域氢能、生物质能实现一定程度替代；天然气在发电、工业、建筑等部门均有所增长；2050 年非化石能源占比约 40%，较 2019 年提高约 21 个百分点。

全球能源发展重心继续向亚太转移。展望中长期，发达国家能源需求有望延续饱和或下降态势，发展中国家则保持稳定增长，贡献绝大部分增量。在加快转型情景下，到 2050 年亚太贡献全球一次能源需求增量的 70% 左右，主要由印度、东盟等发展中国家贡献；欧洲、北美等在能效提升的作用下能源需求持续下降。

终端用能结构加快调整，电能占比升至 40%。未来，随着新能源大规模开发及用电经济性提高，终端电气化水平加速提升。在加快转型情景下，终端能源中煤炭、石油、天然气等化石能源占比持续下降；电气化进程明显加快，2050 年电能占比约 40%，较 2019 年提高约 20 个百分点。

全球电力需求增长 1.2 倍以上。虽然能效提升会减缓用电增长，但受工业化进程、电气化加速、城市化发展等因素驱动，全球电力需求将保持快速增长。在基准情景下，2050 年全球电力需求约 55 万亿千瓦・时，较 2019 年增长约 1.2 倍。在加快转型情景下，2050 年全球电力需求约 60 万亿千瓦・时，较 2019 年增长约 1.4 倍。在 2℃情景下，2050 年全球电力需求约 64 万亿千瓦・时，较 2019 年增长约 1.5 倍。

全球发电装机快速增长，可再生能源发电成为主力电源。展望中长期，为满足持续增长的电力需求和电力清洁低碳转型要求，新能源发电装机将高速增长，从而带动发电装机快速攀升，装机增幅远高于发电量增幅。在加快转型情景下，2050 年全球发电装机增至约 251 亿千瓦，较 2019 年增长约 2.5 倍，其中化石能源发电装机占比从 60% 降至不足 20%；可再生能源发电装机占比在 2025 年前后达到 50%，2050 年超过 80%。

全球碳减排步伐加快，但要实现 2℃目标仍任重道远。当前，各国普遍采取积极举措推动后疫情时代经济绿色复苏，越来越多的国家制定了碳中和时间表，将对全球碳减排产生深远影响。在基准情景下，全球能源相关碳排放在 2035 年前后达峰，2050 年仍高于 2019 年水平，2050 年全球平均温升约 3℃。在加快转型情景下，全球碳排放在 2025 年后持续下行，2050 年约 223 亿吨，全球平均温升在 2040—2045 年间超过 2℃。在 2℃情景下，2050 年全球碳排放约 97 亿吨，较 2019 年下降超过 70%。

2020 年，新冠肺炎疫情突如其来、席卷全球，给各国经济社会带来前所未有的冲击。当前，世界经济缓慢复苏，能源市场供需低迷；疫情尚未得到有效控制，欧美多国正在经受二次冲击。新冠肺炎疫情的全球大流行使世界百年未有之大变局加速演进，世界政治经贸格局必将深刻调整，经济绿色复苏正在成为国际社会的普遍共识与一致行动，未来全球能源清洁低碳转型步伐将明显加快。

《全球能源分析与展望 2020》在研判人口增长、经济发展、能源政策、市场机制、技术进步、成本价格等关键影响因素发展趋势的基础上，着重考虑疫情影响和碳中和目标，更新了基准、加快转型、2℃三个情景假设，面向 2050 年开展全球分品种、分部门、分地区能源展望。与本报告 2019 年版展望结果相比，主要变化是：①新冠肺炎疫情对近期能源供需产生明显冲击，其影响延续至中长期，加快转型情景下 2050 年能源需求总量下降约 3%，电力需求总量下降约 2%；②经济绿色复苏带动下，全球能源清洁低碳转型步伐加快，加快转型情景下 2050 年非化石能源占比、可再生能源发电占比进一步调高；③越来越多的国家明确碳中和时间表，全球共同应对气候变化行动空前加强，有望实现更大规模减排和更大温控成效。

一、关键影响因素

（一）人口增长

全球人口增长至近百亿，中等收入人口大幅增加。截至 2020 年 11 月底，全球新型冠状病毒肺炎累计确诊人数超过 6000 万，造成超过 140 万人丧生。考虑疫情防控推进医疗卫生条件改善，目前暂无研究表明新冠肺炎疫情将对全球人口增长产生实质明显影响。展望中长期，全球人口规模持续扩张，增速不断放缓，预计 2050 年达到 96.0 亿[1]，较 2019 年增长约 1/4，年均增长 0.7%。分区域看，亚太、非洲分别贡献全球人口增长的约 2/5、1/2，近 10 亿人口成为中等收入群体，是未来全球经济发展和能源需求增长的重要力量。主要国家和地区[2]中，中国人口在 2035—2040 年间达到峰值（约 14.5 亿），2050 年降至约 14.0 亿；印度 2030 年前超过中国成为世界人口第一大国，2050 年约 17 亿。

---

❶ 主要参考联合国人口司中等增速方案。

❷ 在展望部分，主要国家和地区包括美国、欧盟、巴西、英国、法国、德国、俄罗斯、中国、印度、日本、韩国、南非等。

表 2-1　全球人口增长展望　　单位：亿

地区 / 国家	2019	2030	2040	2050	2019—2050		
					年均增速	增幅	贡献率
北美	4.9	5.4	5.8	6.1	0.7%	25%	6.3%
美国	3.3	3.6	3.8	4.0	0.6%	21%	3.5%
中南美	4.9	5.7	6.1	6.4	0.8%	30%	7.6%
巴西	2.1	2.3	2.4	2.5	0.5%	17%	1.9%
欧洲	8.8	9.3	9.4	9.3	0.2%	6%	2.7%
欧盟	5.1	5.1	5.1	5.0	0.0%	-1%	-0.3%
英国	0.7	0.7	0.7	0.7	-0.2%	-5%	-0.2%
法国	0.7	0.7	0.7	0.7	-0.2%	-5%	-0.2%
德国	0.8	0.8	0.8	0.8	0.0%	1%	0.0%
俄罗斯	1.4	1.4	1.4	1.4	0.0%	-1%	0.0%
亚太	39.3	44.5	46.5	47.4	0.6%	21%	41.8%
中国	14.0	14.3	14.4	14.0	0.0%	0%	0.1%
印度	13.7	15.0	16.1	17.0	0.7%	24%	16.9%
日本	1.3	1.2	1.2	1.1	-0.5%	-14%	-1.0%
韩国	0.5	0.5	0.5	0.5	0.0%	2%	0.0%
中东	6.3	2.8	3.2	3.6	-1.8%	-43%	-14.1%
非洲	12.4	16.8	20.1	23.3	2.1%	88%	56.3%
南非	0.6	0.6	0.6	0.7	0.3%	9%	0.3%
全球	76.7	84.5	91.0	96.0	0.7%	25%	100.0%

（二）经济发展

2020 年全球经济深度衰退已成定局，恢复或需数年之久。综合联合国、经合组织、世界银行、国际货币基金组织等机构预测，预计 2020 年全球经济收缩 4%~5%。考虑疫情扩散的速度、病毒变异的可能及疫苗研制的进展，2021 年全球经济增长仍面临很大不确定性。综合判断，若疫苗与药物研制取得持续进展，预计 2021 年全球经济规模与 2019 年水平相当，增速达 5% 左右，符合目前各国已宣布的政策意图；但若疫情出现反复，病毒持续扩散，全球经济恢复至疫情发生前水平或将推迟至 2023—2025 年。

中长期全球经济增速较 2019 年预期略有下调。受地缘政治、逆全球化、局部战争等因素影响，多家国际权威机构在疫情发生前就已不同程度地调低了全球经济增长预期。面向中长期，全球经济趋势主要受人口增长、效率提高、技术进步等供给侧因素影响。预计 2050 年全球 GDP 增至约 195 万亿美元（2010 年不变价，下同），较本报告 2019 年版下降约 2%，年均增速为 2.7%，较本报告 2019 年版下调 0.1 个百分点，低于 1980—2019 年年均增速 0.2 个百分点。

亚太是全球经济增长的主要引擎。展望中长期，发达国家经济总体保持平稳增长，2050 年北美经济总量较 2019 年增长约 70%，欧洲增长约 2/3。亚太经济发展基础良好、政局基本稳定、增长潜力巨大，2050 年增长 2.3 倍，对全球经济增长的贡献率高达 57%，是未来全球经济增长的主要引擎。非洲经济发展基础薄、潜力大，增速虽快（4.2%），但贡献较小（6%）。

中国开启全面建设社会主义现代化国家新征程。当前，中国经济已转向高质量发展阶段，物质基础雄厚，人力资源丰富，市场空间广阔，发展韧性强劲，社会大局稳定，经济长期向好发展具有多方面的优势和条件。面向新征程，科学把握新发展阶段、坚决贯彻新发展理念、积极构建新发展格局，中国经济有望行稳致远。预计 2019—2050 年，中国经济年均增长 4.7%，对全球增长的贡献率高达 1/3。

表 2-2　全球经济增长展望　　　单位：万亿美元（2010 年不变价）

地区 / 国家	2019	2030	2040	2050	2019—2050		
					年均增速	增幅	贡献率
北美	21.6	25.3	30.8	36.8	1.7%	70%	13.8%
美国	18.3	21.4	25.9	30.8	1.7%	68%	11.4%
中南美	4.3	6.0	8.1	11.3	3.2%	164%	6.4%
巴西	2.3	2.9	3.9	5.3	2.7%	131%	2.7%
欧洲	24.3	28.2	34.5	40.9	1.7%	68%	15.0%
欧盟	19.5	21.8	26.1	29.9	1.4%	54%	9.5%
英国	2.9	3.1	3.4	3.7	0.8%	29%	0.8%
法国	3.0	3.1	3.5	3.8	0.7%	26%	0.7%
德国	4.0	4.4	5.1	5.8	1.2%	44%	1.6%
俄罗斯	1.8	2.0	2.4	3.1	1.8%	72%	1.2%
亚太	27.7	43.1	64.1	90.3	3.9%	226%	56.9%
中国	11.5	20.9	33.3	48.1	4.7%	319%	33.3%
印度	3.0	5.2	9.0	14.3	5.2%	378%	10.3%
日本	6.2	6.5	7.1	7.6	0.6%	22%	1.2%
韩国	1.5	1.8	2.2	2.5	1.7%	70%	1.0%
中东	4.5	5.2	5.7	6.6	1.2%	46%	1.9%
非洲	2.6	3.8	5.8	9.2	4.2%	255%	6.0%
南非	0.4	0.5	0.7	1.0	2.8%	139%	0.5%
全球	85.0	109.8	147.9	195.1	2.7%	130%	100.0%

（三）能源政策

多国公布碳中和目标有力重振全球应对气候变化行动。2015 年《巴黎协定》开创了全球气候治理新局面，为 2020 年后共同应对气候变化行动作出安排。2020 年初，新冠肺炎疫情暴发导致全球碳排放骤然下降，但随着多国疫情防控放松和经济秩序恢复，全球日度碳排放已基本恢复至疫情前水平。近期，欧盟多国及中国、日本、韩国等明确了碳中和时间表，有力重振了全球应对气候变化行动的信心与希望。

可再生能源开发利用是各国电力发展的普遍选择。世界各国普遍将可再生能源开发利用作为电力发展的战略选择，多数国家设置了可再生能源发电规模目标或占比目标，部分国家还对煤电、核电发展制定了限制举措。联合国 2030 年可持续发展目标提出 100% 电力可及，而 2019 年全球仍有近 8 亿人没有用上电。

能效标准、能源管理、能效审计在工业领域广泛实施。当前，工业能效标准覆盖范围不断扩大，能源管理系统逐步推广，能效审计得以普遍实施。例如，美国对工业及商用锅炉实施严格排放标准；欧盟制定了电机、风扇、水泵、热泵、压缩机等节能指导标准；中国将综合能源服务纳入国家规划，大力提高能源系统效率；日本要求大型企业强制实施能源管理，向小型企业提供免费能效审计。

热点聚焦

当前各国碳中和目标制定情况

2020 年 9 月 22 日，习近平主席在第七十五届联合国大会一般性辩论上宣布，“中国将提高国家自主贡献力度，采取更加有力的政策和措施，二氧化碳排放力争于 2030 年前达到峰值，努力争取 2060 年前实现碳中和”，展现出了中国应对气候变化的决心和对全人类共同事业的担当。截至 2020 年 11 月底，全球超过 30 个国家及地区已通过政策宣示、法律法规等方式明确碳中和目标时间表，合计碳排放约占全球的一半。

欧洲是全球碳减排的“引领者”。欧盟力争 2050 年实现净零排放，该战略于 2020 年 3 月提交联合国，此外还有 15 个国家制定碳中和 / 气候中性 / 净零排放目标，时间在 2035—2050 年之间。

国家	目标年份	承诺类型	承诺性质
芬兰	2035	碳中和	执政党联盟协议
奥地利	2040	气候中性	政策宣示
冰岛	2040	碳中和	政策宣示
瑞典	2045	净零排放	法律规定
爱尔兰	2050	净零排放	执政党联盟协议
葡萄牙	2050	净零排放	政策宣示
瑞士	2050	净零排放	政策宣示
英国	2050	净零排放	法律规定
西班牙	2050	零碳排放	法律草案
挪威	2050	国内碳中和	政策宣示
匈牙利	2050	气候中性	法律规定
斯洛伐克	2050	气候中性	自主减排承诺
丹麦	2050	气候中性	法律规定
法国	2050	碳中和	法律规定
德国	2050	温室气体中性	法律规定

美洲碳减排稳步推进。乌拉圭承诺 2030 年成为净碳汇国，美国加利福尼亚州、智利宣布分别于 2045 年、2050 年实现碳中和，加拿大、哥斯达黎加承诺 2050 年实现净零排放。

亚太碳减排呈追赶态势。不丹已实现碳中和目标；日本、韩国、新西兰、斐济、马绍尔群岛承诺 2050 年实现净零排放；中国承诺努力争取 2060 年前实现碳中和；新加坡力争在“21 世纪后半叶尽早时间”实现净零排放。

电气化是交通发展的大势所趋。面向未来，交通电气化是大势所趋，主要支持政策包括购买补贴、停车费及过路费减免、保有量及销售量目标、公共财政采购、传统燃油车强制退出、充电设施支持等。例如，荷兰和挪威将于 2025 年、德国和英国将于 2030 年后、法国将于 2040 年后禁止销售传统燃油车；中国《新能源汽车产业规划（2021—2035 年）》提出 2025 年新能源汽车达到汽车新车销售总量的 20% 左右。

强制性能效标准和能效标识计划在建筑领域普遍推开。当前，强制性能效标准和能效标识计划从欧美发达国家向发展中国家扩散，覆盖电灯、电视、冰箱、空调等多种家用电器。特别地，发展中国家普遍选择逐步淘汰白炽灯等低效电器，力争 100% 现代能源可及。

（四）市场机制

能源市场全球化推动基础设施互联互通、能源资源合作共享。伴随经济现代化持续推进、能源转型进程加快，能源市场的范围由国家向区域、全球拓展，能源的商品属性进一步凸显。展望未来，全球煤炭市场重心进一步向亚太转移，供需平衡呈现持续宽松态势；电气化进程降低部分国家对石油进口的依赖，石油定价机制在全球能源治理中的核心地位有所下降；非常规天然气生产和液化天然气贸易迅速增长，将北美、欧洲、亚太三大区域市场重构整合为全球统一市场。

能源市场化建设促进供给侧清洁转型、消费侧电气化发展。在能源供给侧，大规模可再生能源发电利用是能源清洁转型的必然选择，但其出力间歇性对系统灵活性提出很高要求，现货市场、辅助服务市场、容量市场等协同发展将有力确保系统稳定运行。在能源消费侧，能源零售市场的逐步开放、综合能源服务市场的快速成长增大了市场灵活性，将有力支撑能源消费新模式、能源产业新业态的培育和成熟。

碳市场建设加速能源清洁转型。当前，全球正在运行的碳市场超过 20 个，如欧盟、英国、澳大利亚、美国、中国等，覆盖全球约 15% 的温室气体排放，主要涉及领域包括电力、工业、交通。未来，全球碳市场的行业范围和参与主体将继续扩大，碳期货、碳期权及其他衍生品不断成熟，核查管理机制趋于严格，有力助推节能减排和清洁转型。

（五）技术进步[1]

1. 能源开发技术

油气勘探开发技术进步可提升油气可采储量，降低开发周期和成本。由于压缩感知地震勘探技术、弹性波成像技术、高精准智能压裂技术、井下油水分离技术、全自动钻井技术等进步创新，预计 2050 年世界油气可采总储量较当前增加约 1/3。全自动钻井技术的成熟有望使开采成本降低 30%~50%，进一步缩短开发周期、降低开发成本。

可再生能源开发技术进步推动其成为满足未来能源需求的主要能源。伴随资源评估和空间规划技术、大容量风机技术、智能监测预警技术等进步，陆上风电发电成本有望进一步降低。深海风电资源条件优异，漂浮式海上风电发展空间十分广阔。光

[1] 主要参考国际能源署、BP 公司、DNV GL 相关能源技术展望报告。

伏发电将是成本最低的发电技术，未来将成为满足电力需求增长的主力。地热能、海洋能等开发利用技术尚不成熟，仍需有力的政策引导和资金支持。

2. 能源加工转换技术

加工转换技术进步促进转换效率提升和成本降低。炼油、制气、洗选、炼焦等传统技术难以出现革命性进步，但通过生产工艺优化和信息技术改造，可实现在线运营监测、自动化维护管理，有效提高加工转换效率、降低中间过程损耗。

发电技术进步有助于提高发电效率及可再生能源消纳。超超临界发电、热 - 电 - 冷三联产、燃气 - 蒸汽联合循环等技术进步可提高发电效率。通过对可再生能源发电精准预测、实时控制、灵活调度，可有效降低发电成本、扩大利用规模。

氢能利用是实现深度减排的重要手段。作为能源载体，氢能连接并支撑着供需两侧的清洁化，兼具化石能源、二次电能的优点，是实现深度减排的关键力量。氢能在工业领域的主要用途包括短中期内满足氨、甲烷和甲醇的需求增长，远期提供高温热能和用于炼钢；在交通领域的主要用途包括氢燃料电池应用于公路交通，氢基燃料应用于航空航运；在建筑领域的主要用途包括近期将氢气混合入天然气网络，远期使用氢锅炉或燃料电池进行供暖；在电力部门的主要用途包括发电、作为储能媒介平衡季节性波动等。

3. 能源输送技术

自动化巡检技术有力保障能源传输通道安全。通过远程操控配备摄像头和传感器的水下自主航行器，可嗅探到海底油气管道甲烷或石油的泄漏情况。通过配备高度复杂传感器系统（雷达、光学、红外成像等）的无人驾驶飞行器，可对陆上油气管道、输电线路进行巡检，大大提高巡检频率和便捷度。

能源互联网快速发展，未来电网成为多能转换利用的枢纽和资源优化配置的平台。特高压输电技术可实现大容量、远距离输电，极大提高资源优化配置能力。柔性交流 / 直流混联电网、智能化控制技术、先进需求侧管理技术可加强电网运行的灵活性和稳定性。依托坚强、稳定、灵活、高效的电网平台，能源互联网技术快速成熟，多种能源协调互补、协同高效，不断提高能源综合开发利用效率。

4. 终端用能技术

终端用能技术向清洁化、高效化、便捷化转变。展望未来，工业物联网、云计算、智能控制、电气驱动等将在工业部门推广应用；新能源汽车、电气化铁路、港口岸电及自动驾驶、共享出行等将加快交通电气化进程；建筑领域的用能技术创新包括现代高效家电、智能家居、电采暖 / 制冷等。

电能替代技术广泛推广应用。在以电代煤、以电代气方面，主要技术包括电炊具、电暖器、电火锅、电锅炉、电窑炉、电热膜、电热地板、热泵等。在以电代油方面，主要技术包括电动汽车、抽水灌溉、港口岸电、机场地电等。

5. 储能技术

储能技术发展助力能源系统更加灵活、高效。抽水蓄能仍是未来重要的储能方式。电力储存技术尤其是高能量密度电池的迅速发展，将有效促进清洁能源消纳、提高电力系统灵活性，还将降低电动汽车成本、增加行驶里程。此外，氢能作为储存可再生能源的主要选择，未来可实现在数天、数周甚至数月内经济性地存储电力，有力支撑电力系统的清洁转型。

6. 碳捕集、利用与封存技术

碳捕集、利用与封存技术在应对气候变化中发挥重要作用。碳捕集、利用与封存（CCUS）技术既能直接减少关键领域的碳排放，又能降低已有碳浓度以平衡无法避免的碳排放，是实现净零目标的关键手段。最先进和最广泛采用的碳捕集技术是化学吸收法和物理分离法，其他技术还包括薄膜法、化学循环和钙循环。当前，全球大约只有 20 个商业 CCUS 项目，远未达到将全球带入可持续发展轨道的要求，未来还需政府给予更多支持、业界付出更多投资。

（六）成本价格

国际煤炭价格承压，市场供需持续宽松。考虑多国控煤、减煤政策及发电、化工需求，预计中长期国际煤炭价格承压，市场供需持续宽松，需求来源主要是印度、东南亚等亚太发展中国家。

国际原油价格不确定性巨大。2020 年，疫情导致石油消费骤然下降、油价暴跌，目前油价有所回升但仍未恢复至疫情前水平。短期内，考虑后疫情时代经济不断恢复和 OPEC+ 国家减产的可能，国际原油市场脆弱平衡，油价仍有进一步回升空间。中长期，受金融、政治、战争、灾害等影响，国际油价存在巨大不确定性。

全球统一天然气市场加速形成，疫情导致的供需宽松进一步拉低了天然气价格。2020 年，疫情导致全球天然气需求下滑，供需形势宽松拉低了天然气价格。伴随液化产能、运输能力、收储容量的大幅提升，液化天然气的蓬勃发展正在加速全球统一天然气市场的形成。展望中长期，亚太、欧盟、北美的天然气价格将逐步趋同，价格差异主要是运输成本差别所致。

传统发电技术度电成本面临较大上升压力。考虑环境治理、排放约束等因素影响，煤电发电成本在中国、美国、欧盟等地区面临上涨压力。气电在北美、欧盟具备一定成本优势，在中国非常规天然气开发取得突破前难有大的发展。水电开发面临资源条件、移民安置、生态保护等多重挑战，未来发电成本有所上升。核电受能源政策取向、民众接受程度、技术调节特性等因素影响，未来发电成本有所增加。

新能源发电逐步在全球取得成本优势[1]。2010—2019 年，全球光伏发电、光热发电、陆上风电、海上风电项目的加权平均成本分别下降 82%、47%、39%、29%。展望 2050 年，预计陆上风电单位成本较当前下降约 30%，海上风电下降约 55%，集中式光伏发电下降约 50%，储能电池下降约 60%，电解氢下降约 40%。

碳价上行有利于加速能源转型步伐。当前，欧盟、加拿大、中国、韩国、南非等国家和地区建设了碳市场或制定了碳价机制，其中发达国家平均碳价在 20 美元 / 吨以上，发展中国家平均碳价在 10 美元 / 吨左右。面向中长期，提高碳价有助于加速能源转型步伐。为满足全球应对气候变化目标，2030 年全球平均碳价水平提高至约 50 美元 / 吨，2050 年超过 130 美元 / 吨。

[1] 新能源发电成本数据主要参考国际可再生能源署相关报告。

热点聚焦

实现碳中和的核心举措

当前，电力行业约占全球碳排放的1/3。电力行业将在实现碳中和目标中发挥先行引领作用，但仅仅依靠电力部门远远不够，必须依靠所有能源部门和能源品种产销者的共同努力。

一是加速能源效率提升步伐，尽快实现能源需求增长与经济社会发展之间的脱钩。分部门来看，工业部门节能潜力最大，大容量、高参数的发电机组可有效提升发电效率，多级燃烧技术、绝热材料保温技术、余压余热利用技术等将有效提高燃料利用效率和促进能量回收循环再利用；高能效内燃机、自动驾驶、车辆轻量化技术等将有效提升交通部门能源效率；LED灯、低能耗空调等设备的普及和自动化程度更高的施工技术可有效减少建筑部门能耗。

二是电力部门要尽早依靠可再生能源实现深度低碳或完全脱碳。21世纪以来，以风电、太阳能发电为代表的新能源发电技术迅猛发展，目前全球约10%的电力需求由新能源提供，未来仍将保持高速增长，地热能、海洋能技术有望逐步成熟，未来电力部门要尽早依靠可再生能源实现深度低碳或完全脱碳。

三是尽量提高终端能源消费电气化水平。目前，电解铝、电动汽车、电气化铁路、电烹饪等迅猛发展，未来仍有巨大发展空间；电动卡车、电动飞机、电制氢等技术还未成熟，未来也有较大增长空间。智能灵活的电力基础设施，包括特高压输电、动态/快速/智能充电、需求侧响应、储能等，可更大范围配置电力和大规模消纳新能源电量。

四是大幅降低化石能源消费，在无法替代的领域安装碳捕集、利用与封存（CCUS）设施。碳捕集技术广泛应用于工业生产及发电供热过程中，通过物理吸附、化学吸附、富氧燃烧等方式捕集生产过程中排放的CO_2，但目前只有化工行业、发电过程碳捕集技术相对成熟；碳利用主要在尿素、混凝土、甲醇、合成甲烷等行业；碳封存主要包括地下深层咸水层封存、枯竭油气藏封存、深层不可开采煤层封存、开采煤层气和提高原油采收率过程中封存。此外，碳汇吸收的载体主要是森林和土地，但总体吸收规模有限，应将有限能力用于非能利用和工业过程中的碳排放。

五是生物质能、氢能成为继可再生能源电力之后的转型关键。生物质能技术已进入早期应用阶段，生物质能将在发电、工业产品原料、工业燃料、交通动力、建筑供热等领域发挥作用。氢能在轻型汽车电池、锅炉供暖、化工产品行业已初步应用，未来将更广泛地应用于各类交通工具的电池、工业产品制造及建筑供暖等领域。

二、情景设计

《全球能源分析与展望　2020》对近期疫情防控与经济恢复进行了假设，考虑政策取向、技术进步等方面因素，更新了基准、加快转型、2℃三个情景，展望时段为 2020—2050 年。**三个展望情景对疫情防控的假设保持一致，均认为 2021 年疫苗研制取得决定性进展、全球疫情逐步得到有效控制。**

（一）基准情景

基准情景：能源效率水平持续提高，能源清洁低碳转型稳步推进，技术创新潜力平稳释放，自主减排承诺全部兑现，并在 2030 年后保持政策连续性。

表 2-3　基准情景设计假设

项目	假设
疫情防控	● 疫情蔓延：各国自主制定本国疫情防控政策，2020 年全球疫情多点爆发、持续扩散，美国、印度等国家及中南美、非洲等地区疫情延续至 2021 年之后。 ● 疫苗研制：2021 年疫苗研制及治疗药物取得决定性进展，新冠病毒感染的重症率、死亡率持续下降
经济恢复	● 应对冲击：各国统筹推进疫情防控与经济恢复，疫情形势较好地区逐步放松限制措施，疫情形势恶化地区限制措施再次严格。 ● 疫后恢复：各国制定了经济刺激及社会救助等一系列政策包，推动经济社会活动尽快恢复正常，对受影响严重的企业和居民进行援助及保障
政策取向	● 能源政策：各国已公布的能源转型目标如期实现，弃煤 / 减煤、弃核 / 弱核、支持新能源发展等政策切实落地。 ● 行业政策：稳步淘汰落后产能，电动汽车在 2025 年获得经济性优势，强制性能效标准在部分发展中国家实施。 ● 市场政策：天然气市场的开放融合推动消费的增长和贸易的扩张，电力辅助服务市场有效提高电力系统灵活性。 ● 减排政策：各国兑现自主减排贡献承诺，2030 年后保持减排政策连续性；部分国家在工业、交通、电力等部门开征碳税或实施碳价机制
技术进步	● 开发利用：非常规天然气开采局限在个别国家，风能、太阳能等可再生能源稳步发展，储能技术取得一定突破。 ● 加工转换：发展中国家冶炼、焦化、炼油效率向发达国家水平靠近，全球平均效率年均提升 0.1 个百分点。 ● 终端消费：能源消费强度年均降幅略高于 2010 年以来平均水平的 1.5%，信息化、智能化在各部门逐步渗透。 ● 碳封存：碳捕集、利用与封存（CCUS）技术商用化规模有限，2050 年整体封存规模约 5%

（二）加快转型情景

加快转型情景：能源效率水平进一步提高，能源清洁低碳转型加快推进，技术创新成效显著，能源气候政策趋于严格，终端电气化与可再生能源发展提速。

表 2-4 加快转型情景设计假设

项目	假设
疫情防控	● 与基准情景相同
经济恢复	● 应对冲击：与基准情景相同。 ● 疫后恢复：各国制定经济刺激及社会救助等一系列政策包，通过结构调整和制度建设，更加注重经济恢复的可持续性，加快能源发展向清洁低碳转型
政策取向	● 能源政策：各国已公布的能源转型目标提前实现，风电、太阳能等新能源逐步成为电力供应主体。 ● 行业政策：加快生产设备改造更新，更多国家制定燃油车禁售计划，强制性能效标准和能效标识计划得到普遍实施。 ● 市场政策：电力辅助服务市场提高电力系统灵活性，容量市场确保电力供应裕度，灵活电价机制提高需求侧响应积极性。 ● 减排政策：各国提前兑现自主减排贡献承诺，减排政策力度不断加大；多数发达国家在工业、交通、电力等部门开征碳税或实施碳价机制
技术进步	● 开发利用：非常规天然气开采技术逐步扩散，大规模高效储能技术取得重大突破。 ● 加工转换：发展中国家冶炼、焦化、炼油效率达到发达国家水平，全球平均效率年均提升 0.2 个百分点。 ● 终端消费：能源消费强度年均降幅是 2010 年以来平均水平的 1.5 倍，信息化、智能化在各部门快速渗透。 ● 碳封存：碳捕集、利用与封存（CCUS）技术商用化规模扩大，约 20% 的发电和工业部门碳排放得到封存

（三）2℃情景

2℃情景：以实现全球 2℃温升控制目标为约束，考虑各国已公布的碳中和愿景，能源效率水平大幅提高，能源清洁低碳转型快速推进，颠覆性能源技术取得突破，电气化达到更高水平，可再生能源实现更大力度替代。

表 2-5 2℃情景设计假设

项目	假设
政策取向	● 能源政策：可再生能源对化石能源更大力度替代，仅在部分工业生产、航空 / 航运、非能利用等无法替代环节使用化石能源。 ● 行业政策：能源管理及能效审计强制实施，全面禁售燃油车，新建建筑强制要求“净零能耗”。 ● 市场政策：电力消费新模式新业态蓬勃发展，完善的电力市场体系推动电能成为能源生产和消费的中心。 ● 减排政策：以实现 2℃温升控制目标为强制约束，将至 2050 年的全球能源相关累计碳排放控制在 8000 亿吨以内
技术进步	● 开发利用：可再生能源开发利用潜力尽量释放，大规模高效储能技术取得大范围应用。 ● 加工转换：全球平均冶炼、焦化、炼油效率达到当前发达国家水平，全球平均效率年均提升 0.4 个百分点。 ● 终端消费：能源消费强度年均降幅是 2010 年以来平均水平的 2 倍，信息化、智能化在各部门广泛渗透。 ● 碳封存：碳捕集、利用与封存（CCUS）技术普遍应用，近 40% 的发电和工业部门碳排放得以封存

热点聚焦

全球何时碳中和？

根据政府间气候变化专门委员会（IPCC）的科学评估，要实现全球 2℃温升控制目标，全球二氧化碳中和的时间在 2070 年左右，温室气体中和的时间在 2100 年之前；要实现全球 1.5℃温升控制目标，全球二氧化碳中和的时间在 2050 年左右，温室气体中和的时间在 2060 年左右。

考虑欧盟、日本、韩国等发达经济体将碳中和时间设定在 2050 年，作为最大发展中国家的中国将碳中和时间设定在 2060 年，美国尚未明确，亚洲、非洲、中南美等发展中国家经济发展仍有较大空间，综合研判当前各国碳中和时间目标将助推全球实现 2℃温升控制目标。因此，2020 年版报告沿用并更新了 2019 年版的 2℃情景，并未新设 1.5℃情景或碳中和情景。

三、主要展望结果

（一）一次能源

1. 总量

全球一次能源需求增长动力仍较为强劲。展望中长期，全球经济持续增长、人口规模不断扩张带动能源服务需求稳步提升，考虑政策取向、技术进步等因素影响，全球一次能源需求增长动力仍较为强劲。在基准情景下，全球一次能源需求持续攀升，2050 年约 252 亿吨标准煤，较 2019 年增长约 22%。在加快转型情景下，2035 年前后全球一次能源需求进入平台期，2050 年约 223 亿吨标准煤，较 2019 年增长约 9%。在 2℃情景下，能源转型更快推进，可再生能源实现对化石能源的更大力度替代，电气化达到更高水平，全球一次能源需求较快进入平台期，2035 年前后开始大幅下降，2050 年约 188 亿吨标准煤，较 2019 年下降约 9%。

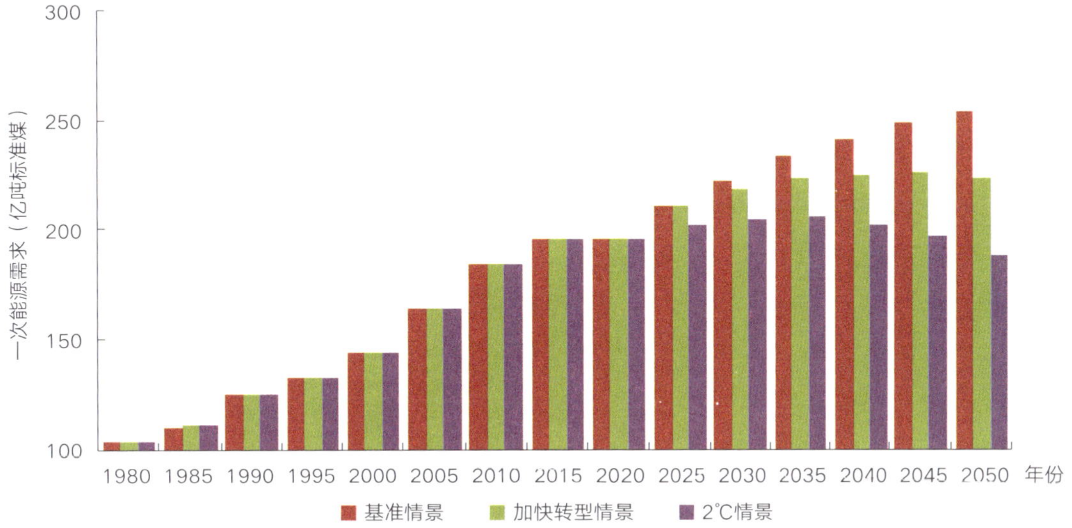

图 2-1　1980—2050 年全球一次能源需求分情景展望结果

2. 分品种

一次能源结构迈向清洁低碳，非化石能源占比升至 30% 以上。未来，以风能、太阳能为主的可再生能源加快崛起，能源政策的支持和技术创新的加快将有力推动全球能源清洁低碳转型。在基准情景下，2050 年煤炭、石油占全球一次能源需求的比重分别降至约 18%、28%；天然气占比缓升至 24%；化石能源在 2035 年前后达峰；2050 年非化石能源占比约 30%，其中非水可再生能源占比约 20%。在加快转型情景下，煤炭占全球一次能源需求的比重更快下降，2050 年约 13%，主要是发电用煤增长有限、工业用煤有所减少；石油占比降幅扩大，2050 年约 27%，主要是汽车用油较快达峰，但货运、航空、航运、化工用油保持增长；天然气占比略有下降，2050 年约 20%；化石能源在 2025—2030 年间达峰；非化石能源占比大幅提

表 2-6　不同情景下 2050 年关键指标展望结果

指标	单位	基准情景	加快转型情景	2℃情景
一次能源需求	亿吨标准煤	252	223	188
非化石能源占一次能源的比重	%	30	40	58
终端能源需求	亿吨标准煤	183	165	137
电力需求	万亿千瓦·时	55	60	64
电能占终端能源需求的比重	%	34	40	52
发电装机	亿千瓦	212	251	289
非化石能源装机占比	%	72	83	95
非水可再生能源发电装机占比	%	60	73	88
非化石能源发电量占比	%	63	75	92
非水可再生能源发电量占比	%	45	59	78
能源相关碳排放	亿吨	357	223	97

升，2050 年约 40%，其中非水可再生能源占比约 30%，2045—2050 年间超越石油占据一次能源最大份额。在 2℃情景下，2050 年非化石能源占比约 58%，其中非水可再生能源占比约 46%，较加快转型情景进一步提高。

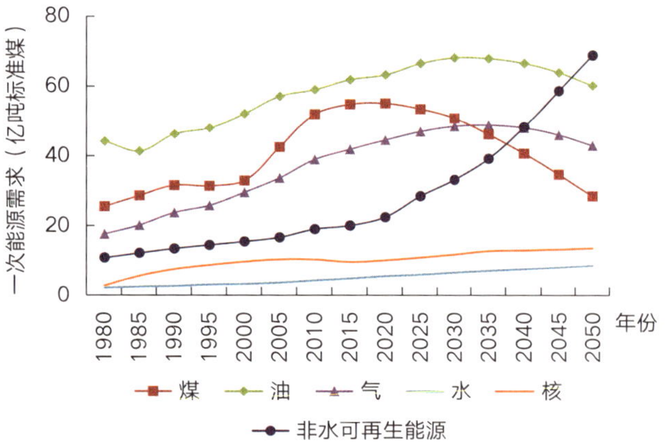

图 2-2　1980—2050 年全球一次能源分品种规模变化

发达国家能源清洁转型进程快于发展中国家。展望中长期，发达国家能源需求增长潜力小、用能效率高、技术资金足，主要在存量领域推进清洁能源替代；而发展中国家能源需求增长潜力大、速度快，用能效率低，清洁能源主要用于满足需求增量，能源转型步伐整体慢于发达国家。在加快转型情景下，北美、中南美、欧洲 2050 年非水可再生能源占一次能源需求的比重与全球平均水平相差不大；亚太、非洲略低于全球平均水平，传统生物质能仍有一定规模；中东最低，主要受廉价而丰富的油气资源影响。发展中国家中，印度、南非等国家化石能源占比不同程度下降，但降幅相对较小，非水可再生能源中传统生物质能逐步被现代可再生能源替代。

3. 分地区

全球能源发展重心继续向亚太转移。展望中长期，发达国家能源需求有望延续饱和或下降态势，发展中国家则保持稳定增长，贡献绝大部分增量。在加快转型情景下，2050 年欧洲、北美一次能源需求分别降至约 33 亿、31 亿吨标准煤，占比分别降至约 15%、14%；2050 年亚太一次能源需求增至约 100 亿吨标准煤，占全球的 45%，贡献全球增量

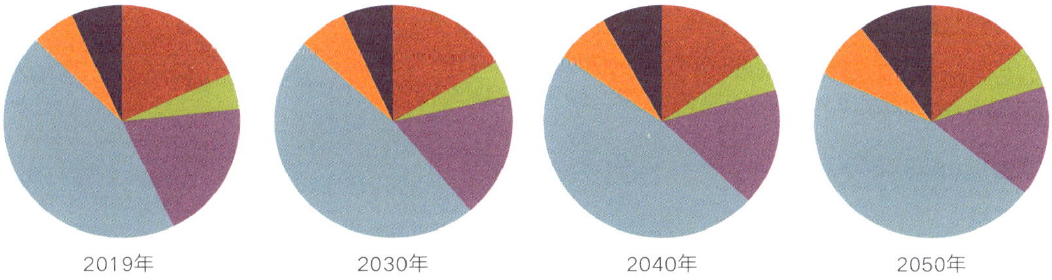

图 2-3　2019—2050 年全球一次能源分地区结构变化

表 2-7　分地区一次能源需求变化（加快转型情景）　　单位：亿吨标准煤

地区 / 国家	2000	2019	2030	2040	2050	2019—2050 增幅	2019—2050 贡献率
北美	38.7	38.2	35.0	33.4	30.6	-20%	-43%
美国	32.9	31.6	28.5	26.8	24.1	-24%	-42%
中南美	6.5	9.1	10.4	11.4	12.6	39%	20%
巴西	2.7	4.2	4.7	5.2	5.9	41%	10%
欧洲	39.4	41.0	36.5	35.1	32.8	-20%	-46%
欧盟	24.3	22.6	18.5	16.8	15.1	-33%	-42%
英国	3.2	2.5	2.1	1.9	1.7	-32%	-4%
法国	3.7	3.5	2.9	2.7	2.5	-28%	-6%
德国	4.8	4.2	3.5	3.0	2.6	-38%	-9%
俄罗斯	8.9	10.8	9.5	9.2	8.8	-19%	-11%
亚太	43.2	87.8	100.6	103.0	100.2	14%	71%
中国	16.3	47.0	50.2	44.8	39.3	-16%	-44%
印度	6.3	13.2	18.0	23.6	27.9	111%	83%
日本	7.2	6.0	5.2	4.6	3.9	-35%	-12%
韩国	2.7	4.0	3.7	3.2	2.7	-32%	-7%
中东	5.1	11.2	13.9	16.0	17.5	56%	36%
非洲	7.1	12.2	14.6	18.0	22.0	81%	56%
南非	1.6	1.9	2.1	2.3	2.6	35%	4%
航空航运	3.9	6.1	6.7	7.4	7.3	19%	7%
世界	143.9	205.5	217.7	224.2	223.1	9%	100%

热点聚焦

新冠肺炎疫情对未来能源发展的影响

在短期内，新冠肺炎疫情对全球能源市场运行产生了明显冲击，能源需求大幅减少，供给调整延后迟滞，导致库存暴涨、价格骤降、投资下滑。

展望近期，全球能源清洁低碳转型的大趋势因疫情而有所加快。分品种看，煤炭需求持续下降，发电用煤、工业用煤均增长乏力；石油需求回到 2019 年水平后还会有一定增长，但预计 2030 年前达到峰值；天然气需求有望稳健增长，在发电、燃料、化工等领域均呈现增长态势；预计水电、核电开发根据各国规划稳步实施，疫情影响主要是工期延迟；风电、光伏发电在 2025 年前后获得超越新建煤电厂和气电厂的竞争优势，保持快速发展态势。可再生能源在供热领域保持稳步扩张态势，生物燃料等随着公路运输和航空运输的恢复重拾增长势头。总体研判，预计全球能源消费于 2023 年恢复至 2019 年水平；若疫情持续恶化，病毒继续扩散，全球能源消费恢复至疫前水平或推迟至 2025 年前后。疫情导致能源需求下降或增长放缓，为加快能源结构调整、控制碳排放增长提供了难得机遇，各国应抓住有利时机推动经济绿色复苏和可持续发展。

展望中长期，疫情将对经济格局、能源安全、技术交流、人类行为等产生深远影响。

经济格局——疫情冲击之下，由于本地生产供应能力不足，全球多地医疗设备和防护用品严重短缺，导致各国政府更加重视本国制造业尤其是关键战略性基础产业的发展，产业回流对经济全球化产生一定阻碍。

能源安全——疫情导致各国政府更加注重国家安全问题，对能源安全的担忧导致能源对外依存度较高的国家更加注重开发本国能源资源，尤其是通过发展本地可再生能源实现经济绿色复苏。

技术交流——疫情冲击叠加地缘政治导致全球技术交流合作受阻，先进技术和管理经验的传播速度放缓，或导致全球平均能源效率的提升速度下降，减慢全球能源转型步伐。

人类行为——人们对病毒传播的担心将导致商务娱乐及出行需求的减少，从而降低交通用能需求。对公共交通传播风险的担忧或使人们更多转向私人交通，从而增加交通用能需求。考虑居家办公意愿的增强及企业节约成本的需要，更多企业将探索线上与线下相结合的灵活办公方式，建筑领域用能需求上升较快。

的 70% 左右；2050 年非洲、中东、中南美一次能源需求分别约为 22 亿、18 亿、13 亿吨标准煤，占比分别增至 10%、8%、6%。主要国家中，2050 年美国一次能源需求较 2019 年下降约 1/4，英国、法国、德国、日本、韩国等降幅约 1/3，印度增长约 1.1 倍，巴西增长约 40%，南非增长约 35%。

中国一次能源需求在 2030 年前后达峰。在加快转型情景下，中国一次能源需求在 2030 年前后达峰，峰值约 50 亿吨标准煤[1]，2050 年降至约 39 亿吨标准煤。按发电煤耗法折算，加快转型情景下中国一次能源需求在 2030—2035 年间达峰，峰值约 58 亿吨标准煤，2050 年降至约 55 亿吨标准煤。

（二）终端能源

1. 总量

全球终端能源需求增幅大于一次能源需求增幅。受能源加工转换效率提升及可再生能源占比提高影响，终端能源需求增幅将大于一次能源需求增幅。在基准情景下，全球终端能源需求持续增长，2050 年约 183 亿吨标准煤，较 2019 年增长约 1/4。在加快转型情景下，全球终端能源需求 2040 年进入平台期，2050 年约 165 亿吨标准煤，增幅约 14%。在 2℃情景下，全球终端能源需求在 2035 年前后达峰，峰值约 150 亿吨标准煤，2050 年降至约 137 亿吨标准煤，较 2019 年下降约 5%。

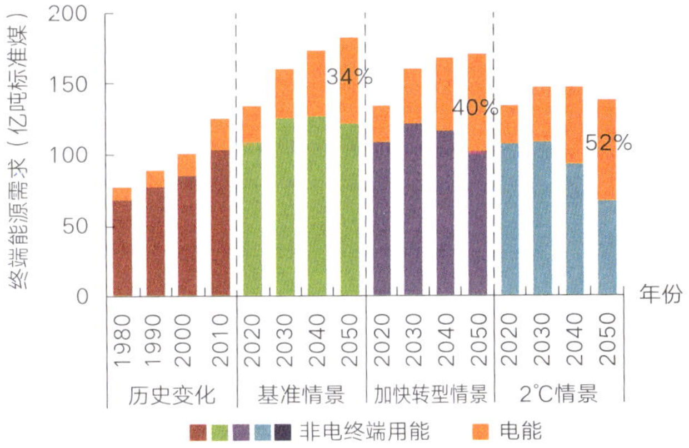

图 2-4　1980—2050 年全球终端能源需求分情景展望结果

2. 分品种

终端能源结构加快调整，化石能源占比降至约 50%。作为清洁高效的能源载体，电能具有便捷、可控、精准的特点，未来将对终端消费中的化石能源和传统生物质能形成持续替代。在加快转型情景下，煤、油、气等化石能源占终端能源需求的比重持续下降，2050 年分别约 6%、32%、12%；电气化进程进一步加快，2050 年电能占比约 40%，增幅超过 20 个百分点；热及其他占比持续下降，2050 年约 9%，较 2019 年下降约 4 个百分点，其中氢能占比上升至 5% 左右。

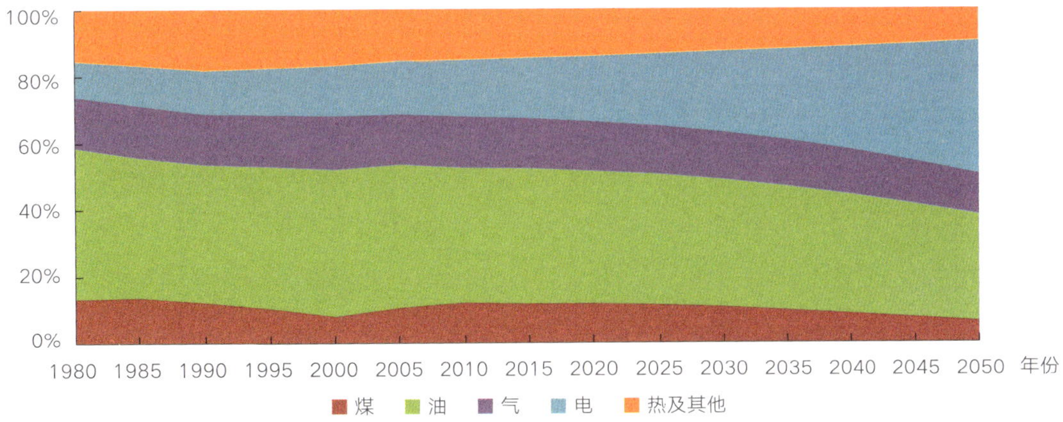

图 2-5　1980—2050 年全球终端能源分品种结构（加快转型情景）

[1] 本报告借鉴国际能源署（IEA）统计方法，以电热当量法为基础并考虑一定系数折算非化石能源发电的一次能源消费量，不同于国内通常采用的发电煤耗法。

3. 分部门

工业、商业占全球终端能源需求的比重下降，交通、居民占比提升。展望中长期，以欧美为代表的发达国家能效持续提升导致各部门能源需求均有所下降，以中国为代表的发展中国家经济重心不断向服务和消费转移，以印度为代表的经济后发国家工业化进程稳步推进，三方面趋势共同决定了全球能源消费的部门格局变化。在加快转型情景下，2050 年工业用能占全球终端能源需求的比重较 2019 年下降 0.5 个百分点；交通用能占比上升约 0.8 个百分点，主要受出行需求快速增长拉动；居民用能占比上升约 0.8 个百分点，主要受生活水平持续提高拉动；商业用能占比下降约 0.8 个百分点，其他及非能利用占比变化不大。

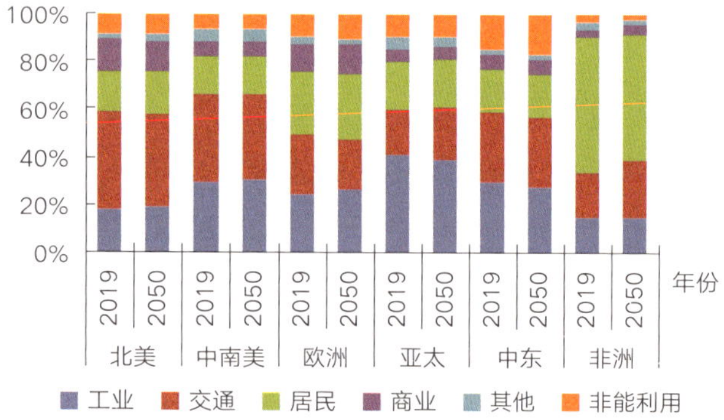

图 2-6　2019/2050 年终端能源分地区分部门结构（加快转型情景）

（三）电气化水平

1. 总体

电气化水平提升是能源发展大势所趋。1980 年以来，全球终端电气化水平以每十年 2 个百分点的速度持续提升。未来，随着新能源大规模开发及用电技术经济性提高，终端电气化水平将加速提升。据测算，在技术可行条件下约 65% 的终端能源可由电能提供，无法替代的部分主要是化石能源参与生产过程或投入非能利用，以及技术上尚无法由电能提供用能的领域。在基准、加快转型、2℃情景下，2050 年全球电能占终端能源需求的比重分别约 34%、40%、52%，呈现出明显的加速提升态势。

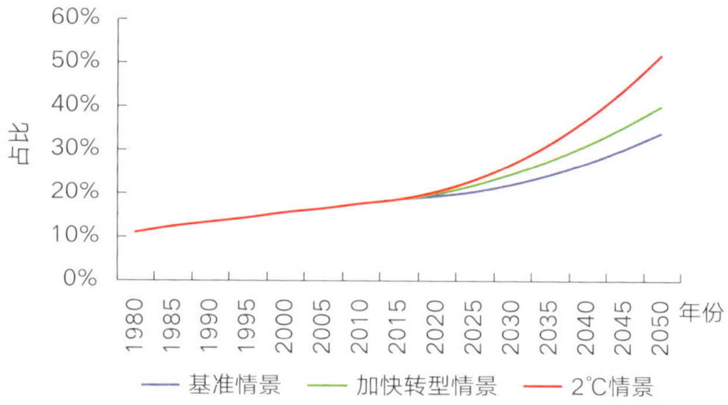

图 2-7　1980—2050 年全球终端电能占比分情景对比

2. 分部门

各部门电气化水平普遍提升，交通电气化潜力巨大。考虑各部门用能行为特点，居民、商业等建筑部门存在巨大电气化潜力，甚至有实现 100% 电气化的可能；工业部门受生产技术工艺、高温高压要求等限制，电气化提升空间相对有限；电气化是交通发展重大趋势，具体进程主要取决于政策支持力度和技术成熟程度。在加快转型情景下，工业、交通部门电气化水平分别约 50%、22%，居民、商业电气化水平分别约 55%、73%。

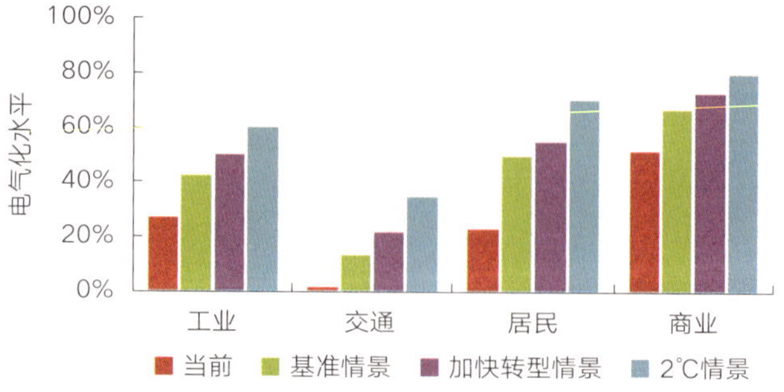

图 2-8　2050 年分部门终端电气化水平的分情景对比

3. 分地区

各国电气化水平提升速度加快。展望中长期，各国电气化水平普遍提升，其中发达国家在较高基数上加速增长，新兴市场国家因基数相对较低，提升速度更快。在加快转型情景下，2050年北美、欧洲电气化水平（45%、46%）处于较高水平，亚太、中东（43%、39%）与全球平均水平（40%）基本相当，中南美电气化水平为36%，非洲大幅提升近20个百分点至约30%。主要国家中，2050年英国、法国、德国、日本等国终端电气化水平有望超过50%；韩国、南非分别约44%、42%；印度约38%，与较低的工业化和城镇化水平有关。

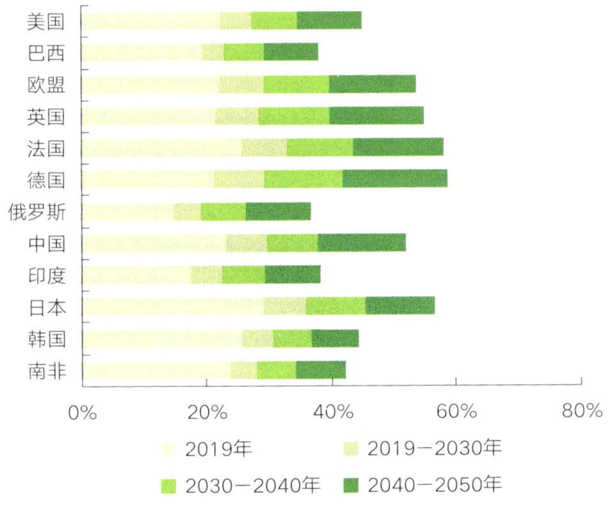

图 2-9　2019—2050年主要国家和地区电气化水平提升（加快转型情景）

中国电气化水平快速提升。中国能源结构长期以煤为主，实现清洁低碳转型任务尤为艰巨。随着发电成本的下降和用电技术的成熟，未来电能在工业、建筑、交通等领域利用规模将不断扩大，占终端能源需求的比重将持续提升。在加快转型情景下，中国终端电气化水平2025年超过30%，2035年超过40%，2050年约58%。

（四）电力需求

1. 总量

全球电力需求持续较快增长。虽然能效提升会减缓用电增长，但受工业化进程、电气化加速、城市化发展驱动，全球电力需求将保持快速增长。在基准情景下，2050年全球电力需求约55万亿千瓦·时，较2019年增长约1.2倍。在加快转型情景下，2050年全球电力需求约60万亿千瓦·时，增长约1.4倍。在2℃情景下，2050年全球电力需求约64万亿千瓦·时，增长约1.5倍。

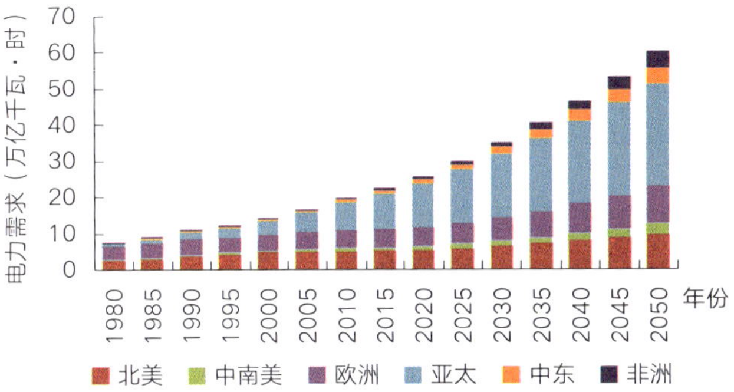

图 2-10　1980—2050年终端电力需求分地区变化（加快转型情景）

2. 分部门

全球终端电力需求分部门结构变化显著。展望中长期，电力消费分部门结构的主要变化是交通用电规模快速增长；此外，由于无电人口大规模减少、电器拥有率迅速提升，居民用电也存在较大增长空间。在加快转型情景下，2050年工业用电占全球终端电力需求的比重约36%，较2019年下降约6个百分点；交通电气化发展势头强劲，用电占比升至16%，提高约14个百分点；居民用电占比约30%，提高约3个百分点；商业用电占比降至约13%，降低约8个百分点。

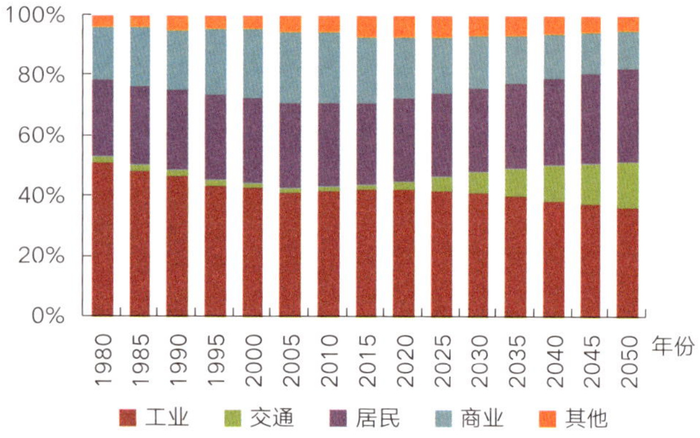

图 2-11　1980—2050 年终端电力需求分部门结构变化（加快转型情景）

3. 分地区

发展中国家电力需求强劲，是全球电力需求增长的主力。发展中国家人均用电水平低，伴随经济社会发展，各部门用电需求均存在较大增长空间；发达国家人均用电水平高，部分国家受人口老龄化、用能效率提升影响已显现饱和态势。在加快转型情景下，亚太、非洲、中东、中南美合计贡献全球电力需求增长的约 3/4，是全球电力需求增长的主力；北美、欧洲合计贡献率约 1/4，主要由于人口增长缓慢、电器拥有率高、能源效率持续提升，增长

表 2-8　分地区终端电力需求变化（加快转型情景）　　单位：万亿千瓦 · 时

地区 / 国家	2000	2019	2030	2040	2050	2019—2050 增幅	2019—2050 贡献率
北美	4.6	5.1	6.3	7.7	9.4	85%	12%
美国	3.9	4.2	5.1	6.2	7.5	77%	9%
中南美	0.7	1.1	1.6	2.2	3.1	182%	6%
巴西	0.3	0.5	0.8	1.1	1.5	183%	3%
欧洲	4.3	5.1	6.3	8.0	10.1	99%	14%
欧盟	2.8	3.1	3.6	4.5	5.5	80%	7%
英国	0.4	0.3	0.4	0.5	0.6	76%	1%
法国	0.4	0.5	0.5	0.7	0.8	63%	1%
德国	0.5	0.6	0.7	0.9	1.1	107%	2%
俄罗斯	0.8	1.0	1.3	1.8	2.3	129%	4%
亚太	3.9	12.2	17.8	23.1	28.4	134%	47%
中国	1.3	7.2	10.3	12.4	13.4	85%	17%
印度	0.4	1.4	2.8	4.7	7.1	414%	16%
日本	1.0	1.0	1.1	1.3	1.4	39%	1%
韩国	0.3	0.6	0.6	0.7	0.7	24%	0%
中东	0.4	1.1	1.8	2.8	4.4	316%	10%
非洲	0.4	0.7	1.5	2.7	4.6	527%	11%
南非	0.2	0.2	0.3	0.4	0.6	140%	1%
世界	14.2	25.2	35.1	46.6	60.2	139%	100%

注　终端用电不含输配损耗，有别于国内常用的全社会用电量口径。

潜力主要在数字化、交通电气化和电制热等领域。主要国家中，2050 年美国电力需求较 2019 年增长约 3/4，日本增长约 40%，韩国增长约 1/4，印度增长约 4 倍，巴西增长约 1.8 倍，南非增长约 1.4 倍。

2050 年中国电力需求较 2019 年接近翻番。中国虽为全球第一大电力消费国，但人均用电水平仍然较低，2019 年仅为 OECD 国家平均水平的 55%。展望未来，中国经济进入新发展阶段，“双循环”新发展格局带来广阔市场空间，生态文明建设加速能源清洁低碳转型，拉动电力需求保持较长时间中速增长。在加快转型情景下，2025 年中国电力需求约 9.4 万亿千瓦·时，2035 年约 11.9 万亿千瓦·时，2050 年约 13.4 万亿千瓦·时。按全社会用电量口径折算，中国 2025 年全社会用电量约 9.7 万亿千瓦·时，2035 年约 12.4 万亿千瓦·时，2050 年约 13.9 万亿千瓦·时。

（五）电力供应

1．总量

全球电力发电装机增幅远高于用电增幅。展望中长期，为满足持续增长的电力需求和电力清洁低碳转型要求，新能源发电装机将高速增长，从而带动发电装机快速攀升，装机增幅远高于用电增幅。在基准、加快转型、2℃情景下，2050 年全球发电装机分别增至约 212 亿、251 亿、289 亿千瓦，较 2019 年增长 2 倍以上。

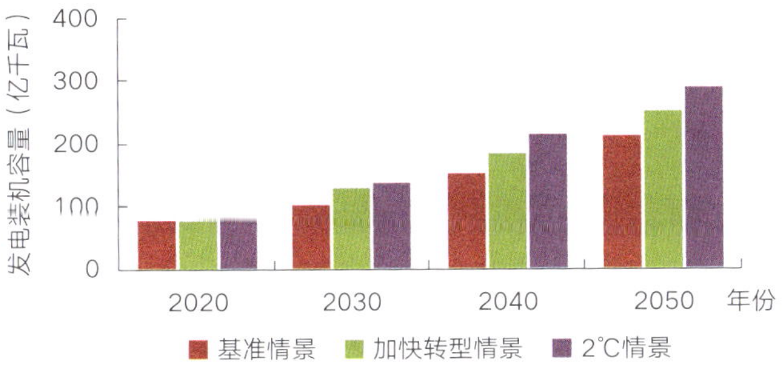

图 2-12　2020—2050 年全球发电装机规模分情景对比

2．分品种

可再生能源发电装机占比在 2025 年前后约 50%，2050 年超过 80%。为应对气候变化、满足用电增长，各国普遍将可再生能源开发利用作为电力发展的首要战略选择，明确设置了可再生能源发电规模目标或占比目标。在加快转型情景下，全球化石能源发电装机占总装机的比重从 2019 年的近 60% 降至 2050 年的约 17%，其中燃煤发电占比从约 27% 降至约 6%，燃气发电占比从约 25% 降至约 9%；可再生能源发电装机占比在 2025 年前后约 50%，2050 年超过 80%。

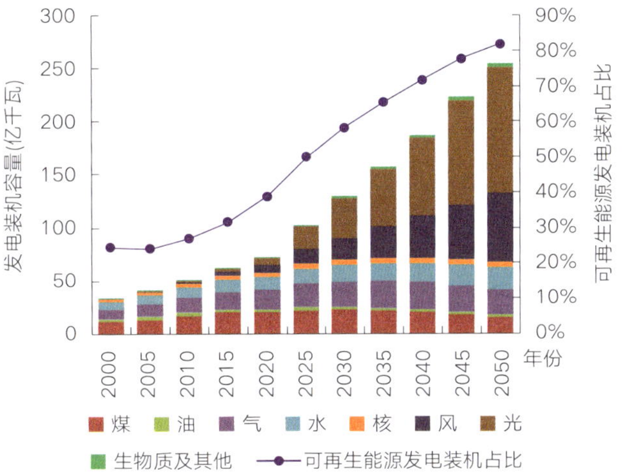

图 2-13　2000—2050 年全球发电装机分品种变化（加快转型情景）

可再生能源发电量占比在 2035 年超过 50%，2050 年超过 70%。展望中长期，化石能源发电主要在保障高峰电力供应和提高系统灵活性发挥作用，利用小时数持续下降，电量占比亦有所下降。在加快转型情景下，化石能源发电量占总发电量的比重由 2019 年的约 2/3 降至 2050 年的约 25%，其中燃煤发电量占比从约 35% 降至约 10%，燃油发电在大部分地区退出历史舞台，燃气发电占比平缓增至约 13%；可再生能源发电对化石能源发电形成有力替代，2035 年占比超过 50%，2050 年超过 70%。

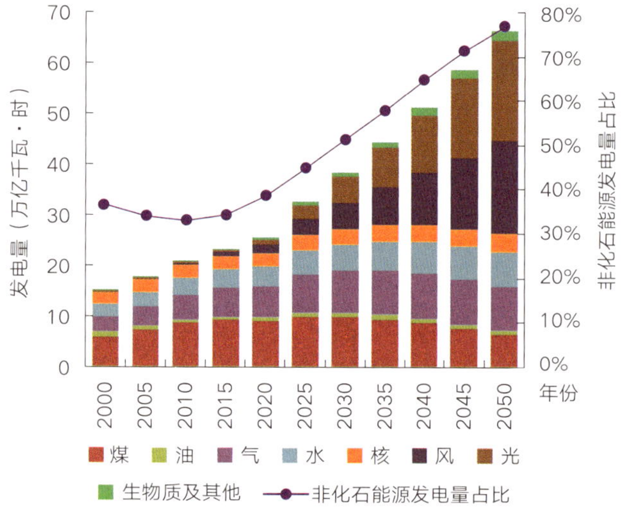

图 2-14　2000—2050 年全球发电量分品种变化（加快转型情景）

3. 分地区

全球近一半的新增发电装机来自亚太。展望中长期，可再生能源开发利用坚持集中式与分散式并举，跨国电力贸易平稳增长，发电装机的地区分布与电力需求的地区分布大体一致。在加快转型情景下，亚太发电装机 2050 年增至约 116 亿千瓦，约贡献全球增长的 46%；北美、欧洲合计贡献约 30%。主要国家中，2050 年美国发电装机增长约 1.4 倍，日本增长约 1/2，韩国增长约 1.2 倍，巴西增长约 2.3 倍，印度增长约 7 倍并成为全球第二大发电装机国。

表 2-9　分地区发电装机变化（加快转型情景）　　单位：亿千瓦

地区 / 国家	2000	2019	2030	2040	2050	2019—2050	
						增幅	贡献率
北美	10.2	14.7	22.2	29.8	38.1	159%	13%
美国	8.7	12.4	17.9	23.2	29.3	136%	10%
中南美	1.9	3.8	5.6	8.4	12.7	235%	5%
巴西	0.7	1.7	2.5	3.7	5.7	233%	2%
欧洲	10.8	15.9	22.8	32.5	42.1	164%	15%
欧盟	6.0	10.6	13.4	18.5	23.5	123%	7%
英国	0.8	1.1	1.3	1.8	2.2	107%	1%
法国	1.2	1.4	2.3	3.1	3.7	169%	1%
德国	1.2	2.2	4.3	5.5	6.4	191%	2%
俄罗斯	2.1	2.8	5.2	7.7	10.0	258%	4%
亚太	10.2	35.0	66.1	90.4	116.1	232%	46%
中国	3.2	20.2	36.0	48.3	53.6	165%	19%
印度	1.2	4.3	12.4	23.3	34.7	714%	17%
日本	2.6	3.5	4.0	4.7	5.5	56%	1%
韩国	0.5	1.3	2.1	2.5	2.8	121%	1%
中东	1.0	3.2	6.0	11.0	18.0	464%	8%
非洲	1.0	2.2	5.8	12.1	23.5	994%	12%
南非	0.5	0.6	1.3	1.8	2.4	299%	1%
世界	35.4	74.8	128.5	184.3	250.5	235%	100%

中国可再生能源发电由电源的增量主体向存量主体演进。展望中长期，煤电等传统电源仍将在中国电力供应中发挥基础支撑作用；非水可再生能源装机规模快速扩张，逐步由电源的增量主体向存量主体演进。在加快转型情景下，中国发电装机持续较快增长，2050 年约 54 亿千瓦。其中，2050 年煤电、气电装机分别约 8.0 亿、2.5 亿千瓦，水电、核电分别约 5.1 亿、2.3 亿千瓦，非水可再生能源发电装机约 35.6 亿千瓦，占总发电装机的比重约 2/3。从发电量结构看，中国 2050 年煤电发电量占比由 2019 年的约 2/3 降至 2050 年的约 18%，气电占比增至约 7%，水电占比缓降至 12%，核电占比增至 12%，非水可再生能源发电量占比约 51%。

（六）碳排放

1. 总量

全球碳减排步伐加快，但要实现 2℃目标仍任重道远。2020 年新冠肺炎疫情暴发导致全球碳排放骤然下降，各国普遍采取积极举措推动经济绿色复苏，此外越来越多的国家制定碳中和时间表，将对全球共同应对气候变化行动产生深远影响。在基准情景下，全球能源相关碳排放在 2035 年前后达峰，峰值约 390 亿吨，2050 年降至约 357 亿吨，较 2019 年高约 7%；全球平均温升在 2035—2040 年间超过 2℃，2050 年上升约 3℃。在加快转型情景下，全球碳排放在 2025 年后持续下行，2050 年约 223 亿吨，约为 2019 年的 2/3；全球平均温升在 2040—2045 年间超过 2℃。在 2℃情景下，2050 年全球碳排放约 97 亿吨，较 2019 年下降超过 70%。

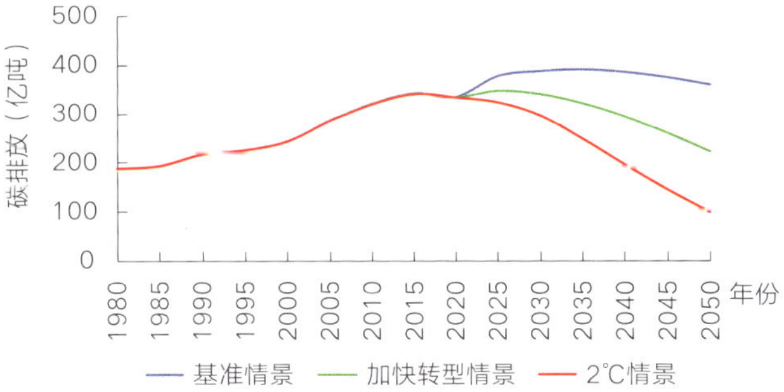

图 2-15　1980—2050 年全球能源相关碳排放分情景展望结果

2. 分部门

各部门能源相关碳排放逐步进入下行通道。在加快转型情景下，受用能结构深度调整带动，工业部门碳排放 2030 年前进入平台期，2050 年较 2019 年下降约 1/3；交通部门碳排放在 2035 年前后达峰，2050 年与 2019 年相当，进一步减排举措包括更加严格的效率标准和更大范围的油车禁售；由于发电用能中清洁能源比例不断提高、化石能源发电碳封存安装规模持续扩大，尽管全球发电量持续较快增长，发电相关碳排放在 2025 年前后达峰；建筑部门碳排放降幅约 1/3，主要是能源效率及电气化水平不断提升；受环保意识增强、回收比例提高等因素带动，非能利用能源相关碳排放于 2030 年前后达峰，2050 年较 2019 年下降近 40%。

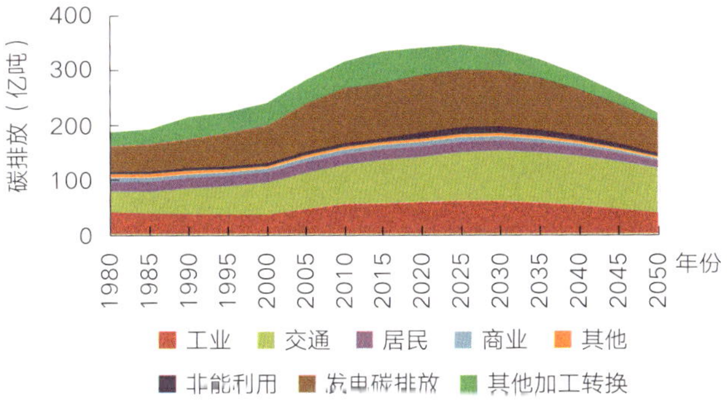

图 2-16　1980—2050 年全球能源相关碳排放分部门变化（加快转型情景）

3. 分地区

发达国家碳排放持续下降，中国 2025 年前后达峰，发展中国家有所增长。展望中长期，全球能源相关碳排放绝对规模的下降，主要来自 OECD 国家、中国的不懈努力；以印度为代表的发展中国家碳排放脱离与经济增长的强耦合，但仍有一定增长。在加快转型情景下，发达国家能源相关碳排放持续下降；中国在 2025 年前后实现碳排放达峰，较自主贡献承诺提前 5 年，峰值约 104 亿吨，2050 年降至约 40 亿吨；印度碳排放持续增长，2035—2040 年间超越美国成为世界碳排放第二大国；非洲碳排放增长约 40%。

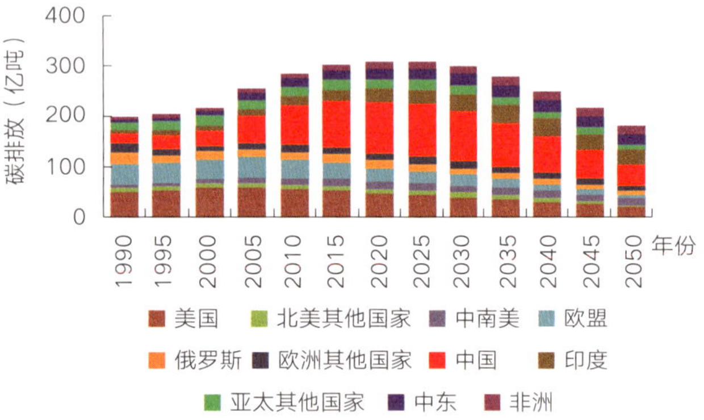

图 2-17　1990—2050 年全球能源相关碳排放分地区变化（加快转型情景）

（七）能源经济指标

1. 人均指标

全球人均能源需求和碳排放下降，人均用电量持续增长。在基准、加快转型、2℃情景下，2050 年全球人均能源需求分别约 2.6、2.3、2.0 吨标准煤，较 2019 年分别降低 3%、13%、27%；2050 年全球人均电力需求分别约 5700、6300、6700 千瓦·时，较 2019 年分别增长约 75%、90%、1 倍；全球人均碳排放总体下降，2050 年分别约 3.7、2.3、1.0 吨，较 2019 年分别下降约 1/7、1/2、3/4。

2. 强度指标

全球能源消费强度大幅下降，电力消费强度有所上升，碳排放强度明显下降。在基准、加快转型、2℃情景下，全球能源消费强度持续下降，2050 年分别约 1.3、1.1、1.0 吨标准煤 / 万美元，降幅分别约 50%、55%、60%；全球电力消费强度分别约 2800、3100、3300 千瓦·时 / 万美元，总体较 2019 年有所上升；2050 年全球碳排放强度分别约 1.8、1.1、0.5 吨 / 万美元，较 2019 年分别下降约 55%、70%、88%。

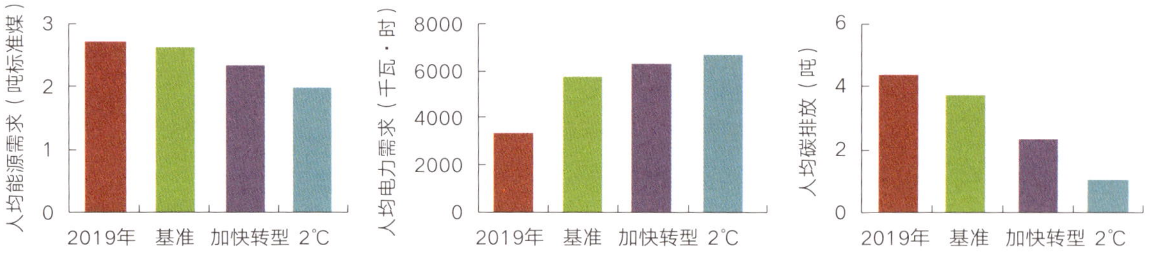

图 2-18　2019/2050 年分情景人均指标对比

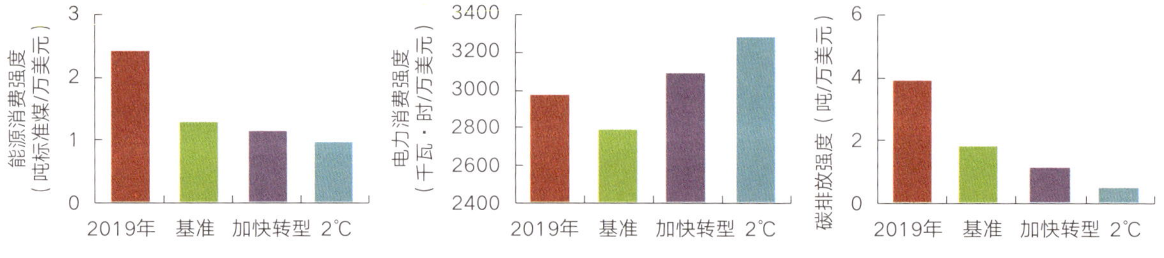

图 2-19　2019/2050 年分情景强度指标对比

四、分品种供需情况

（一）煤炭

1. 需求

煤炭需求已经达峰，未来持续下降。2020年，新冠肺炎疫情导致全球煤炭需求大幅下降，延续2019年的下行态势。展望未来，预计全球煤炭需求持续下降，不会再超过2014年峰值（56亿吨标准煤）。在加快转型情景下，受中国持续减量调控、欧洲多国弃煤减煤、北美天然气竞争、可再生能源快速发展等因素影响，全球煤炭需求持续下降，2050年约28亿吨标准煤，较2019年下降约50%。

煤炭需求的重心在亚洲。受环境污染、气候变化、天然气竞争等因素影响，北美、欧盟等发达地区的煤炭需求持续下降，加拿大、德国、英国计划在发电领域彻底去煤。作为全球第一大煤炭消费国，中国将主导全球煤炭需求的下降，2050年占全球的比重降至40%左右，主要是经济结构调整升级、工业和居民“煤改气”、燃煤发电达峰。

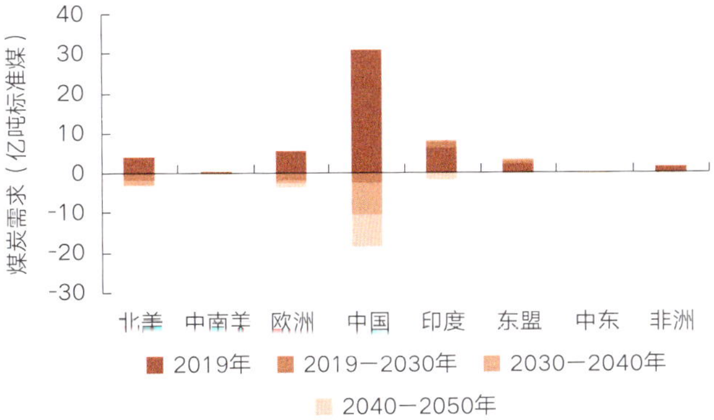

图2-20　2019—2050年煤炭需求分地区变化（加快转型情景）

印度是全球第二大煤炭消费国，未来增长空间较大，2050年占全球的比重约1/4，一方面是燃煤发电持续扩张提供稳定电力供应，另一方面是工业化进程拉动焦炭需求快速攀升。

2. 生产

煤炭生产总体下行，动力煤达峰下行，炼焦煤相对平稳。近年，受中国供给侧结构性改革影响，煤炭企业利润增加、效益好转，但煤炭投资仍然受到抑制。展望未来，预计全球煤炭产量总体下行，其中动力煤需求随燃煤发电达峰同步下行；炼焦煤需求相对平稳，主要由发展中国家工业化和城市化进程拉动。中国动力煤产量在煤电达峰前有所增长，炼焦煤产量受钢材需求增长放缓、电弧炉炼钢比例提高而有所下滑。印度大力提振本地煤炭生产，其中占据较大份额的动力煤提供了稳定可靠的电力供应，炼焦煤因本国煤质较差而不得不依赖进口。在北美和欧洲，由于本地消费下滑、出口市场疲软、环境成本上升，煤炭生产持续下降。

3. 贸易

国际煤炭贸易的增长重心在印度。当前，国际煤炭贸易约占全球煤炭供需总量的20%；未来，国际煤炭贸易规模预计低于当前水平，主要是满足印度、东盟的发电需求和炼钢需求，而发达国家进口需求大幅减少。从出口看，澳大利亚、俄罗斯、南非等国贡献大部分出口增长，美国、蒙古国的出口规模有所减小，印度尼西亚因自身需求增加导致出口减少。

4. 发电

全球煤电装机于 2030 年前后达峰。当前，中国、印度两大煤电大国出于应对气候变化、防治环境污染的考量已决定限制煤电发展，英国、法国、丹麦、意大利、荷兰、葡萄牙、加拿大、韩国、智利等国决定逐步放弃煤电。在加快转型情景下，全球煤电装机在 2030 年前后达峰，峰值约 22 亿千瓦，之后持续下降，2050 年约 15 亿千瓦。北美因廉价天然气丰富、欧盟因生态环保趋严，出现了明显的“去煤电”倾向，2050 年煤电装机规模分别不足 2019 年的 1/8、1/10。中国煤电装机 2030 年前后达峰，峰值约 13 亿千瓦，2050 年降至约 8.0 亿千瓦。印度煤电装机 2035—2040 年达峰，峰值约 3.7 亿千瓦。

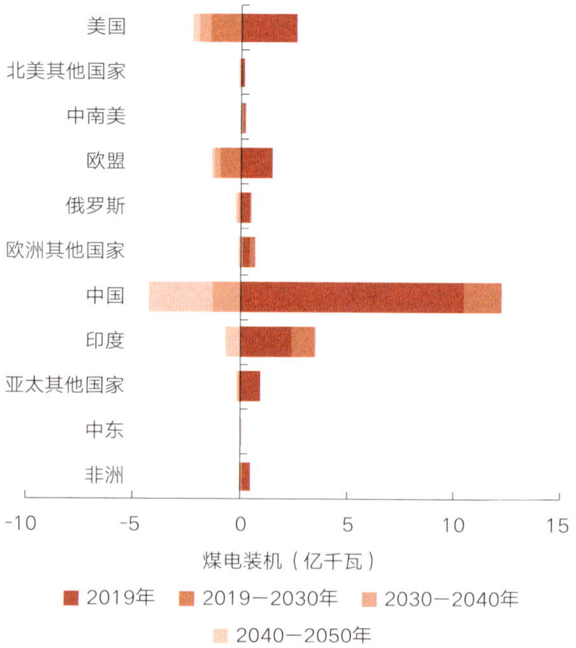

图 2-21　2019—2050 年煤电装机分地区变化（加快转型情景）

热点聚焦

新冠肺炎疫情对近期（2025 年）煤炭发展的影响

当前，全球约 60% 的煤炭消费用于发电，其余主要是工业生产，小部分被建筑部门消耗。展望近期，全球煤炭需求的增长动力主要来自印度和东南亚国家，包括电力需求增长、工业生产扩张、基础设施建设。中国占据了全球煤炭市场的“半壁江山”，总体处于峰值平台期，一方面是居民生活与轻工业的煤炭消费持续下降，另一方面是发电用煤低速增长。在欧洲和北美等发达地区，煤炭既面临低价天然气的竞争，又面临可再生能源发电的挤压，部分国家出于减排控污目的还计划实现“煤电退出”。总体上，疫情将导致全球煤炭消费加快进入下行通道，不会再超过 2014 年峰值。

（二）石油

1. 需求

石油需求在 2030 年前达峰。受交通和化工需求增长拉动，未来 30 年石油在全球一次能源中仍将承担重要角色，但受交通电气化影响，涨势明显趋缓。在加快转型情景下，石油需求在 2030 年前达峰，峰值约 68 亿吨标准煤，2050 年约 60 亿吨标准煤，低于 2019 年规模。

亚太发展中国家贡献大部分石油需求增长。经合组织国家的石油需求已在21世纪初达到峰值，未来受燃油效率标准趋严影响持续下降。非经合组织国家石油需求平稳增长，主要受交通运输、非能利用等驱动。受石油资源贫瘠、工业化进程持续、电气化步伐加快等因素影响，中国石油需求在2030年前后达峰，不会超越美国成为全球第一大石油消费国。受人均汽车保有量提升、化工行业用油增长推动，印度有望成为全球第三大石油消费国。中东、非洲等地石油需求保持增长。

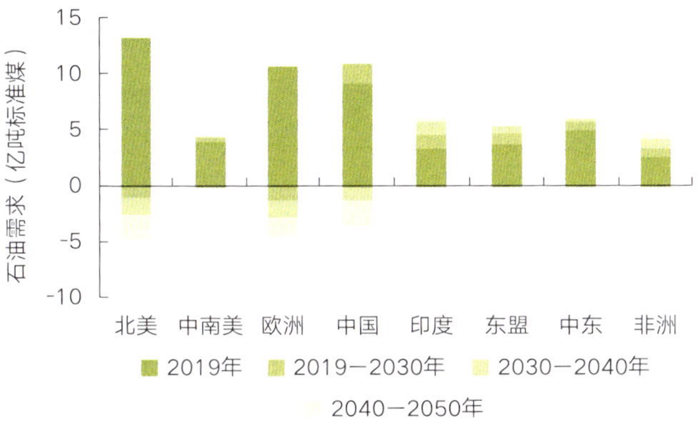

图2-22 2019—2050年石油需求分地区变化（加快转型情景）

交通电气化进程对石油需求影响巨大。展望未来，燃油效率的提升速度及电气化的普及力度将决定石油需求何时达峰及其峰值水平。发达国家石油需求下降主要来自交通部门，预计2050年北美较2019年下降约40%，日本下降约70%，欧盟下降约55%。此外，全球化进程将促进国际商旅贸易的繁荣发展，航空、航运用油需求分别较2019年增长约1/3、1/4。虽然生物燃料在航空领域得到一定规模利用，但目前无法看到深度替代的经济可行性。此外，石油作为化工原料的使用仍有一定增长空间。

2. 生产

近中期非常规油品开发前所未有，远期仍需OPEC国家发挥基础支撑。近中期，以美国为代表的OPEC国家占国际原油市场的份额有所增加；2030年前后，随着北美页岩油产量的饱和及欧洲原油产量的下降，OPEC国家得益于丰富的资源储量及充裕的生产能力，将逐步夺回丢失掉的份额，占比回升至45%以上，继续发挥对国际石油市场的基础支撑作用。主要国家和地区中，美国投入大量资金从事页岩油的勘探开发，其产量在未来十年有望快速增长；俄罗斯原油生产逐步向北冰洋地区、开采条件较差地区延伸；亚太原油产量持续下滑，主要是资源禀赋条件较差。

全球石油炼化的中心从环大西洋转向中东和亚太。中东从原油出口为主向油品出口为主转变，其炼化产能稳步提升，预计2030年超过欧盟。中国将超越美国成为炼化产能第一大国，印度受本国需求增长带动，2050年成为继中国、美国之后的全球炼化产能第三大国。由于需求下降和产能减少，炼油业前景充满挑战。

3. 贸易

亚太需求增长与北美生产增加重塑国际原油贸易格局。中长期内，发达国家原油进口规模将稳步减少，一方面是欧洲需求平缓下降，另一方面是北美生产持续增加。包括中国、印度、东盟等发展中国家和日本、韩国等发达国家在内的亚太对国际原油贸易格局的影响越来越大，亚太成为世界原油进口的中心。从贸易流向看，中东、非洲仍将提供亚太大部分的原油进口，而北美、中亚、东欧将积极加入到对亚太市场份额的争夺；北美在不断减少从拉美、中东进口原油后，甚至开始向欧洲出口；欧洲进口市场的竞争十分激烈，呈现出中东、非洲、东欧、中亚、北美“群雄逐鹿”的局面。

4. 发电

除中东外，燃油发电在全球范围普遍减少。当前，全球燃油发电主要集中在中东，占全球的比

热点聚焦

新冠肺炎疫情对近期（2025 年）石油发展的影响

当前，全球石油市场仍处深度调整之中。在供给侧，页岩气革命的成功助推美国成为全球石油供应的关键一员，沙特阿拉伯等 OPEC 国家及俄罗斯致力于市场平衡和价格平稳的减产努力充满了艰辛，以巴西、挪威为代表的非 OPEC 国家不断扩大生产，伊朗、委内瑞拉等传统产油国所经受的经济制裁或政局动荡削弱了其供应能力。在消费侧，“两个转移”的特点趋于明显，一是消费重心从发达国家向发展中国家转移，二是消费用途从交通燃料向化工产品转移。

尽管疫情给石油市场带来需求骤降、库存猛增、价格振荡、投资低迷等明显冲击，但伴随经济复苏进程，全球石油需求恢复后仍有望实现一定增长。考虑中国、印度等发展中国家需求持续释放，2025 年前石油需求峰值不会到来。

重约 40%；另外，燃油发电也在日本、墨西哥、非洲等地的应对电力短缺中发挥了重要作用。未来，燃油发电将逐步退出电力领域，被天然气、可再生能源替代，仅在石油资源丰富、补贴力度较大的中东有所发展，在非洲也会有小幅增长。在加快转型情景下，2050 年全球燃油发电装机约 2.5 亿千瓦，约为当前水平的 3/4，集中在中东、非洲。

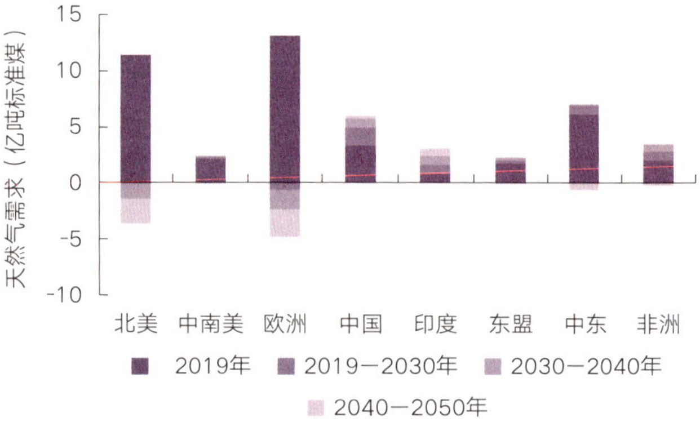

图 2-23　2019—2050 年天然气需求分地区变化（加快转型情景）

（三）天然气

1. 需求

天然气需求 2035 年前后达到峰值。展望未来，受非常规天然气资源的丰富储量及较低开发成本推动，全球天然气需求市场广阔、增长强劲，将超越煤炭成为全球第二大能源品种，主要由燃气发电、工业制热、建筑采暖、烹饪炊用等因素推动。在加快转型情景下，天然气需求在 2035 年前后达到峰值，约 49 亿吨标准煤，2050 年降至约 43 亿吨标准煤，低于 2019 年规模。

全球天然气需求增长主要来自工业和建筑，重点在亚太和中东。展望未来，各行各业对天然气的需求均有所增长，其中工业、建筑的贡献较大，发电并非最大贡献力量。美国页岩气革命方兴未艾，天然气资源丰富、价格低廉，近期消费需求和供给能力增长因疫情冲击受到一定影响。欧盟天然气需求在 2025 年前达峰下行，主要由于能效提升和可再生能源替代。中国的大气污染防治行动带动天然气需求快速增长，在工业、建筑领域实现大规模“气代煤”，燃气发电也实现一定增长。受当地资源及能源政策影响，印度天然气需求增长主要由发电、工业部门拉动。中东、非洲天然气需求的增长动力包括燃气发电、海水淡化、工业利用等。

2. 生产

全球天然气生产快速增长，非常规天然气增速更快。展望未来，全球天然气生产有望保持较快增长，其中非常规天然气的增速超过常规天然气增速，占比有望从当前的 20% 左右提升至 2050 年的 40% 左右。美国页岩气增长势头受到疫情的一定影响，2025 年前仍引领非常规天然气增长。俄罗斯向北冰洋沿岸及东西伯利亚的天然气开发投入大量资金，谋求扩大亚洲市场份额。中国、印度均努力加大本地天然气开发以满足不断增长的本地需求，但资源开发难度较大，技术突破存在瓶颈，产量提升前景不明。中东天然气产量逐步提升，不仅能满足本地需求，其出口规模还不断扩大。非洲天然气开发在满足本地需求增长之外，新的液化天然气项目还促进了出口。

3. 贸易

液化天然气的快速增长重构全球天然气贸易格局。展望未来，全球天然气贸易增速高于需求增速，贸易规模占比从当前的 20% 左右增至 2050 年 30% 左右；液化天然气贸易对管道天然气贸易的主体地位形成有力冲击，2030 年前成为天然气贸易主要方式。欧洲是全球进口角力的关键，既是液化天然气的平衡市场，又是管道天然气与液化天然气的竞争中心。2050 年亚太将占全球液化天然气贸易的 65% 左右，东南亚及东亚沿海多个液化天然气收储站正在火热建设。中国已是全球最大天然气进口国，很快将成为全球最大液化天然气进口国。印度天然气进口存在巨大潜力，但基础设施建设是影响未来发展的关键不确定性因素。俄罗斯、中东是全球最大的天然气出口地，未来仍将保留这一地位，但所占份额有所下降。

4. 发电

全球燃气发电定位逐步转向保障供应和灵活调峰。展望未来，得益于较低的投资成本、更易获得的资源和持续增长的灵活性需求，天然气发电更多用于保障高峰时段电力供应和为可再生能源消纳提供灵活性，是化石能源发电中唯一具有增长潜力的品种。在加快转型情景下，全球燃气发电装机于 2040 年前后达峰，峰值约 25 亿千瓦，2050 年降至约 23 亿千瓦。2050 年美国燃气发电装机约 4.5 亿千瓦，欧盟约 1.5 亿千瓦，与减排控温政策趋严有关。中国燃气发电经济性低、气源可靠性差，预计 2050 年气电装机规模约 2.5 亿千瓦。印度 2050 年约 1.0 亿千瓦，主要受制于能源政策未强力去煤、储运基础设施较为薄弱等因素。中东增至约 3.4 亿千瓦，一方面满足了快速增长的电力需求，另一方面减少了电力部门对燃油发电的依赖。非洲增至约 2 亿千瓦，为满足快速增长的电力需求作出重要贡献。

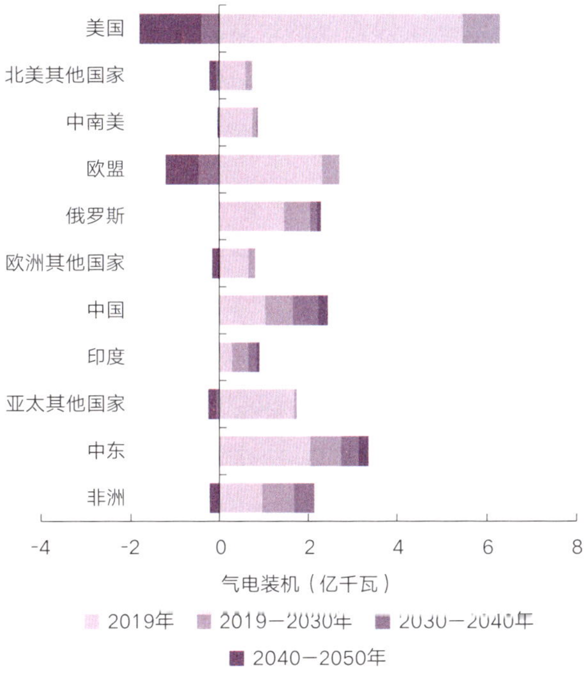

图 2-24　2019—2050 年全球气电装机分地区变化（加快转型情景）

热点聚焦

新冠肺炎疫情对近期（2025 年）天然气发展的影响

天然气对疫情冲击表现出较强韧性。在供给侧，美国正在引领全球天然气生产的增长，液化天然气正在成为全球天然气贸易的主要品类。在需求侧，中国出于大气污染防治和温室气体减排的目的，在工业和建筑领域大力推进“煤改气”，很快将成为全球最大液化天然气进口国；在北美、中东和北非，丰富且廉价的天然气生产带动了天然气消费的快速增长；在欧洲，煤炭与核能的衰退为天然气留下了一定空间，但也面临来自可再生能源的有力竞争；以印度、东盟为代表的亚洲发展中国家受人口扩张拉动，发电、化肥等需求增长推动天然气消费潜力不断释放。展望近期，全球天然气需求有望稳健增长，在发电、燃料、化工等领域均呈现增长态势。

（四）核能

全球核电政策分化严重。当前，核电是仅次于水电的第二大低碳能源。20 世纪石油危机后，核电装机快速扩张的光辉时代已经远去，21 世纪以来全球核电装机规模保持平稳，占比持续下降。受 2011 年日本福岛核事故影响，各国核电政策出现明显分化，其中德国、比利时已经明确表示弃核，法国、瑞典、瑞士、日本、韩国准备逐步减少核电比重，东南亚发展中国家对核电的热情正在消退，中国、印度、俄罗斯、阿联酋、沙特阿拉伯等约 20 个国家表示依然大力发展核电，美国、加拿大希望继续发挥核电在能源供应中的作用。在政策分化因素之外，核能发展还受到度电成本高、调节能力差、公众接受度低等因素限制。

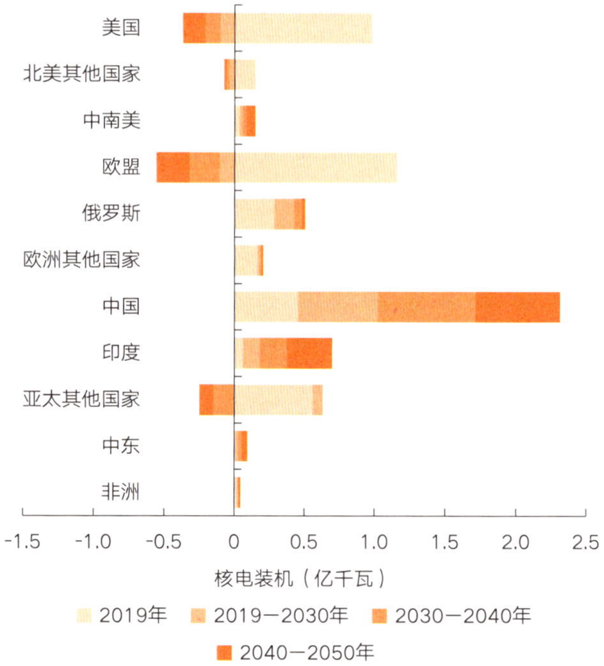

图 2-25　2019—2050 年全球核电装机分地区变化（加快转型情景）

全球核电装机保持平缓增长。展望未来，全球核电装机保持平缓增长，发达国家与发展中国家核电增长呈现不同趋势。因机组退役及新增有限，发达国家核电装机规模大幅下降；以中国为代表的亚太地区核电装机较快增长。在加快转型情景下，2050 年全球核电装机增至约 5.0 亿千瓦，其中中国核电规模增至 2.2 亿千瓦（不考虑内陆核电开工）；印度核电装机增至 7000 万千瓦，是满足快速增长用电需求的重要力量；俄罗斯、中东也有一定增长；美国、欧盟、日本核电装机降至当前的约 60%、50%、50%。

（五）可再生能源

全球水电增长速度有所放缓。当前，水能占据可再生能源利用的最大份额。展望未来，全球水电装机增长有所放缓，主要是中国水电开发不再像过去那样突飞猛进，快速扩张期已经结束；中国、印度、东南亚、中南美、非洲都将有所增长。在加快转型情景下，2050 年全球水电装机增至约 20 亿千瓦，其中中国增至约 5.1 亿千瓦，印度增至约 1.3 亿千瓦，非洲增至约 1.1 亿千瓦。

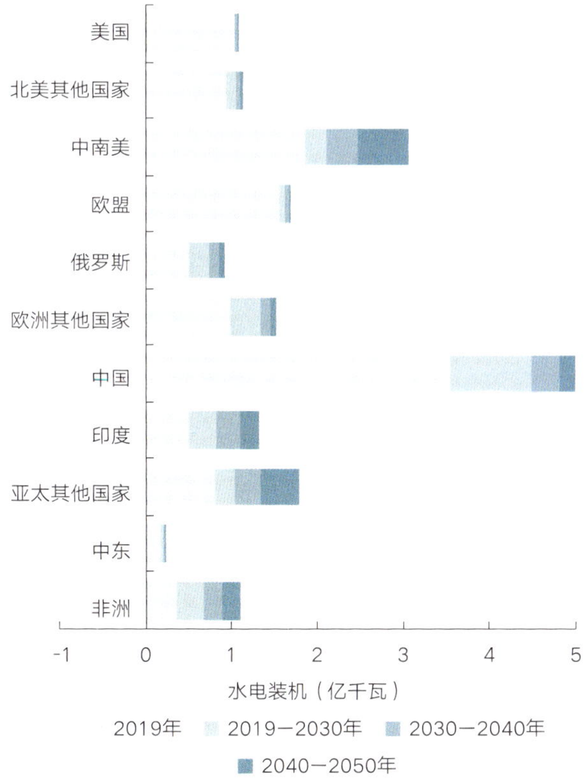

图 2-26 2019—2050 年全球水电装机分地区变化（加快转型情景）

新能源发电成为全球最大电力来源。当前，可再生能源的发电利用规模要远高于直接利用（如生物燃油、地热加热等），全球约有 150 个国家就可再生能源发电制定了具体目标，但主要集中在陆上风电、光伏发电，近期海上风电获得更多关注，欧洲、韩国在波浪能、潮汐能技术方面持续投入。在加快转型情景下，2050 年全球风电装机规模约 65 亿千瓦，约占 2050 年全球总装机的 26%；太阳能发电装机规模约 116 亿千瓦，约占 2050 年全球总装机的 46%；生物质及其他发电装机规模约 4.0 亿千瓦，约占 2050 年全球发电总装机的 1.6%。

生物燃料消费规模小幅增长。当前，约 50 个国家对可再生能源在交通、供热领域的直接利用提供政策支持。在交通领域，以生物乙醇和生物燃油为主的可再生能源约占全球交通用能总量的 3.5%，其中美国、巴西、欧盟分别约占 50%、20%、18%。在加快转型情景下，预计 2050 年生物燃料占交通用能的比重缓增至 5% 左右，主要是生物燃料的生产受到植物成长周期、土地承载能力、粮食供给安全等多方面因素的制约。当前，全球终端用能的一半用于加热，建筑用能的 75% 用于加热，但是全球只有约 10% 的热能来自可再生能源；展望未来，地热、光热、热泵等可再生能源有望在供热领域发挥更大作用。

热点聚焦

氢能发展展望

2018 年，全球纯氢消费约 7000 万吨（与其他气体的混合消费还有约 4500 万吨），其中约 76%、23% 分别来自天然气、煤炭，约占全球天然气、煤炭消费的 6%、2%，合计碳排放约 8.3 亿吨，而电解氢占比不足 2%。若当前氢能消费全部来自电解，将增加 3.6 万亿千瓦·时的电量消费。

作为能源载体，氢能连接并支撑着供需两侧的清洁化，兼具化石能源、二次电能的优点，是实现深度减排的关键力量，尤其在钢铁行业、化工行业、长途运输、航空航运、建筑供暖等领域。截至 2020 年 10 月，全球约 60 个国家或地区制定了直接支持氢能发展的目标任务和激励政策，如《欧盟氢能战略》《德国国家氢能战略》。展望未来，氢能既可以通过管道以气体的形式运输，也可以通过船舶以液体（氢或氢基燃料）的形式运输。氢能作为储存可再生能源的主要选择，可实现在数天、数周甚至数月内经济性地存储电力，有力支撑电力系统的清洁转型。受限于运输成本可能是生产成本的数倍，氢能的本地化生产和消费是大趋势，有利于改善空气质量、降低能源安全风险。

当前，天然气制氢成本可低至 1 美元 / 千克，而可再生能源制氢成本还很高。未来，若可再生能源电力可降至 1~4 美分 /（千瓦·时），电解槽成本大幅下降且运行小时高达 3000~6000 小时，电制氢才具有竞争力。此外，将氢转化为氢基燃料在技术上可行，但化石燃料成本相对较低，若无碳价政策支持，氢基燃料经济性较差。

当前，氢能主要应用于工业领域，包括炼油、氨生产、制甲烷、制甲醇、炼钢，占比分别约 33%、27%、11%、3%，绝大部分氢能均来源于化石燃料。若用氢能生产所有的初级钢铁，将增加 2.5 万亿千瓦·时的电量消费。展望未来，只有利用可再生能源生产的氢能（绿氢）才是长期可持续的，此时氢能可理解为“三次能源”。氢能在工业领域的主要用途包括短中期内满足氨、甲烷和甲醇的需求增长，远期提供高温热能和用于炼钢；在交通领域的主要用途包括氢燃料电池应用于公路交通，氢基燃料应用于航空航运；在建筑领域的主要用途包括近期将氢气混合入天然气网络，远期使用氢锅炉或燃料电池进行供暖；在电力部门的主要用途包括发电、作为储能媒介平衡季节性波动等。

展望中长期，氢能发展规模及其在能源结构中所占比重仍具有很大的不确定性。作为一种储能介质，储氢的总效率只有 50%，远远低于电池。作为动力来源，燃料电池发动机的效率只有 60%，远低于电机且过程复杂。作为热量来源，氢的价格将长期高于天然气。运输方面，氢管道的输送成本是电力传输的 3 倍，通过轮船和卡车运输则更高。

在未来净零能源系统中，氢能将不可或缺地满足那些无法直接使用清洁电力的终端用途。随着技术发展、成本下降及碳价上涨，氢能或在 2030 年前后开始显著增长。在加快转型情景下，2050 年氢能占终端能源需求的比重升至 5% 左右。

热点聚焦

能源转型关键技术创新—能源开发

油气——水力压裂等开发技术创新将带动探明储量、可采储量大幅增加，但供需形势正在迈向持续宽松，产能的增加并非转型的关键。为应对气候变化，对开采加工过程中的甲烷泄漏进行检测和修复并开展全过程监测和计量非常必要，开发小型模块化天然气利用装置以减少放空气也势在必行。

煤电——煤电主要是要提高效率和增加灵活性，如提高超超临界机组占比、在非全载荷条件下实现高效率、提高爬坡速率以响应用电需求和可再生能源出力的变化。此外，煤电机组安装碳捕集、利用与封存（CCUS）设施是应对气候变化的必然举措，新兴的低碳用煤技术还包括直接煤燃料电池、超临界碳电循环。

气电——与煤电类似，气电未来发展要进一步提高灵活性以支撑可再生能源发电的大规模接入，主要途径包括气价保证、系统运行、市场设计、辅助服务等。为实现应对气候变化目标，气电领域的碳捕集、利用与封存技术必不可少。

水电——水电开发技术成熟，转换效率高，投资回报高。面向能源清洁转型，水电技术创新主要是优化水电站的规划、设计和建设，减小对生态系统和社会生活的影响，减少水电项目土建工程。

核电——三代及三代 + 轻水堆机组的批量化建设毫无疑问将大幅降低核电成本，但大型发电机组在高比例可再生能源发电市场中是否具有竞争力有待考量。在能源转型进程中，核电需要变得更加灵活、可靠和可调。当前，核电技术创新方向是模块化小型核电、核电制氢或其他能源、拓展非电用途（制热、海水淡化等）。此外，核电长期发展必须解决核燃料回收处理问题。

陆上风电——陆上风电技术已经较为成熟，未来需要多措并举进一步降低度电成本。首先，通过数字化方案和先进电力电子设备提高并网友好性；其次，加快下一代风机、动力装置和系统管理技术研发；最后，资源勘测和空间规划技术的推广应用有助于提高风电项目的长期效益。

海上风电——海上风电成本下降或技术创新的空间十分巨大，可以通过风机设计、控制系统、场站管理等手段提升出力情况，但必须面对海洋风暴、海面冰冻、海水腐蚀等不利自然条件。深海风电资源条件优异，但这需要漂浮式海上风电在风机安装、底座设计等方面取得关键突破。此外，如何将电能传输至陆地也面临挑战。

光伏发电——光伏发电将是成本最低的发电技术，其中单晶硅是当前主流技术，Al-BSF 技术占据 3/4 市场份额，PERC 技术及 HJT、IBC 等下一代技术具有发展潜力。此外，光伏发电与数字化技术相结合，为微网、孤网系统提供电能，将有助于解决数以亿计的无电人口问题。

地热能——地热开发利用技术成熟度不一，目前已进入验证期的是干热岩地热提取技术，还需要强有力的政策支持帮助其步入商业化阶段。此外，水热资源也具备一定开发潜力。

海洋能——当前，海洋能开发利用相对成熟的是波浪能和潮汐能，海洋温差热能、盐度梯度能和海洋洋流能仍处于概念早期。

热点聚焦

数字化助推能源系统转型

多年来，能源行业一直在使用数字技术提高化石资源开采率，改进生产过程，降低运营成本和提高安全性。

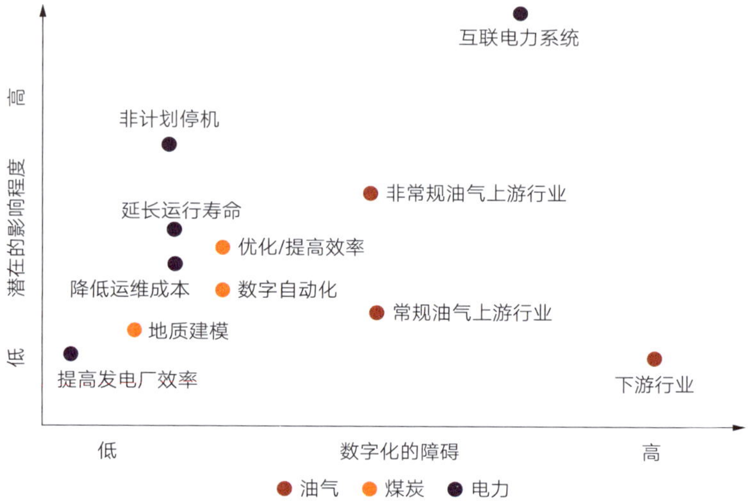

图 2-27　数字化对能源供应的潜在影响

煤炭——过去，地下采煤技术的进步主要体现为机械化大幅减少矿工数量；露天采煤技术的进步主要体现为大型设备的使用，快速而高效地运送大量煤炭和覆盖土层。当今，数字技术越来越多地用于地质建模、工艺优化、流程自动化、预测性维护及改善工人的健康和安全。然而，数字化对煤炭领域的整体影响要小于其他领域，现有的煤炭可采储量已远高于与《巴黎协定》气候目标相对应的“碳预算”。

油气——油气行业长期以来一直使用数字化技术进行勘探和开采，这是油气行业中利润最丰厚的环节，主要技术包括地震数据储层成像、储层内流体增强型建模和跟踪、远程作业钻头实时动态转向、机器人运维海底设施 / 监控输储设施等。据估算，全面应用数字技术可提高全球油气可采储量约 5%，相当于当前世界油气 10 年的消费量，生产成本下降 10%~20%。数字化对致密油和页岩气资源的潜在影响最为深远，广泛应用数字技术或将其可采储量提高约 15%。

电力——电力是能源行业数字化的先锋，早在 20 世纪 70 年代就利用计算机技术管理和运行电网。据估算，数字化有潜力降低全球年度电力系统总成本的 5%，主要是降低运维成本、提高电厂与电网效率、减少意外停机和故障时间、延长资产运营寿命等。此外，广泛部署数字技术可加强电力系统接纳高比例波动性可再生能源的能力。对比其他领域，电力行业数字化进程面临的障碍较少。

五、分部门用能趋势

（一）工业部门

1. 总量

全球工业用能需求增速逐步放缓。经济全球化背景下，国际分工动态调整，产能转移梯次推进，全球工业化进程稳步向前，工业部门能源服务需求持续增长。考虑能效标准范围不断扩大、能源管理系统逐步推广、能效审计制度普遍实施等举措推动能源效率稳步提高，工业部门能源需求增速逐步放缓。在加快转型情景下，2050 年全球工业用能需求约 48 亿吨标准煤，较 2019 年增长约 16%。分行业看，四大高耗能行业用能占工业用能的比重较 2019 年略有下降，但仍在 50% 以上，其中黑色金属、有色金属行业用能规模达峰下行，化工、建材行业用能规模保持平稳增长。

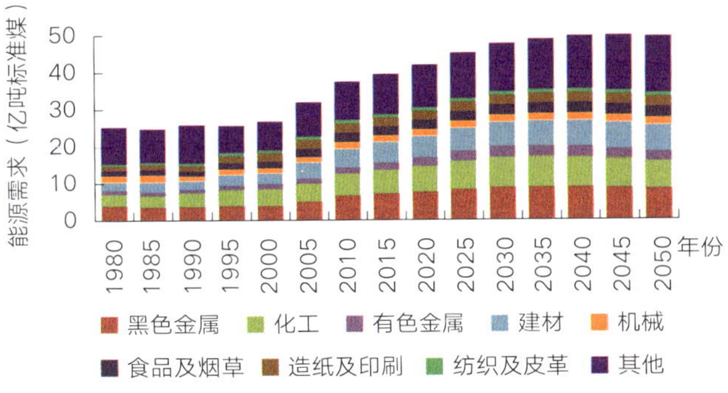

图 2-28　1980—2050 年工业分行业用能需求变化（加快转型情景）

2. 分品种

工业用能中煤炭占比较快下降，电能占比快速提升。受清洁转型影响，工业用煤增长在北美、欧盟、中国等地受到限制，石油作为工业能源的竞争力有所降低，天然气利用受减排约束而平稳增长，电能在工业用能中的作用持续增强。在加快转型情景下，2050 年工业用能中煤炭的比重降至约 17%，较 2019 年降低约 14 个百分点；石油、天然气占比分别约为 9%、16%；电能占比从 2019 年的 27% 提升至 2050 年的 50%，呈现快速提升态势。

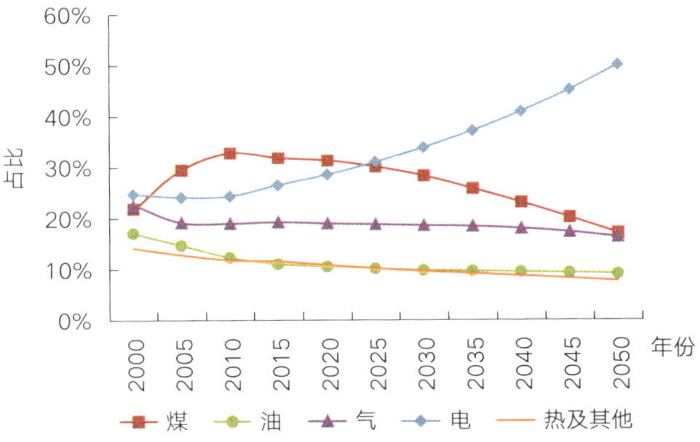

图 2-29　2000—2050 年全球工业部门终端用能分品种结构变化（加快转型情景）

各国工业电气化水平普遍大幅提升。展望未来，全球工业电气化水平的提升，一方面得益于发达国家产业结构的调整和用能设备的更替，另一方面得益于发展中国家工业用能的扩张和用电技术的普及。在加快转型情景下，2050 年全球工业用电需求增至约 21.8 万亿千瓦·时，较 2019 年增长约 1 倍。主要国家中，2050 年韩国、德国、法国等工业电气化水平有望超过 60%，与其工业自动化、信息化水平较高有关；印度工业电气化水平约 40%，在主要国家中处于较低水平。

中国工业电气化水平超过 50%，煤炭占比

明显下降。 中国工业化与自动化、信息化、智能化融合发展、稳步推进，电气化水平持续较快提升。在加快转型情景下，2050 年中国工业电气化水平约 56%，用煤占比降至约 24%，用气占比升至约 12%。

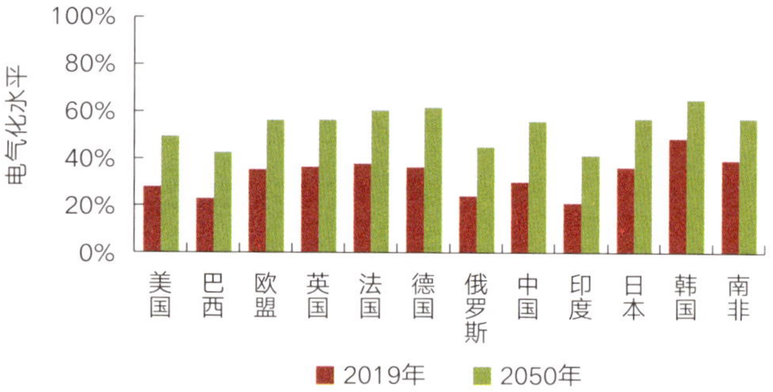

图 2-30　2019/2050 年主要国家工业电气化水平对比（加快转型情景）

3. 重点环节

电机、电制热、电弧炉炼钢等领域的用电增长潜力有望持续释放。 当前，工业部门占据了全球电力消费的 40% 左右。未来，电机、电制热、电弧炉炼钢等领域的用电增长潜力有望持续释放。在加快转型情景下，考虑效率提升因素，全球电机用电将保持 2% 左右的年均增长，主要是发展中国家工业电机快速增长抵消了电机效率的提升；2050 年热泵提供约 10% 的工业制热需求，约可带来 2.5 万亿千瓦・时的电力需求；2050 年全球电弧炉炼钢比例达到 55%，约可带来 3.0 万亿千瓦・时的电力需求。

热点聚焦

能源转型关键技术创新—工业部门

钢铁行业——当前，钢铁行业主要采用 BF-CO 法（高炉 – 焦炉）。面向能源转型，基于煤炭或氢等离子体的冶炼还原技术、基于一氧化碳 / 氢能 / 电能的直接还原技术均可有效减少碳排放。此外，安装 CCUS 设备可实现钢铁生产的净零排放，高炉气回收利用于燃料生产或化工制造可减少炼钢的全周期能耗与排放。

冶铝行业——当前，冶铝行业主要采用霍尔 – 埃鲁炼铝法，能减少碳排放的惰性阳极法受到业界关注。面向未来，多极电解池、新型阳极、湿阴极、碳热还原、高岭石还原等技术处于研发早期。

化工行业——化工行业的生产工艺复杂、产品种类繁多，能源转型主要是在可行环节将化石能源原料替换为氢能、生物质或电能。比如，采用哈柏法将氮气与氢气合成为氨；将来源于工业生产过程的二氧化碳和电解氢合成为甲醇；用甲醇替代石脑油蒸汽裂解来生产芳香族化合物。

水泥行业——目前，尚无成熟技术方案可改变水泥行业高耗能、高排放的用能特性。可选的 CCUS 技术包括燃烧后化学吸附碳捕集技术、富氧燃料碳捕集技术、碳分离膜及钙循环技术等。此外，将捕集的碳制成惰性碳酸盐作为混凝土骨料或水泥基料是可行方案，但仍处于技术研发初期；贝利特 – 硫铝酸钡水泥技术在创新突破难度、碳减排潜力等方面相对均衡。

造纸行业——造纸行业能源转换困难重重，目前处于技术研发早期阶段的有深低共熔溶剂木质素提取技术、纸浆黑液气化技术。

（二）交通部门

1. 总量

全球交通用能需求因效率提升而增长放缓。当前，新兴经济体和发展中国家对交通服务的数量和质量需求快速提升，预计 2050 年全球交通服务需求增长约 1 倍。但与过去比较，交通部门能源需求增长明显放缓，主要是内燃机能效标准和电气化水平不断提高。在加快转型情景下，2050 年全球交通用能需求约 48 亿吨标准煤，较 2019 年增长约 14%。具体地看，公路交通用能依旧占据最大份额，绝对规模持续扩张；铁路交通用能维持较小规模；受中产人口出行需求释放带动，航空用能需求增长约 40%；受货物贸易运输需求增长带动，航运用能需求增长约 20%。

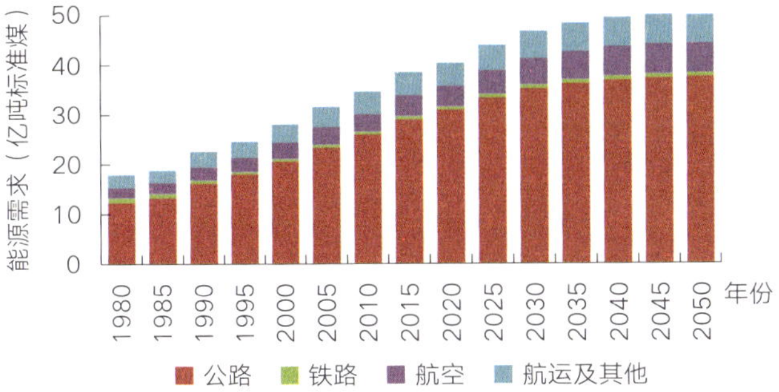

图 2-31　1980—2050 年交通细分方式用能需求变化（加快转型情景）

2. 分品种

交通用油 2030 年前后达峰，交通电气化水平快速提升。当前，油品约占交通用能的 92%，天然气约占交通用能的 3.5%，电力约占交通用能的 1%。展望未来，交通用油需求达峰主要由燃油效率的提升速度和电气化的推进力度决定，而电气化是未来交通发展的核心趋势。在加快转型情景下，交通用油绝对规模在 2030 年前后达峰，2050 年占交通用能的比重降至 70% 左右，依然是交通部门的主体能源；2050 年交通用气占比小幅升至 4.5%，增长较为有限；全球交通用电需求增长约 15 倍，占交通用能的比重升至 22%。

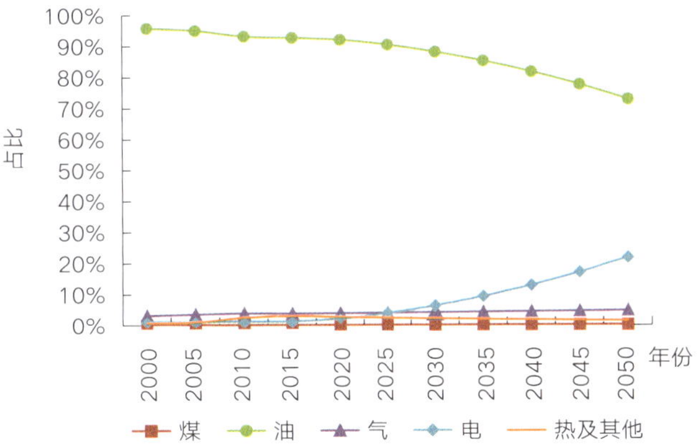

图 2-32　2000—2050 年全球交通部门终端用能分品种结构变化（加快转型情景）

油气资源丰富地区交通电气化进程缓慢。展望未来，交通电气化进程受政策支持力度、基础设施水平、油气资源禀赋等因素影响较大。在加快转型情景下，2050 年英国、法国、德国交通电气化水平约 45%，与其雄厚的汽车工业基础及严格的燃料效率标准有关；日本交通电气化水平有望达到 41%；美国、俄罗斯交通电气化水平不到 30%，与其丰富的油气资源有关；南非、巴西的交通电气化支持政策尚不明朗，2050 年电气化水平在主要国家中处于较低水平。

中国交通电气化水平达到 40%。中国政府谋求通过新能源汽车发展实现汽车工业的“弯道超车”，同时减少尾气排放以助力污染治理。2020 年 10 月，中国发布《新能源汽车产业发展规划（2021—2035 年）》，提出 2025 年新能源汽车销量占汽车总销量的 20% 左右。在加快转型情景下，预计 2050 年中国电动汽车保有量达到 3.5 亿辆，交通电气化水平达到 40%。

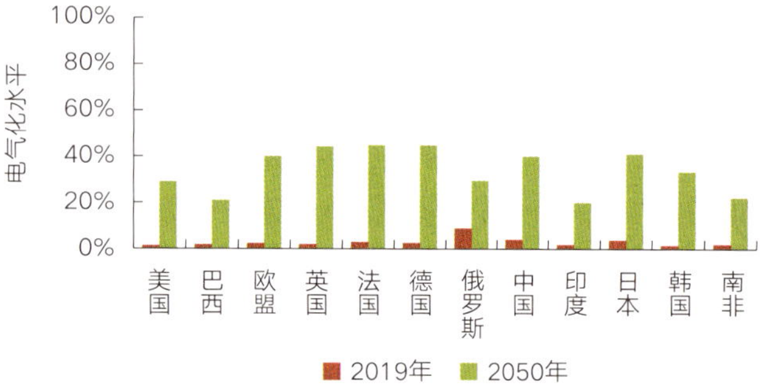

图 2-33　2019/2050 年主要国家和地区交通电气化水平对比（加快转型情景）

3. 具体方式

公路是交通电气化水平提升的主力，铁路电气化水平升至约 80%。总体判断，2025 年前后电动汽车的全寿命经济性超越传统燃油汽车，加快实现从“增量替代”到“存量替代”转变；自动驾驶和汽车共享的成熟，加快出行需求增长和交通电气化步伐。在加快转型情景下，预计 2050 年全球汽车保有量约 25 亿辆，较当前增长约 150%；电动

热点聚焦

能源转型关键技术创新—交通部门

燃油经济性——提高燃油经济性的主要手段有使用高能效轮胎、提高汽车空气动力特性、提高燃油燃烧效率和降低发动机重量、动力系统电气化、使用高强度钢或铝制造汽车底盘等。

生物燃料——当前，生物燃料主要来源于脂肪、废油和油脂，原料有限制约了利用规模。面向未来，纤维素乙醇、生物质液化（BtL）等技术可从城市固体垃圾、农林废弃物中提取生物燃料，其技术成熟将带动生物燃料扩大规模、降低成本。

电动汽车——电动汽车发展的核心是电池技术的不断突破，包括降低制造成本、增加能量密度、提高充放效率、延长使用寿命。随着电动汽车数量的增长，其充电需求给电网运行带来很大安全挑战。若可整合电动汽车成为需求侧响应资源，既可以解决大规模并网充电带来的运行挑战，又可提高电力系统对可再生能源发电的接纳能力。

卡车——当前，电动卡车的续航里程还未突破 600 公里，无法满足长途货运需求，解决方案主要有动态充电公路、锂电池技术提升、氢能或燃料电池。

铁路——铁路领域正在经历电气化、高速化、数字化的发展历程。无论是连接城市的铁路网路，还是城市内部的地铁和轻轨，都对其他交通方式形成有力竞争，有助于提高运输效率、降低污染排放。

航运——面向能源转型，航运领域可使氨、氢、生物柴油替代传统柴油，但氨与氢目前均面临基础设施薄弱的困难。此外，轮船的使用寿命长达二三十年，技术锁定问题较为严重，替代方案是改用液化天然气（LNG）。

航空——航空是最难实现低碳化的交通方式。2020 年，欧盟发布《氢动力航空：到 2050 年氢技术、经济和气候影响》，提出氢动力航空的研发路线图。但考虑飞行器研发通常需要数十年，2050 年很难见证航空领域的低碳化，主要减排举措包括使用生物燃油替代航空煤油、在机场滑行时使用电能或氢能。

汽车保有量约 12.5 亿辆，占比约 50%；公路电气化水平从几乎为零升至 2050 年的 26%。当前，全球铁路交通用能约 40% 为电能，占据交通用电的 70%。在加快转型情景下，铁路交通电气化水平由约 40% 升至约 80%，主要得益于电气化铁路及轨道交通的发展。此外，生物燃料在航空运输低碳化中发挥重要作用；航运低碳化具有多样性，包括液化天然气、生物燃料、氢能（氢或氨）。

（三）建筑部门

1. 总量

全球建筑用能较快增长，增量主要来自新增中产群体。当前，受发展中国家经济繁荣与中产人群壮大推动，建筑部门能源服务需求较快增长。在加快转型情景下，2050 年全球建筑用能需求约 49 亿吨标准煤，较 2019 年增长约 15%，其中居民用能增至约 37 亿吨标准煤，商业用能增至约 12 亿吨标准煤。

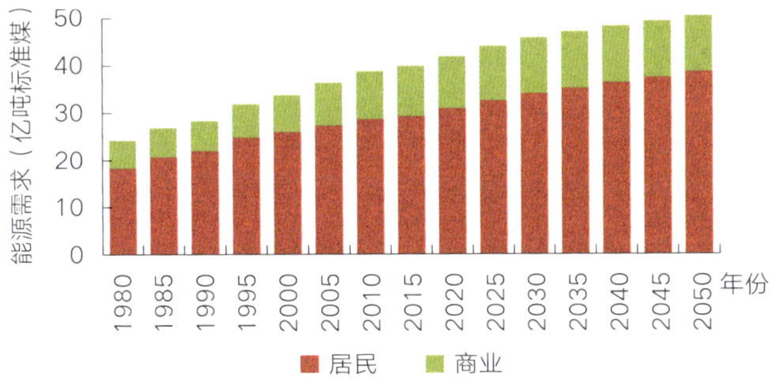

图 2-34 1980—2050 年居民、商业用能需求变化（加快转型情景）

2. 分品种

全球建筑用能增长以电为主。展望未来，建筑用煤逐步减少，转向了天然气和电力，典型举措是中国政府在建筑领域推动“以气代煤”“以电代煤”，提倡北方地区清洁供暖；当前建筑用油集中在个别国家的供暖领域，未来持续下降；建筑用气小幅增长，但占比有所下降，主要在采暖和烹饪领域替代煤和油；建筑用电大幅增长，占比迅速提高，主要是电器、制冷、采暖等需求增加；热及其他占比迅速下降，主要是传统生物质能大量被现代能源所取代。在加快转型情景下，全球居民用电需求增至约 18.3 万亿千瓦·时，较 2019 年增长约 1.6 倍，居民电气化水平从 24% 升至约 55%；全球商业用电需求增至约 7.6 万亿千瓦·时，较 2019 年增长约 50%，商业电气化水平从 51% 升至约 73%。

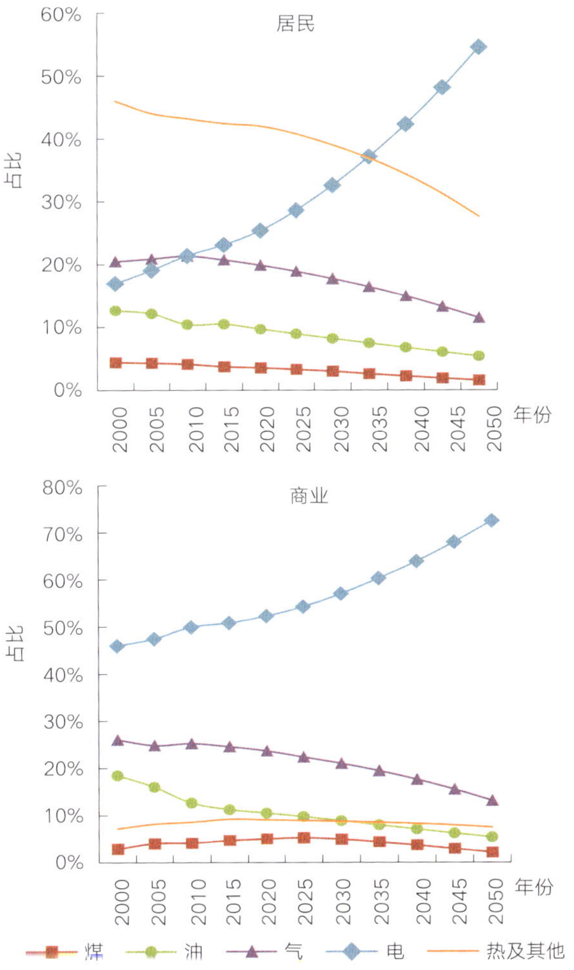

图 2-35 2000—2050 年居民、商业终端用能分品种结构变化（加快转型情景）

2050 年各国居民电气化水平多在 60%~80% 区间，商业电气化水平多在 70%~80% 区间。从居民电气化水平看，主要国家普遍大幅提升，多在 60%~80% 范围内；中国城市化进程稳步推进，居民电气化水平接近 70%；印度居民电气化水平较低，仅 55%，主要受电力普及程度、电网供应能力等因素制约；非洲居民电气化水平约 30%，虽较 2019 年的 5% 有大幅提升，但传统生物质等非现代能源仍在取暖、炊事、制热等领域占据一定份额。从商业电气化水平看，巴西商业电气化水平最高，2050 年进一步提升至 95%，处于绝对领先地位；多数主要国家处于 70%~80% 范围内；中国约 75%，商业仍是中国电气化水平最高的部门；印度较低，仅约 55%。

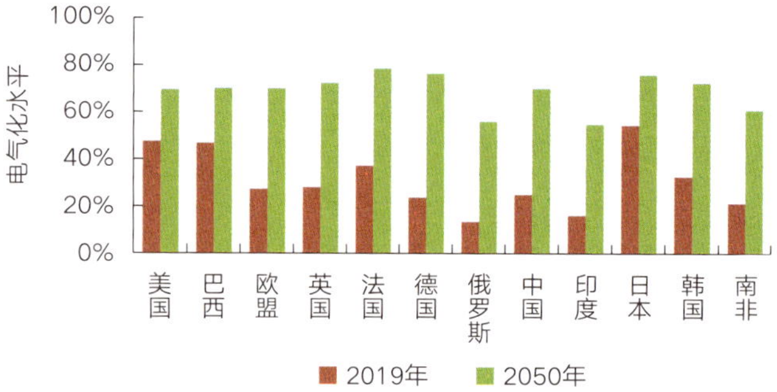

图 2-36　2019/2050 年主要国家和地区居民电气化水平对比（加快转型情景）

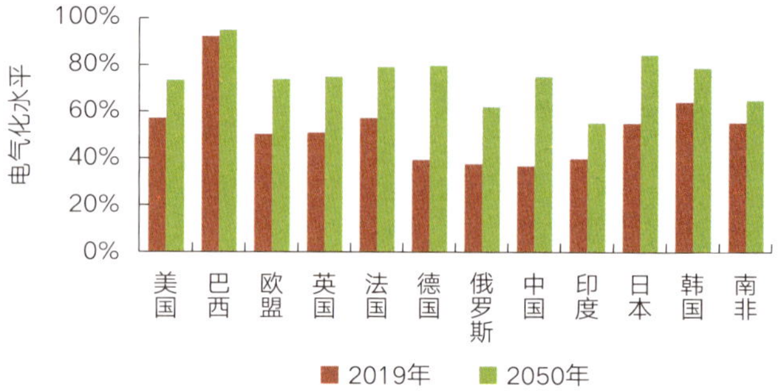

图 2-37　2019/2050 年主要国家和地区商业电气化水平对比（加快转型情景）

热点聚焦

能源转型关键技术创新—建筑部门

综合能源系统——将能源生产（如建筑屋顶或墙面光伏发电）与储能设施（如冷热一体式储能）相结合，加之空气循环系统、室内照明系统的智能控制，可有效降低建筑能耗。

采暖——热泵在建筑采暖中具有良好应用，未来主要是降低购置成本、减少空间占用、融入城市或社区供暖网络。地源热泵可同时满足供暖和制冷需求，可应用于商业建筑和居民住宅。

制冷——现有空调制冷技术中，提升压缩机效率是减缓制冷需求增长的关键。面向未来，制冷领域的技术创新包括光伏发电制冷、液体干燥剂制冷、光热制冷等。

电器——现有技术进步与政策引导正在持续提高电器效率。面向未来，提升电器效率的案例有冰箱使用真空隔热板、滚筒烘干机使用地热能、电子设备使用改进型硅基材料。

照明——当前，LED 照明并未达到技术极限，预计 2030 年其效率有望达到 160 流明 / 瓦。新兴的 SSL（固态照明）技术正在快速发展，但获得较传统照明技术的成本优势仍需时日。建筑能源管理系统中包含智能照明系统，可根据日光强度、占用情况等主动调节，可有效降低建筑电耗。

数字化——面向未来，数据中心服务需求无疑将快速增长，传输网络无线化也会加快需求增速，而能源效率的提升将一定程度减缓数字化变革引起的能源需求增长。为此，主要举措包括计算向云端转移、建设超大规模数据中心、引入人工智能开展能耗管理等。

3. 细分领域

建筑部门电器、制冷、取暖用电增长潜力巨大。当前，建筑部门占全球年度电力消费的 50% 左右，在电器、制冷、取暖等领域存在较大增长空间。在加快转型情景下，家用电器有望贡献建筑用电增量的 70%，主要由发展中国家电视、冰箱、洗衣机、空调、洗碗机、烘干机等拥有量的增长所驱动；预计 2050 年全球空调保有量约 40 亿台，其中中国约 15 亿台，全球年度降温用电约 3.0 万亿千瓦・时，较 2019 年增长近 3 倍；预计 2025 年前后热泵取暖将较燃煤、燃气锅炉具有经济成本优势，2050 年电能可满足 50% 的建筑采暖需求，约可带来 2.0 万亿千瓦・时的电力需求。

（四）非能利用

1. 总量

发展中国家经济社会发展带动非能利用能源需求稳步增加。发展中国家的工业化和城市化进程带动化工产品、塑料制品等需求稳步增长，全球非能利用能源需求持续增加。在加快转型情景下，考虑环保意识增强、回收比例提高，2050 年全球非能利用能源需求约 15 亿吨标准煤，较 2019 年增长约 13%。

图 2-38　1980—2050 年非能利用能源需求变化（加快转型情景）

2. 分品种

非能利用中，天然气占比提升，石油占比下降，煤炭规模增长有限。在加快转型情景下，天然气占非能利用能源需求的比重从 2019 年的约 20% 升至 2050 年的约 27%，主要受化学合成技术的进步以及天然气资源的低成本开采推动；石油占比从 3/4 降至约 2/3；非能利用煤炭需求规模保持增长，主要是中国规划建设了数个煤化工项目作为减少油气依赖、保障能源安全的战略储备。

热点聚焦

数字化加速能源消费革命

数字化技术广泛用于各终端行业，人工智能、自动驾驶、智能家居等变革性技术的广泛部署已经初见曙光。

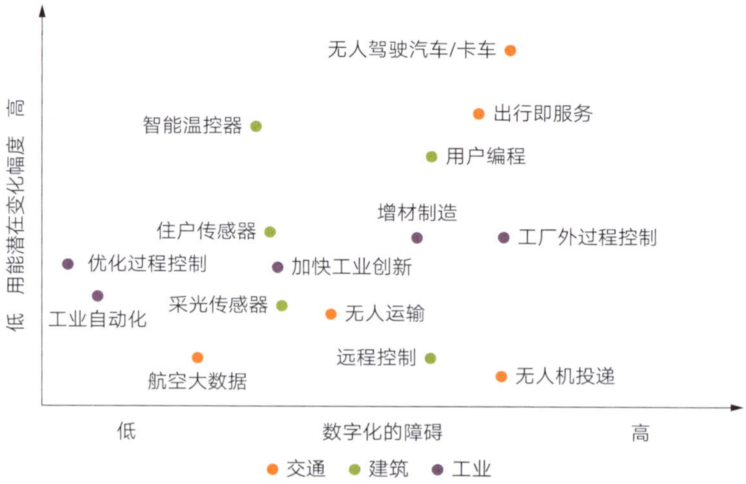

图 2-39　数字化对能源消费的潜在影响

工业——虽然工业部门包含许多行业、流程和产品，但数字化带来的收益却是相似的。长期以来，工业部门都通过加强数据收集和分析来优化生产过程、增强过程控制、预测设备故障、提高产量质量、实现深度节能。当前，发展趋势是开发“即插即用”和可互操作的监控优化软件，易于操作且可推广至不同工业过程和不同规模的企业。面向未来，工业互联网、人工智能、3D 打印等技术有望给工业部门带来深远影响，通过更好连接产品价值链上的各个生产者，商品和服务的贸易将变得更加畅通、更加便捷。

交通——数字化带动交通设施更加智能互联，系统安全性和整体效率不断提高。其中，最具革命性的变化发生在公路领域，无处不在的互联技术使共享出行成为可能。在铁路领域，传感器被用于监测从温度到扰动的一切细节，自动驾驶技术已广泛应用于快速交通和城际铁路。在航空航运领域，商用飞机配备了数千个传感器以帮助飞行员做出空中飞行决策并减少燃料使用，轮船也安装了大量传感器并加强卫星通信导航。考虑能效提升的不确定性，数字化对交通运输领域的能耗和排放产生巨大但不确定的影响。聚焦公路领域，若自动驾驶与共享出行持续提高能效，能源需求有望进入下降通道；但若效率没有得到实质提升，自动化与智能化带来的出行便利或催生出更多交通需求和能源消费。

建筑——数字化能够改善建筑物能效和用户舒适度，据估算整体能耗降幅可达 10% 左右。建筑智慧能源管理能够通过行为预测和需求响应降低需求、转移需求或存储能源，确保在合适的时间和地点使用能源。通过实时测量、监控和预测建筑物能耗，建筑智慧能源管理使消费者、建筑管理者、网络运营商确定何时何地进行运维、投资和节能。具体领域中，采暖、制冷和照明领域的效率提升幅度最大，特别是智能照明、智能温控等家居新技术可利用实时天气预测、用户历史行为、能源实时价格等提供个性化服务。

六、重点国家能源展望

（一）美国

美国能源政策或加速转向清洁低碳。20 世纪 70 年代，两次石油危机给美国经济造成了严重影响；此后，美国国家能源战略长期以实现“能源独立”为目标。特朗普上台后，美国联邦政府削弱了 100 多项环境法规的执行力度，包括宣布退出《巴黎协定》、彻底推翻《清洁电力计划》、取消燃煤电站污染限制、削弱汽车尾气排放规定、放宽油气田甲烷排放限制、开放北极生态敏感地区油气勘采等。特朗普政府的能源政策招致国际国内社会及能源行业内外的批评之声，一些州及城市和能源企业已准备了各自的应对气候变化方案。当前，主流观点认为美国新一届政府上台后，将积极应对气候变化，重返《巴黎协定》，加快能源转型。

美国一次能源需求持续下降，碳排放降幅近 60%。考虑未来能源政策调整的可能性，本报告对美国中长期能源清洁转型给予较为乐观展望。在加快转型情景下，美国一次能源需求持续下降，2050 年约 24 亿吨标准煤，较 2019 下降约 1/4，其中非化石能源占比从 2019 年的不足 20% 升至 2050 年的约 43%；电能占终端能源的比重升至 45%；能源相关碳排放降至约 19 亿吨，较 2019 年下降近 60%。

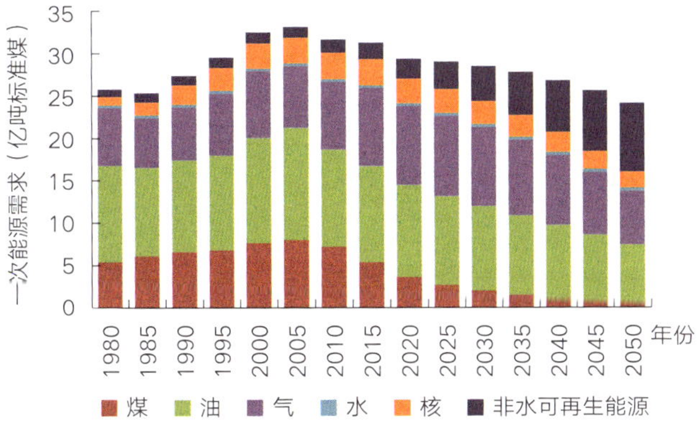

图 2-40　加快转型情景下美国一次能源分品种变化

美国人均用电量保持国际领先水平。在加快转型情景下，2050 年美国终端电力需求增至 7.5 万亿千瓦·时，较 2019 年增长约 3/4，年均增长 1.9%；人均用电量增至 1.9 万千瓦·时，保持较高水平；发电装机规模增至约 29 亿千瓦，其中非化石能源发电装机占比从 2019 年的不足 30% 提高至 2050 年的约 83%。

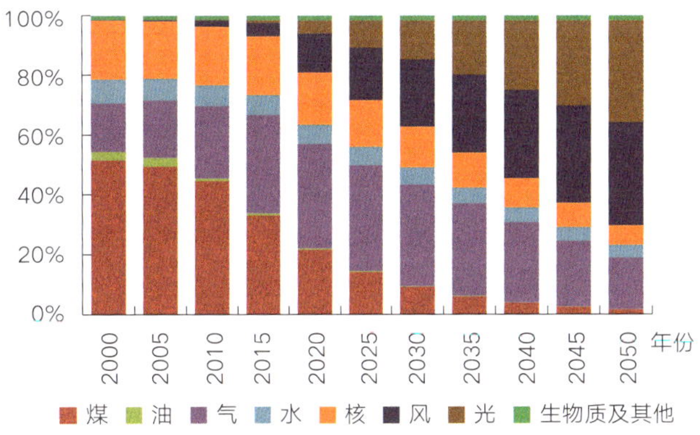

图 2-41　加快转型情景下美国发电量分品种结构

（二）中国

中国郑重宣布碳排放新达峰目标和碳中和愿景。改革开放四十多年来，中国经济保持平稳快速增长，能源发展取得举世瞩目的成就。面向新时代，中国以“四个革命、一个合作”能源安全新战略为指引，坚定不移推动能源领域供给侧结构性改革，着力推动能源高质量发展，加快构建清洁低碳、安全高效的现代能源体系。2020 年 9 月，习近平主席在第七十五届联合国大会上郑重宣布，中国将提高国家自主贡献力度，采取更加有力的政策和措施，二氧化碳排放力争 2030 年前达到峰值，努力争取 2060 年前实现碳中和。

中国一次能源需求 2030 年前后达峰，碳排放 2025 年前后达峰。在加快转型情景[1]下，中国一次能源需求在 2030 年前后达峰，峰值约 50 亿吨标准煤[2]，2050 年降至约 39 亿吨标准煤；电能占终端能源需求的比重在 2025 年超过 30%，2035 年超过 40%，2050 年约 58%；能源相关碳排放在 2025 年前后达峰，峰值约 104 亿吨，之后持续下降，2050 年降至约 40 亿吨。

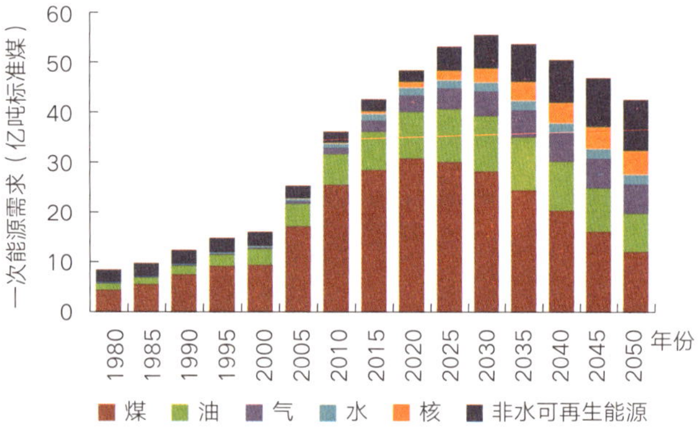

图 2-42　加快转型情景下中国一次能源分品种变化

中国人均用电量接近 10000 千瓦·时。在加快转型情景下，中国 2050 年终端用电量达 13.4 万亿千瓦·时（折合全社会用电量约 13.9 万亿千瓦·时），年均增长 2.0%；人均用电量约 9600 千瓦·时，较 2019 年增长约 85%；发电装机规模增至约 54 亿千瓦，其中非化石能源发电装机占比提高至约 80%。

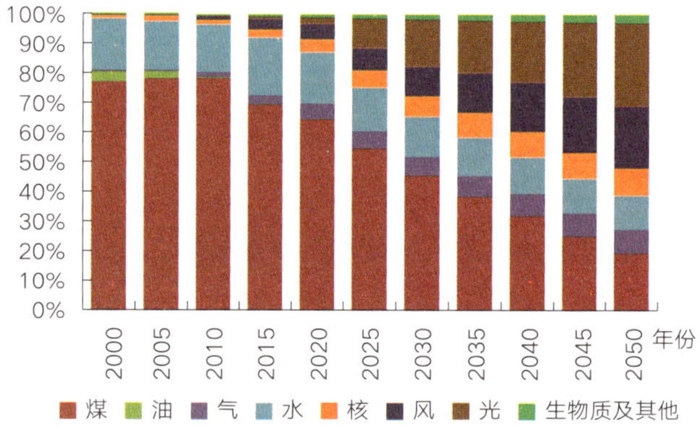

图 2-43　加快转型情景下中国发电量分品种结构

（三）日本

日本明确到 2050 年实现国内温室气体净零排放。日本国内能源资源贫瘠，是全球能源自给率最低的国家之一。2011 年福岛核电事故导致电力缺口巨大，日本不得不重新大量使用煤电，进而招致诸多批评。近两年，日本核电基本恢复至震前水平，能源供应压力有所缓解。《巴黎协定》框架下，日本的国家自主贡献承诺是 2030 年温室气体排放较 2013 财年下降 26%。日本于 2018 年公布的《第五次能源基本计划》（每三年修订一次），计划 2030 年燃煤发电量占比降至 26%，气电占比降至 27%，核电重回 21%，可再生能源发电占比达到 36%。日本于 2019 年中实施的《可再生海域利用法》，计划 2030 年海上风电累计装机容量达 1000 万千瓦，受海域条件限制主要是浮式海上风电。2020 年 10 月，日本首相菅义伟在就职

❶ 在加快转型情景中，中国未来展望未以 2060 年碳中和目标为约束，但实现 2030 年前碳排放达峰目标。在 2℃情景下，中国未来展望实现 2060 年碳中和目标，详见专题三“全球能源转型中的中国贡献”。

❷ 本报告借鉴国际能源署（IEA）统计方法，以电热当量法为基础并考虑一定系数折算非化石能源发电的一次能源消费量，不同于国内通常采用的发电煤耗法。

后首次演说中宣布“以脱碳社会为目标，到 2050 年国内温室气体排放达到实质上为零”，强调需要节能、可再生能源、核能“三管齐下”。

日本能源需求和碳排放持续下降。在加快转型情景下，日本一次能源需求持续下降，2050 年约 3.9 亿吨标准煤，较 2019 年下降约 1/3，其中非化石能源占比从 2019 年的不足 10% 升至 40%；电能占终端能源的比重升至 57%；能源相关碳排放快速下降，2050 年约 3.5 亿吨，较 2019 年下降约 2/3。

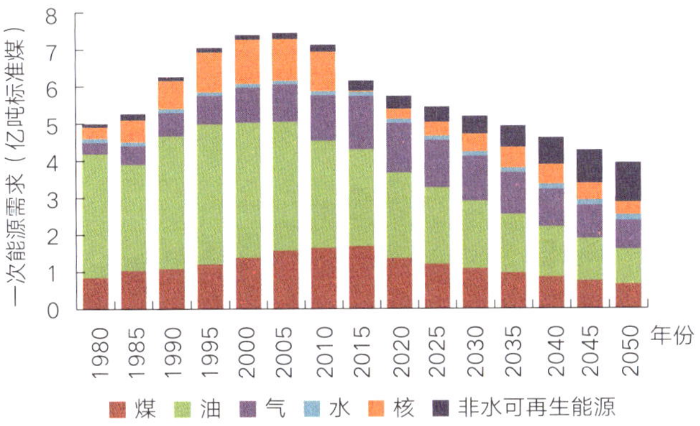

图 2-44　加快转型情景下日本一次能源分品种变化

日本人均用电需求增长近 60%。在加快转型情景下，2050 年日本终端电力需求增至 1.4 万亿千瓦·时，年均增长 1.1%；人均用电量达 1.25 万千瓦·时，较 2019 年增长近 60%；发电装机规模增至 5.5 亿千瓦，其中非化石能源发电装机占比从 2019 年的 40% 提高至约 80%，核能逐步恢复在日本电力系统中的重要作用，并在未来能源清洁转型中承担关键角色。

（四）德国

德国设定了宏伟的可再生能源发展目标。德国煤炭资源相对丰富、油气对外依存度较高，出于能源安全考量，德国较早提出向核能和可再生能源转型。然而，核能发展长期饱受民众担忧和政策摇摆之苦，2011 年福岛核事故促使德国正式宣布在 2022 年前关闭国内所有核电站，成为全球首个坚决弃核的国家。2019 年 1 月底，德国“弃煤”共识决定最晚于 2038 年底实现煤电全面退出。当前，德国非水可再生能源发电量占比已达到 30% 以上，位居世界第一，其设定了 2030 年可再生能源发电量占比达到 65%、2050 年达到 80% 的宏伟目标。2020 年 9 月，德国修正《可再生能源法案》，大幅提高 2030 年光伏发电、陆上风电、海上风电、生物质发电装机，分别达到 1 亿、7100 万、2000 万、840 万千瓦。在减排方面，德国计划到 2030 年温室气体排放量较 1990 年下降 55%，2050 年实现温室气体净零排放。

德国一次能源需求下降约 40%，核能于 21 世纪 20 年代初期清零。在加快转型情景下，德国

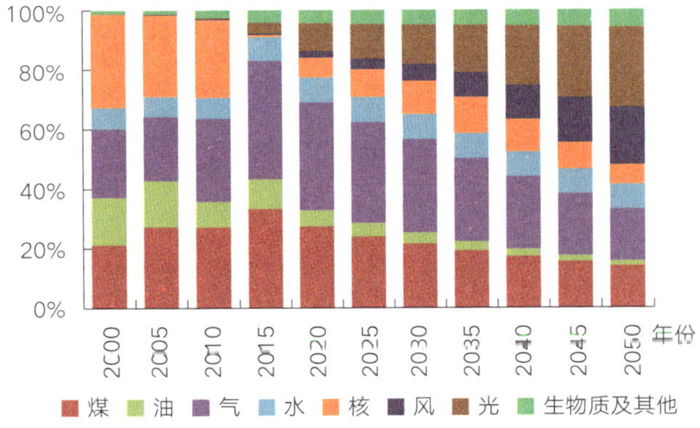

图 2-45　加快转型情景下日本发电量分品种结构

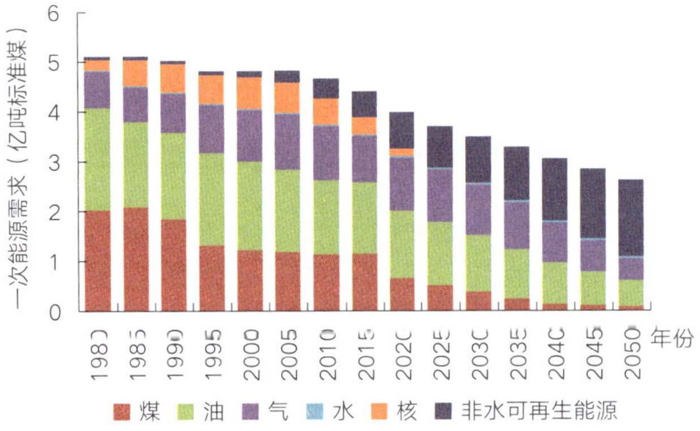

图 2-46　加快转型情景下德国一次能源分品种变化

2050 年一次能源需求约 2.6 亿吨标准煤，较 2019 年下降约 40%，其中非水可再生能源占比约 60%，核能在 21 世纪 20 年代初期彻底退出；2045 年电能占终端能源的比重约 50%，2050 年约 59%；能源相关碳排放约 1.3 亿吨，较 2019 年下降约 80%。

德国电力需求及人均用电水平较 2019 年翻番。在加快转型情景下，2050 年德国终端电力需求增至 1.1 万亿千瓦·时，较 2019 年翻番，年均增长 2.4%；人均用电量约 1.4 万千瓦·时，较 2019 年翻番；发电装机规模增至 6.4 亿千瓦，其中非化石能源发电装机占比从 2019 年的 60% 提高至 2050 年的约 95%，2040 年前实现煤电“清零”。

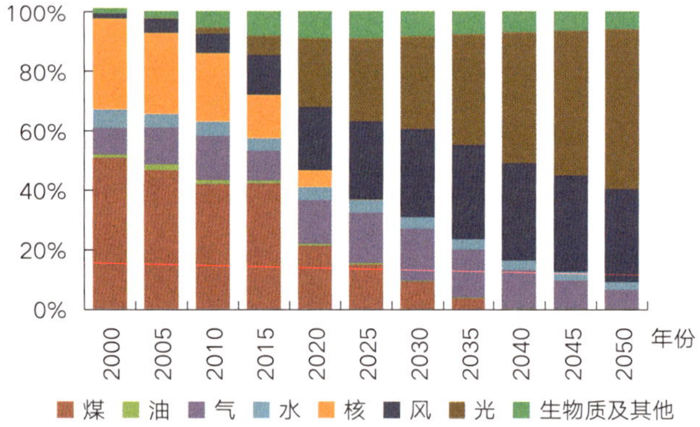

图 2-47　加快转型情景下德国发电量分品种结构

（五）法国

法国积极争取全球气候变化领导地位。长期以来，法国通过大力发展核能有效应对了国内能源资源的匮乏困境，成为全球核电占比最高的国家。进入 21 世纪，法国政府与欧盟能源战略保持一致，在降低核能过度依赖、保持核能基础地位的基础上，积极向可再生能源转型，争夺全球应对气候变化领导地位。2018 年底，马克龙政府宣布在 2035 年前将核能发电占比降至 50%。法国积极完成《巴黎协定》减排承诺，致力于 2050 年实现零碳目标。2020 年年中，法国《国家能源计划》提出，到 2028 年陆上风电装机达 3470 万千瓦、海上风电装机新增 875 万千瓦，到 2030 年可再生能源发电占比达到 40%。

法国一次能源需求下降约 30%。在加快转型情景下，2050 年法国一次能源需求约 2.5 亿吨标准煤，较 2019 年下降约 30%，其中非化石能源占比从 2019 年的约 55% 升至 75%，核能占比约 40%，非水可再生能源占比约 30%；电能占终端能源的比重 2045 年超过 50%，2050 年约 58%；能源相关碳排放持续下降，2050 年约 0.8 亿吨，较 2019 年下降约 3/4。

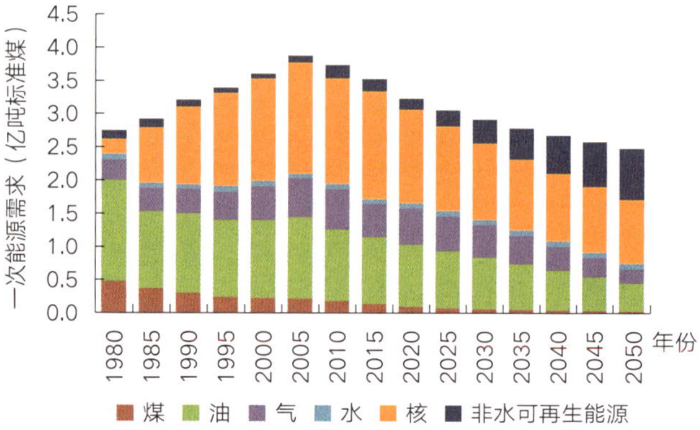

图 2-48　加快转型情景下法国一次能源分品种变化

法国核能发电占比降至约 30%。在加快转型情景下，2050 年法国终端电力需求增长 2/3 至 0.8 万亿千瓦·时，年均增长 1.6%；发电装机增至 3.7 亿千瓦，其中核能发电量占比由 2019 年的

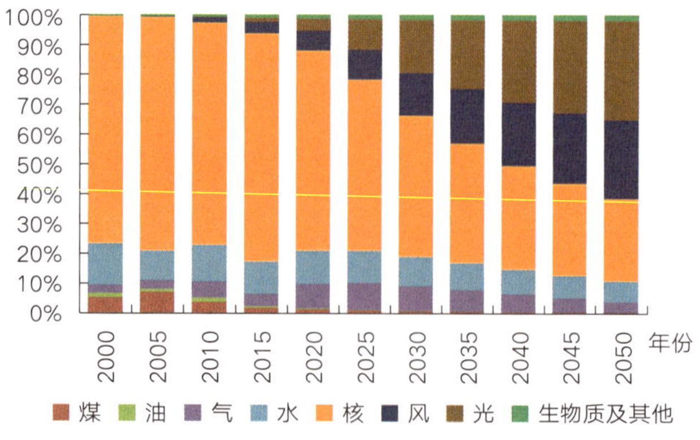

图 2-49　加快转型情景下法国发电量分品种结构

约 3/4 降至 2030 年的约 1/2、2050 年的约 30%，核电逐步退出法国电力供应的主导地位。

（六）英国

英国制定了明确的减排目标和转型路径。英国本土能源资源较为丰富，19 世纪煤炭的大规模开发为工业革命注入澎湃动力；20 世纪北海油田的发现，推动了从煤炭向油气的快速转型；进入 21 世纪，风电、太阳能的蓬勃发展奠定了英国在能源低碳转型中的领袖地位。可以说，过去的一百多年见证了英国能源从“煤炭时代”向“油气时代”再向“低碳能源时代”的不断迈进。面向未来，英国政府制定了明确的能源转型目标，计划 2025 年前全面关停境内燃煤电厂、2030 年新建核电 1600 万千瓦、将禁售燃油汽车时间从 2040 年提前至 2030 年。2019 年底，考虑地震风险不可预测，英国政府全面叫停了本土页岩气开发工作。英国政府已通过法律形式确立至 2050 年实现“净零排放”目标，高于其之前提交的《巴黎协定》自主减排承诺。2020 年 11 月，英国政府公布“绿色工业革命计划”，涵盖海上风电、氢能、小型核电、建筑改造等。

英国一次能源需求下降近 1/3。在加快转型情景下，2050 年英国一次能源需求约 1.7 亿吨标

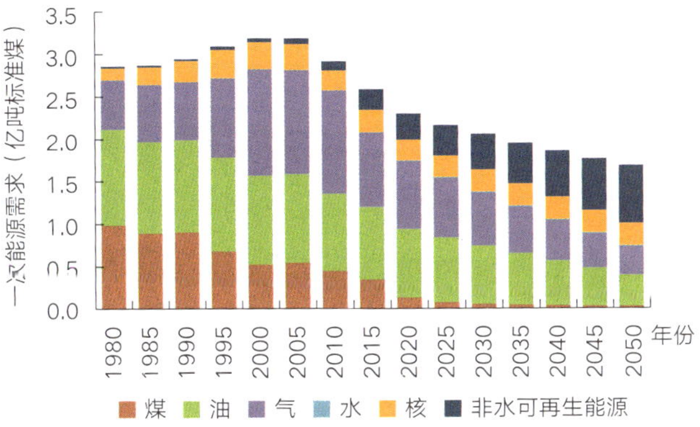

图 2-50 加快转型情景下英国一次能源分品种变化

准煤，较 2019 年下降约 1/3，其中非化石能源占比从 2019 年的 20% 升至 57%；电能占终端能源的比重升至 55%；能源相关碳排放降至约 0.9 亿吨，较 2019 年下降约 3/4。

英国燃煤发电在 2025 年前全部退出。在加快转型情景下，2050 年英国终端电力需求约 0.6 万亿千瓦·时，较 2019 年增长约 80%，年均增长 1.9%；发电装机规模增至 2.2 亿千瓦，其中非化石能源发电装机占比增至 95%，燃煤发电在 2025 年前全部退出。

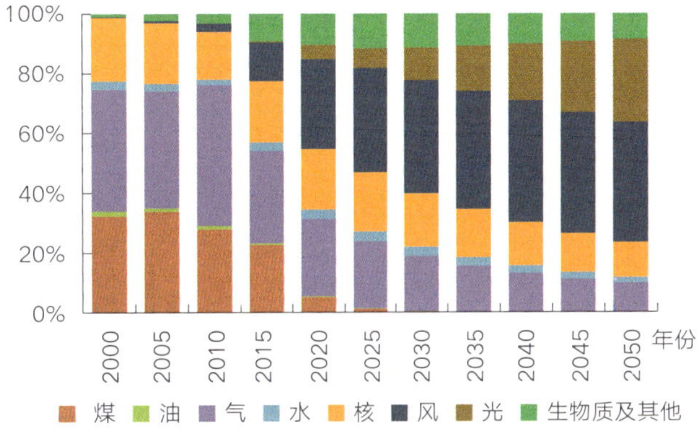

图 2-51 加快转型情景下英国发电量分品种结构

（七）印度

印度能源清洁转型面临一定挑战。近年来，印度经济保持较快增长，能源需求及其对外依存度不断攀升，能源成为制约经济社会发展的关键短板。莫迪政府抓住全球能源格局重塑机遇期，谋求改变“地缘政治制衡力量”定位，试图构建全球能源网络，建设“全球领导大国”，但仍面临一系列挑战。首先，煤炭仍将是印度未来的主体能源，印度政府致力于实现“煤炭自给”，但薄弱基础设施和低效物流能力对此形成阻碍。其次，印度周边多国政治局势动荡，国际合作互信程度不高，跨境油气管道建设构想难以落实。再次，印度风光资源条件优越，但电网基础设施薄弱、设备制造

产能不足等因素制约着风能、太阳能发电快速发展。在《巴黎协定》框架下，印度承诺 2030 年单位 GDP 碳排放强度较 2005 年下降 33%~35%。2020 年初，印度新能源和可再生能源部设立 13 亿美元的专项资金，用以支持可再生能源开发和相关制造业发展。

印度进入能源需求增长快车道。在加快转型情景下，印度一次能源需求保持高速增长，2050 年增至约 28 亿吨标准煤，较 2019 年增长约 1.1 倍，其中非化石能源占比增至约 43%；电能占终端能源的比重增至约 38%，在主要国家中处于较低水平；印度能源相关碳排放增至约 28 亿吨，较 2019 年增长约 30%。

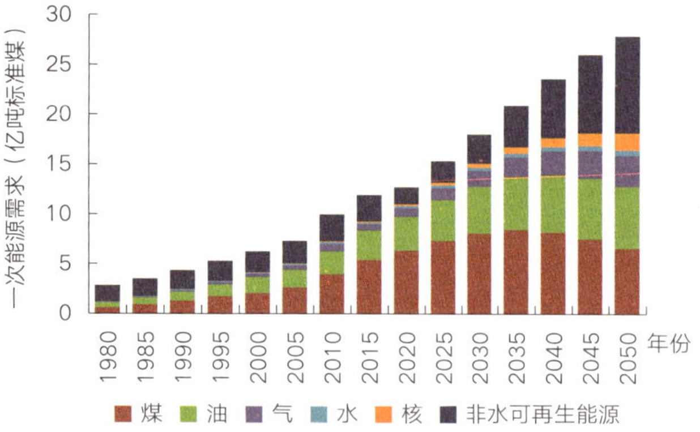

图 2-52　加快转型情景下印度一次能源分品种变化

印度人均用电量增长约 3 倍。在加快转型情景下，2050 年印度终端电力需求增至 7.1 万亿千瓦·时，年均增长 5.4%；人均用电增至 4200 千瓦·时，较 2019 年增长约 3 倍；发电装机规模增至 35 亿千瓦，其中非化石能源发电装机占比提高至 89%。

（八）巴西

巴西能源发展进一步向清洁化迈进。20 世纪中叶正值巴西经济扩张时期，石油对外依存度曾高达 90% 以上。经多年努力，巴西国家能源战略从单一向多元演变，能源供应从依赖进口到本土自给转变，主要由水力发电、生物燃料、深海石油“三驾马车”驱动。其中，巴西是全球水电装机占比最高的国家之一，提供了全国超六成的发电量。除此之外，得益于优越的自然条件，近年巴西风能、太阳能发电迅速发展，与传统的水电、生物质发电形成互补和促进，为未来巴西能源的进一步清洁化打下坚实基础。2019 年底，巴西政府表示有计划在 2050 年前新建 6 座核电站。在《巴黎协定》框架下，巴西承诺 2025 年温室气体排放较 2005 年下降 37%。

巴西能源相关碳排放在 2030—2035 年间达峰。在加快转型情景下，2050 年巴西一次能源需求约 5.9 亿吨标准煤，较 2019 年增长约 40%，其中非化石能源占比升至约 53%；电能占终端能

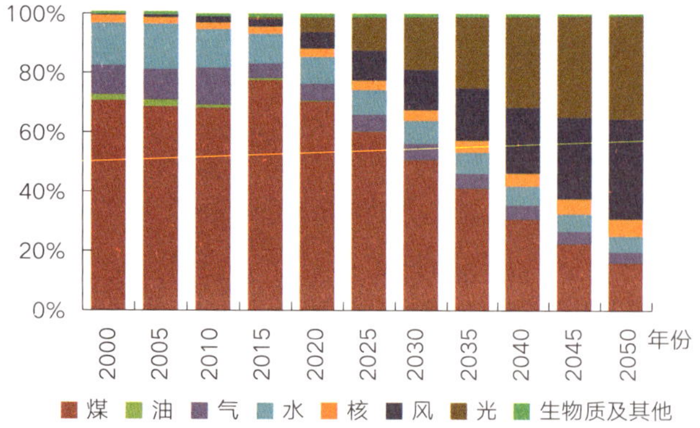

图 2-53　加快转型情景下印度发电量分品种结构

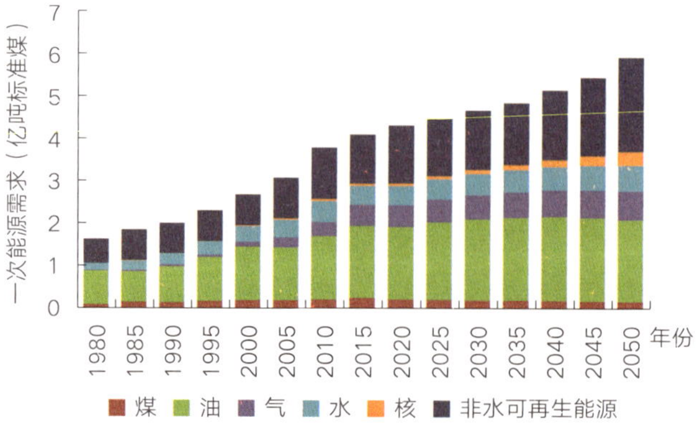

图 2-54　加快转型情景下巴西一次能源分品种变化

源消费的比重约 38%；能源相关碳排放在 2030—2035 年间达峰，峰值约 5.2 亿吨，2050 年降至约 4.8 亿吨。

巴西非化石能源发电装机占比进一步提高。在加快转型情景下，2050 年巴西终端电力需求增至约 1.5 万亿千瓦·时，较 2019 年增长约 1.8 倍，年均增长 3.4%；发电装机规模增至 5.7 亿千瓦，其中非化石能源发电装机占比进一步提高至 95%，水电发电量占比从 2019 年的约 60% 降至 2050 年的约 30%。

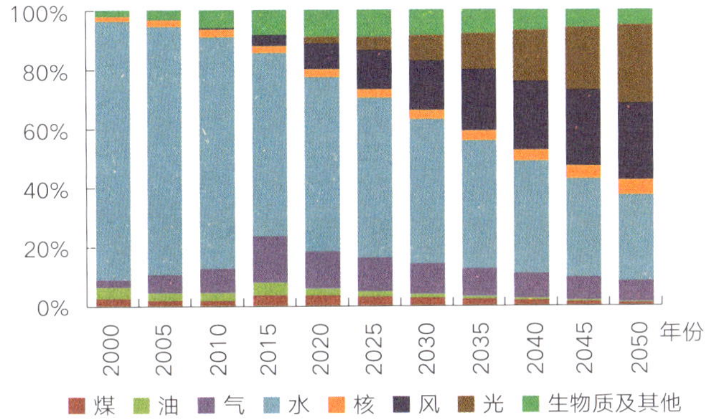

图 2-55　加快转型情景下巴西发电量分品种结构

（九）俄罗斯

俄罗斯加快能源技术创新和数字化转型力度。从苏联时期能源发展与国际政治、经济增长、军事竞赛相互融合，到 20 世纪 90 年代放松管制以促进能源贸易、经济增长，再到普京时代的利用能源资源优势建设“强大的俄罗斯”，能源一直都是俄罗斯政治、经济、外交的核心。在绿色低碳转型背景下，俄罗斯积极推动可再生能源产业发展，先后推出可再生能源发展计划和“449 号法令”等支持政策，计划将可再生能源电力政策延长至 2035 年，引发了公私领域投资可再生能源项目的热情高涨。2020 年初，俄罗斯发布新版《2035 年前能源战略草案》（ES - 2035）表示加速“资源创新型国家”发展，加大能源技术创新和数字化转型力度，提出到 2035 年能源基础设施现代化、能源产品出口多样化、能源制造领域创新化、能源数字转型全面化等 4 个关键目标。在《巴黎协定》框架下，俄罗斯的国家承诺是 2030 年温室气体排放较 1990 年下降 25%~30%。

俄罗斯能源需求和碳排放均下降。在加快转型情景下，2050 年俄罗斯一次能源需求约 8.8 亿吨标准煤，较 2019 年下降约 1/8，其中非化石能源占比从 2019 年的 10% 升至约 35%；电能占终端能源的比重约 37%，石油、天然气占比分别约 24%、28%；能源相关碳排放约 8.2 亿吨，较 2019 年下降约一半。

俄罗斯发电结构中新能源装机占比逐步提高。在加快转型情景下，2050 年俄罗斯终端电力需求增至

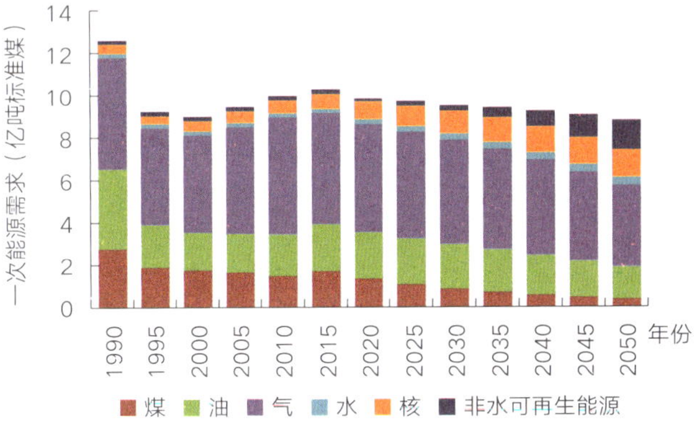

图 2-56　加快转型情景下俄罗斯一次能源分品种变化

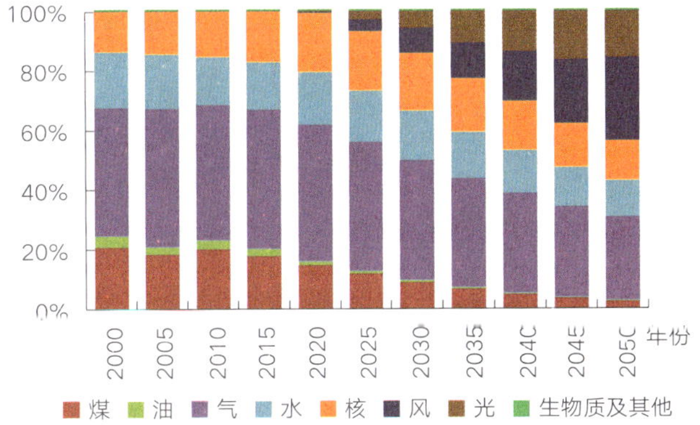

图 2-57　加快转型情景下俄罗斯发电量分品种结构

约 2.3 万亿千瓦・时，较 2019 年增长约 1.3 倍，年均增长 2.7%；发电装机规模增至 10.0 亿千瓦，其中非化石能源发电装机占比从 2019 年的约 30% 提高至 2050 年的约 75%。

（十）韩国

韩国明确“力争 2050 年实现碳中和”。第二次世界大战后，韩国经济的迅速腾飞以能源消费的快速增长为代价，因其国内能源资源极度匮乏，近年能源对外依存度长期保持在 95% 以上，能源进口贸易高达进口总额的 20% 以上。2019 年《第三个能源基本计划》提出 2040 年可再生能源发电占比扩大至 30%~35%，尽快缩减煤炭发电、逐步缩减核能发电比重。2020 年 5 月，韩国公布《2020—2034 年长期能源计划》，一是煤电转气或关停，二是到 2034 年核电站数量从 24 座缩减至 17 座，三是加大可再生能源开发，四是提高液化天然气发电占比。2020 年 7 月，韩国公布约 370 亿美元的“绿色新政”，旨在至 2025 年推动绿色基础设施、清洁能源和电动汽车。2020 年 10 月，韩国正式确定“力争 2050 年实现碳中和”，关键在于用可再生能源代替煤炭发电、提出 2030 年逐步淘汰煤炭的明确路线图。

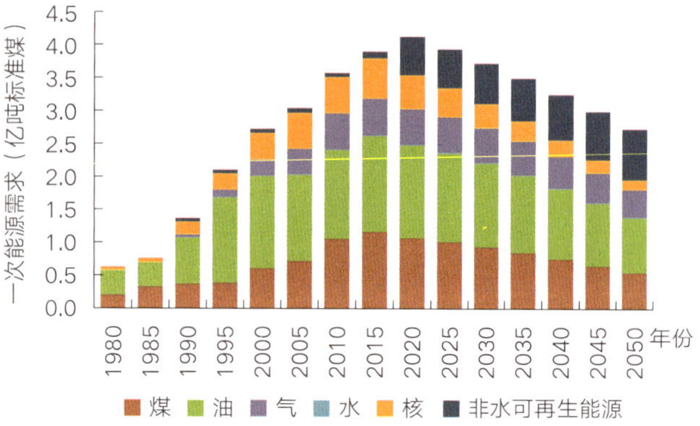

图 2-58　加快转型情景下韩国一次能源分品种变化

韩国能源需求在 2020—2025 年间达峰。在加快转型情景下，韩国一次能源需求在 2020—2025 年间达峰，峰值约 4.1 亿吨标准煤，之后平缓降至 2050 年的约 2.7 亿吨标准煤，较 2019 年下降约 1/3，其中非化石能源占比升至约 34%；电能占终端能源的比重约 44%；能源相关碳排放持续下行，2050 年约 2.6 亿吨，较 2019 年下降近 60%。

韩国电力需求增长约 1/4。在加快转型情景下，2050 年韩国终端电力需求增至 0.7 万亿千瓦・时，较 2019 年增长约 1/4，年均增速为 0.7%；发电装机规模增至 2.8 亿千瓦，其中非化石能源发电装机占比提高至约 3/4。

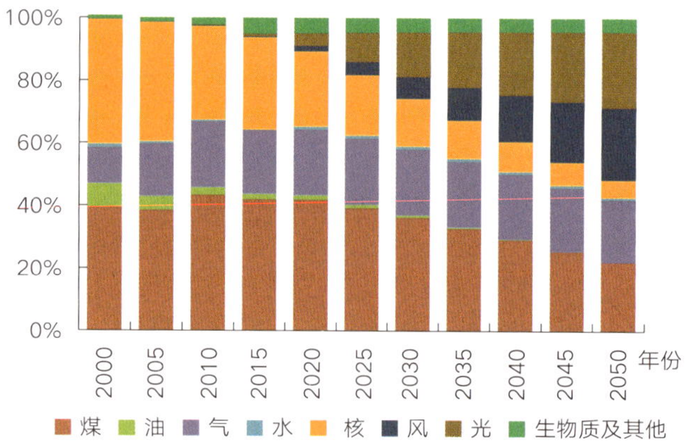

图 2-59　加快转型情景下韩国发电量分品种结构

（十一）南非

南非 2050 年“碳中和”目标已处立法进程。南非富煤炭、少油气、缺水能的资源禀赋特点，决定了其以煤为主的能源结构。2010 年以来，考虑国际能源发展大势、国内经济发展实情，南非国家能源战略转向支持应对气候变化、摆脱煤炭依赖、加大可再生能源开发，致力于成为地区可再生能源政策和项目的领导者。南非境内仅有一座 20 世纪 80 年代建设的核电项目，2019 年开始政府透露开放核电市场的意愿。2019 年 6 月，南非开始实施碳税法案，适用范围包括化石燃料排放、工业排放等领域。南非《国家综合资源计划》草案提议增加煤炭、水力、太阳能、风能和天然气的产能，至 2030 年煤炭占比 46%、天然气占比 16%、风能占比 15%、太阳能占比 10%。2020 年初，南非政府将 2050 年“碳中和”目标列入立法进程。

南非能源相关碳排放持续下行。在加快转型情景下，南非一次能源需求平稳增长，2050 年增至约 2.6 亿吨标准煤，较 2019 年增长约 30%，其中煤炭占比从 2019 年的约 2/3 降至约 1/4，非水可再生能源占比升至约 50%；电能占终端能源的比重升至约 42%；能源相关碳排放持续下行，2050 年约 2.5 亿吨，较 2019 年下降约 40%。

南非人均用电量较 2019 年翻番。在加快转型情景下，2050 年南非终端电力需求增至约 0.6 万亿千瓦·时，年均增长 2.9%；人均用电增至 8500 千瓦·时，较 2019 年增长 0.9 倍；发电装机规模增至 2.4 亿千瓦，其中非化石能源发电装机占比提高至约 80%。

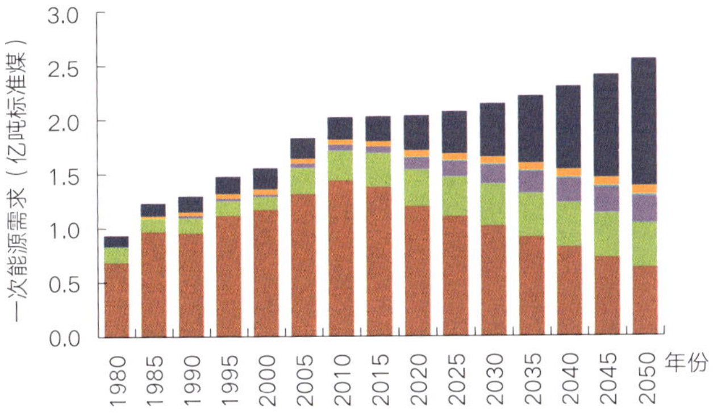

图 2-60 加快转型情景下南非一次能源分品种变化

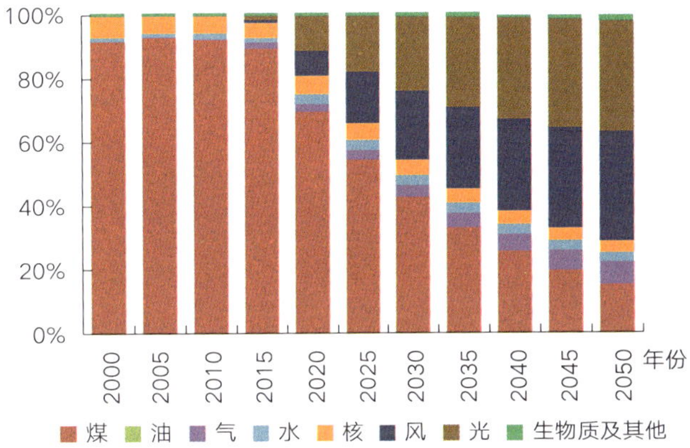

图 2-61 加快转型情景下南非发电量及分品种结构

第三部分

专题研究

专题一 能效发展

要 点

全球能效水平稳步提升。1980—2019 年，全球能源消费强度从 3.69 吨标准煤 / 万美元降至 2.42 吨标准煤 / 万美元，年均下降 1.1%，累计下降 35%。其中，1980—2000 年、2000—2010 年、2010—2019 年能源消费强度年均分别下降 1.3%、0.3%、1.5%，近年来能效水平加速提升。

欧洲、北美引领全球能效提升进程。2019 年，欧洲、北美能源消费强度较 1980 年分别下降 56%、54% 至 1.69、1.77 吨标准煤 / 万美元，能源消费强度明显低于其他地区，降幅亦高于其他地区，是全球能效提升进程的引领者。中南美、中东能效水平与全球平均水平较为接近，非洲、亚太与全球平均水平仍有明显差距。

经济发达和工业占比低的国家能效水平更高。2019 年，英国、日本、意大利能源消费强度均低于 1.0 吨标准煤 / 万美元；俄罗斯、印度、南非能源消费强度均在英国、意大利、日本的 4 倍以上；韩国工业占比高，能源消费强度处于较高水平，为 2.7 吨标准煤 / 万美元。

中国能效水平大幅提升。2019 年，中国能源消费强度为 4.08 吨标准煤 / 万美元，较 1980 年大幅下降 84%，在重点国家中降幅最大。

2050 年全球能源消费强度降至目前水平的一半左右。综合考虑能效政策支持、技术进步推动、管理手段提升、市场化改革进程等因素影响，未来全球能效水平稳步提升。在基准、加快转型、2℃情景下，预计 2050 年全球能源消费强度分别降至 1.31、1.14、0.95 吨标准煤 / 万美元。

欧美地区能效处于领先水平，亚太地区能效提升幅度最大。在加快转型情景下，2050 年北美、中南美、欧洲、亚太、中东、非洲能源消费强度分别为 0.83、1.11、0.80、1.10、1.46、2.39 吨标准煤 / 万美元，较 2019 年分别下降 53%、47%、52%、65%、42%、50%。

主要国家能效水平均提升 1/3 以上。在加快转型情景下，2050 年英国、德国能源消费强度降至 0.5 吨标准煤 / 万美元以下，较 2019 年分别下降 47%、57%；日本、澳大利亚、法国、美国能效水平处于第二梯队，能源消费强度在 0.5~1.0 吨标准煤 / 万美元，降幅在 41%~54%；俄罗斯、南非能源消费强度分别降至 2.84、2.68 吨标准煤 / 万美元，分别高于全球平均水平 149%、135%。

中国能效水平逐步接近部分发达国家。在加快转型情景下，2050 年中国能源消费强度为 0.82 吨标准煤 / 万美元，较 2019 年下降 80%，在主要国家中降幅最大。与全球平均水平相比，中国能源消费强度从 2019 年高于全球 68% 降至低于全球 28%；与发达国家相比，中国能源消费强度低于韩国 24%，但仍分别高于英国、德国、日本 82%、80%、57%。

人类社会发展带来能源服务需求的不断增长，能效提升是在满足人类日益增长能源服务需求的同时降低能源消耗的关键路径，是减少污染物排放、实现温升控制目标的重要手段，还可以减少能源进口需求以增强能源安全和提升国家竞争力。本专题主要通过能源消费强度对全球、分地区及重点国家能效水平进行分析；剖析对比主要工业产品、交通方式单位综合能耗，直观细致展示全球及主要国家能效水平；考虑政策、技术、管理、市场等影响因素，对未来能效水平进行展望。

一、能效水平现状分析

（一）能效水平整体情况[1]

1. 全球及分地区能效

全球能效水平稳步提升，发展中国家能效水平大幅下降但仍远高于发达国家。1980—2019 年，全球能源消费强度从 3.69 吨标准煤 / 万美元降至 2.42 吨标准煤 / 万美元（2010 年不变价，下同），年均下降 1.1%，累计下降 35%，反映经济结构调整及技术进步拉动能效水平不断提升。其中，2000—2010 年年均仅下降 0.3%，主要由于亚太新兴市场国家工业化进程加快，钢铁、化工等重工业能源消费大幅增加。OECD 国家能源消费强度从 2.62 吨标准煤 / 万美元降至 1.43 吨标准煤 / 万美元，累计下降 45%；非 OECD 国家能源消费强度从 7.56 吨标准煤 / 万美元降至 3.89 吨标准煤 / 万美元，累计下降 49%；非 OECD 国家能源消费强度降幅高于 OECD 国家 4 个百分点，但 2019 年仍约为 OECD 国家的 2.7 倍。

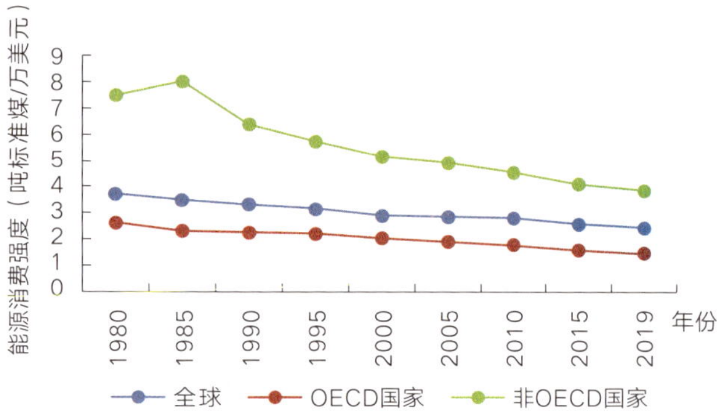

图 3-1　1980—2019 年全球及 OECD/ 非 OECD 国家能源消费强度变化

欧洲、北美引领全球能效提升进程。2019 年，欧洲、北美能源消费强度分别为 1.69、1.77 吨标准煤 / 万美元，明显低于其他地区，较 1980 年分别下降 56%、54%，降幅亦高于其他地区，是全球能效提升进程的引领者，主要由于其工业化已经完成、高耗能产业不断转移至其他地区以及先进技术的应用；非洲能源消费强度为 4.76 吨标准煤 / 万美元，明显高于其他地区，主要由于其发展相对滞后、能源利用方式比较初级，其中 1995 年曾高达 6.76 吨标准煤 / 万美元，此后逐步下降；亚太能源消费强度为 3.16 吨标准煤 / 万美元，较 1980 年下降 23%，其中 2000—2010 年间受中国等新兴市场国家工业化影响，亚太能源消费强度

[1] 能源消费强度数据来源于世界银行、国际能源署。

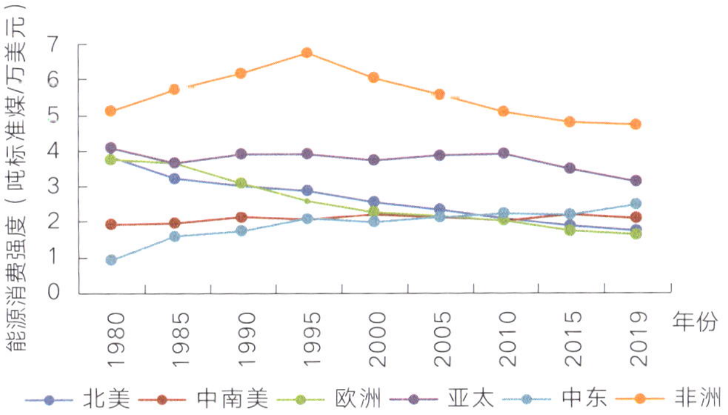

图 3-2 1980—2019 年分地区能源消费强度变化

曾短暂上升，此后稳步下降；中东、中南美能源消费强度分别为 2.50、2.11 吨标准煤 / 万美元，较 1980 年分别上升 159%、9%。

2. 重点国家能效

发展程度和经济结构是决定能源消费强度的主要因素，经济发达程度高及工业占比低的国家能效水平更高。从经济发展程度看，2019 年，英国、日本、意大利等发达国家能效水平遥遥领先，能源消费强度均低于 1 吨标准煤 / 万美元，分别仅为 0.84、0.97、0.98 吨标准煤 / 万美元；俄罗斯、印度、南非等发展中国家能源消费强度分别为 6.11、4.45、4.35 吨标准煤 / 万美元，均在英国、意大利、日本等国的 4 倍以上。**从经济结构看，**随着工业增加值占比的下降，能源消费强度呈普遍下降趋势，如日本工业增加值占比从 1980 年接近 40% 降至 2019 年的 29%，其能源消费强度也随之从 1.63 吨标准煤 / 万美元降至 0.97 吨标准煤 / 万美元；对比韩国和巴西，韩国虽然是发达国家，但其工业化起步晚，工业增加值占比处于 33% 的较高水平，能源消费强度为 2.69 吨标准煤 / 万美元，巴西作为发展中国家，但服务业发达、在经济结构中占比超过 50%，工业增加值占比仅约 18%，能源消费强度为 1.79 吨标准煤 / 万美元，较韩国低约 1/3。

中国能效水平提升幅度最大，但与发达国家仍有明显差距。2019 年，中国能源消费强度为 4.08 吨标准煤 / 万美元，较 1980 年大幅下降 84%，其中既有技术进步、管理水平提高的影响，也有经济结构调整的因素。中国能源消费强度在重点国家中降幅最大，但仍分别为英国、日本、意大利、德国、美国的 4.8、4.2、4.2、3.8、2.4 倍，在金砖国家中能源消费强度高于俄罗斯、印度、南非，约为巴西的 2.3 倍，工业占比高是重要原因。

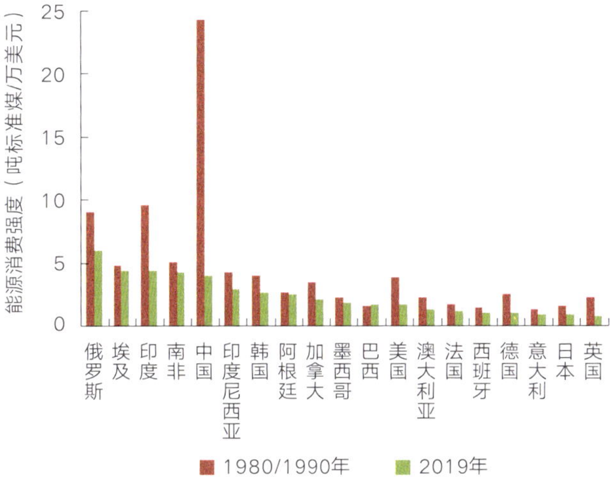

图 3-3 1980/1990 年、2019 年重点国家能源消费强度

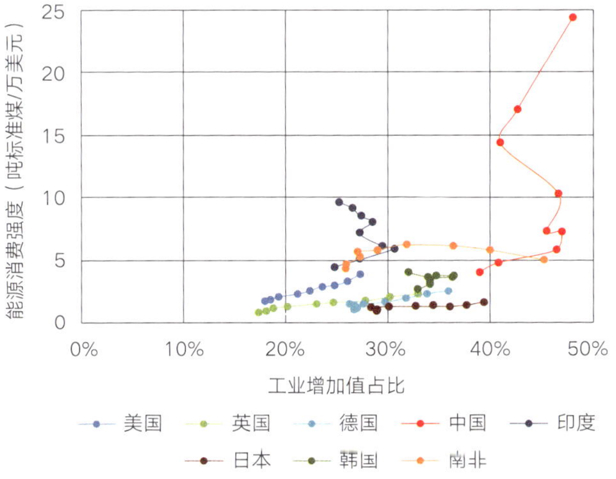

图 3-4 1980—2018/2019 年重点国家工业增加值占比和能源消费强度

典型案例

日本能效管理实践

完善的节能与能效法律体系

日本能效和节能法规的基础是 1979 年颁布的《节能法》，此外还包括《关于能源使用合理化的法律》《资源有效利用促进法》等综合性能效法律，以及《家用电器循环法》《食品循环法》等针对行业或产品能效的法律。

覆盖全环节的节能监管及咨询体系

第一层是政府管理部门，主要指日本经济产业省自然资源厅的能源节约与可再生能源局及相关组织机构；第二层是节能专业服务（研究）机构，主要有节能中心、日本新能源和产业技术综合开发机构、日本能源经济研究所；第三层是各大型用能企业或机构的专业能源管理师。

自上而下健全的政策体系

《能源革新战略》《能源环境技术创新战略》引领能源行业发展，确定了节能挖潜、扩大可再生能源和构建新型能源供给系统这三大改革主题。从行业看：

工业——年度能源消耗折算原油 300 万升以上的工厂，必须配备能源管理师，并递交中长期节能计划及定期提交报告书；国家预算中有专门的节能资金，用以支持企业节能和促进节能技术研发；政府对节能产品和设备采购提供低利率贷款、所得税优惠、投资补助等激励措施。

建筑——建立居住建筑节能标准、住宅能效标识制度；推出节能改造促进税制，对进行节能改造的居民在所得税、固定资产税、不动产取得税、注册许可税、赠与税方面进行减免；对汽车、空调、冰箱等 21 种产品实行产品能效领跑者制度；对空调设备、电冰箱、电视机、电子计算机等 16 种产品实施能效标识制度。

交通——制定车辆的能效标准，要求在规定年限内达到目标，否则将受到处罚；通过“汽车能效评价公布制度”等方便消费者选择比较；为了鼓励使用小排量、节油型汽车，日本实施汽车绿色化税制，减轻了电动、天然气、甲醇汽车的汽车税，对使用期超过 11 年的柴油车、超过 13 年的汽油车则课以重税。

沟通良好和相互促进的政企关系

通过“能源管理师”、圆桌会议等正式或非正式的沟通与交流渠道，日本政府在情报收集及技术研发时会积极考虑企业的需求，并适当地引导企业参与其中，通过“节能产品领跑计划”和其他的鼓励措施，调动非政府部门参与制定标准的积极性，并由此形成促进能效技术提高的良性循环。

（二）重点行业能效水平

1. 工业

工业能效水平主要由经济发展水平决定。从工业整体能效水平看，英国、德国、意大利、法国等欧洲发达国家处于第一梯队，遥遥领先其他国家，2018 年工业能源消费强度仅分别为 0.62、0.73、0.74、0.77 吨标准煤 / 万美元，其他地区中仅日本与其能效水平相当，日本为 0.63 吨标准煤 / 万美元；加拿大、美国、韩国工业能效水平处于第二梯队，2018 年加拿大、韩国工业能源消费强度分别为 1.15、1.43 吨标准煤 / 万美元，美国 2017 年为 1.18 吨标准煤 / 万美元；巴西、埃及次之，2018 年工业能源消费强度分别为 2.31、2.10 吨标准煤 / 万美元；俄罗斯、印度、南非工业能效水平最低，2018 年能源消费强度分别为 3.69、3.62、3.34 吨标准煤 / 万美元。

中国工业能源消费强度下降超过 1/3，但仍高于世界平均水平。2018 年，中国工业能源消费强度为 2.92 吨标准煤 / 万美元，较 2000 年下降 36%，仍高出世界平均水平约 70%。与金砖国家比，中国工业能效水平已超过俄罗斯、印度、南非，但高于巴西；与发达国家比仍有明显差距，2018 年分别为英国、日本、美国的 3.8、3.6、1.5 倍。

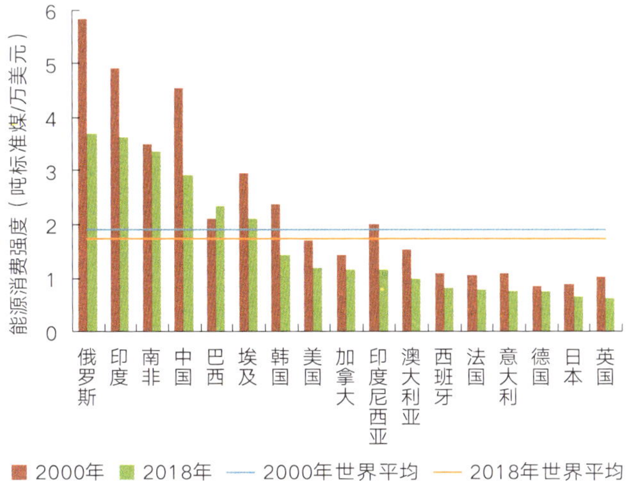

图 3-5 2000 年、2018 年世界及重点国家工业能源消费强度[1]

从重点行业看，中国化工、建材行业能效水平与发达国家差距明显，仍有巨大能效提升空间。从化工行业看，2018 年英国、韩国、法国、意大利化工行业能效水平处于第一梯队，化工行业能源消费强度均低于 2.0 吨标准煤 / 万美元；日本、德国、美国处于第二梯队，能源消费强度处于 2.0~3.0 吨标准煤 / 万美元；其他国家与高能效国

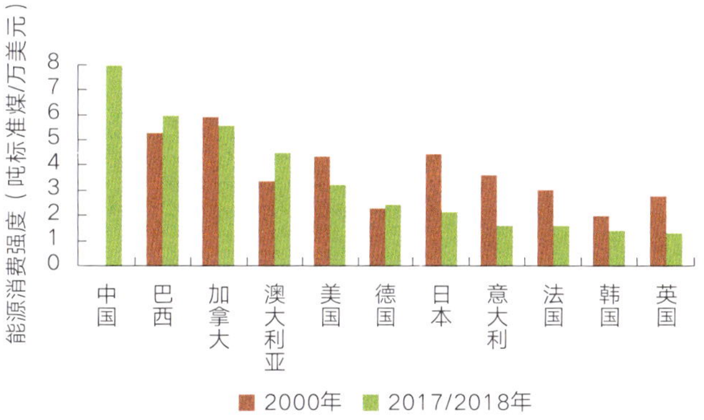

图 3-6 2000 年、2017/2018 年重点国家化工行业能源消费强度

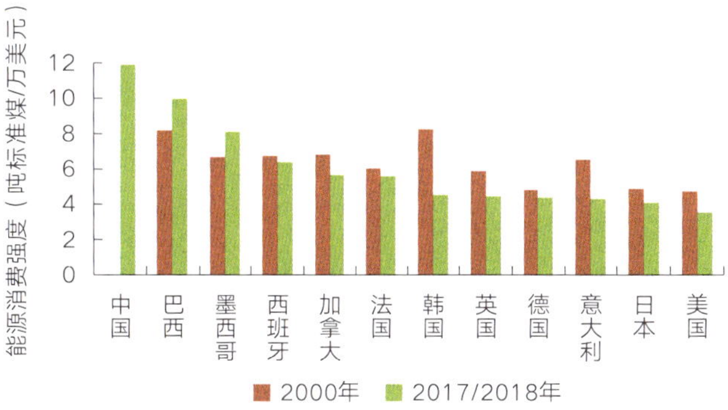

图 3-7 2000 年、2017/2018 年重点国家建材行业能源消费强度

[1] 工业能源消费强度数据来源于世界银行、国际能源署，其中加拿大 2000 年处展示的为 2010 年水平，美国 2018 年处展示的为 2017 年水平。

家差距均比较明显，中国 2017 年化工行业能源消费强度为 7.98 吨标准煤 / 万美元，分别为英国、韩国、法国的 6.0、5.7、5.0 倍。从建材行业看，受工艺特性影响，建材行业能效水平整体低于化工行业，美国 2017 年建材行业能源消费强度为 3.57 吨标准煤 / 万美元，处于领先水平；日本、意大利、德国、英国、韩国处于第二梯队，能源消费强度处于 4.0~5.0 吨标准煤 / 万美元；其他国家整体相对落后，中国 2017 年能源消费强度为 11.91 吨标准煤 / 万美元，为美国的 3.3 倍。

中国主要工业产品平均能效水平整体与领先国家存在差距，但中国部分企业能效已达到国际领先水平[1]。从中国工业产品能耗平均水平来看，2018 年，中国水泥、合成氨、烧碱、建筑石灰等产品单位产量平均综合能耗均高于领先国家 10% 以上，其中水泥、合成氨、烧碱单位产量平均综合能耗分别高于国际领先水平 46.8%、36.1%、30.0%；中国平板玻璃平均综合能耗、平均钢可比能耗、电解铝平均交流电耗较国际领先国家分别高 5%~10%；值得注意的是，中国铜冶炼能效水平领先于国际水平，单位产量平均综合能耗低于国际领先水平 5%；中国火电厂平均供电煤耗为 308 克标准煤 /（千瓦·时），高于国际先进水平 12%。从中国工业产品能耗领先水平来看，中国西南铜业铜冶炼综合能耗低至约 225 千克标准煤 / 吨，大幅低于国际先进水平 37%；中国钢可比能耗领先水平达到 510 千克标准煤 / 吨左右，较国际领先水平低约 10%；中国超超临界机组供电煤耗国际领先，华能莱芜电厂 6 号机组供电煤耗低至 266 克标准煤 /（千瓦·时），是新的世界纪录；中国最好的企业电解铝交流电耗已降至 13000 千瓦·时 / 吨以下，与国际领先水平基本相当。

2. 交通

出行方式是决定交通行业能效水平的重要因素。美国等国家大量使用乘用车（运动型多功能车、越野车）和国内航班，导致其客运强度尤其高。相反，在法国等铁路运输较为普遍的国家，客运强度低。由于运输方式的转变和客车效率的提高，大多数国家的客运强度都在下降，如英国 2000—2017 年下降了 16%。整体来看，综合交通运输系统的结构调整对系统节能减排效果明显。从运输节能目标实现的角度考虑，应该增加铁路和水运的运输周转量占比，减少公路运输周转量占比，推动民航运输从单纯增加运量向增加运量、降低空座率、提高载运率的综合举措转变。

3. 建筑

中国建筑单位面积能耗处于国际较低水平。2017 年，中国办公楼单位面积能耗仅约为美国、英国、德国的 28%、37%、70%，中国宾馆单位面积能耗较加拿大、英国、美国分别低 40%、35%、28%。相对节俭的用能习惯和以自然通风为主的建筑运行方式是中国建筑能耗低于美国、日本、欧洲等发达国家的主要原因。在建筑节能领域，除了技术进步外，弘扬可持续的生活理念和消费观念是更重要的任务。即使居民收入水平提高，也应该尽量保持节俭的生活态度和合理的运行方式，否则将会导致建筑能耗大幅上升。

---

[1] 本段数据根据《中国能源统计年鉴 2018》《2019 能源数据》（王庆一）及公开资料整理。

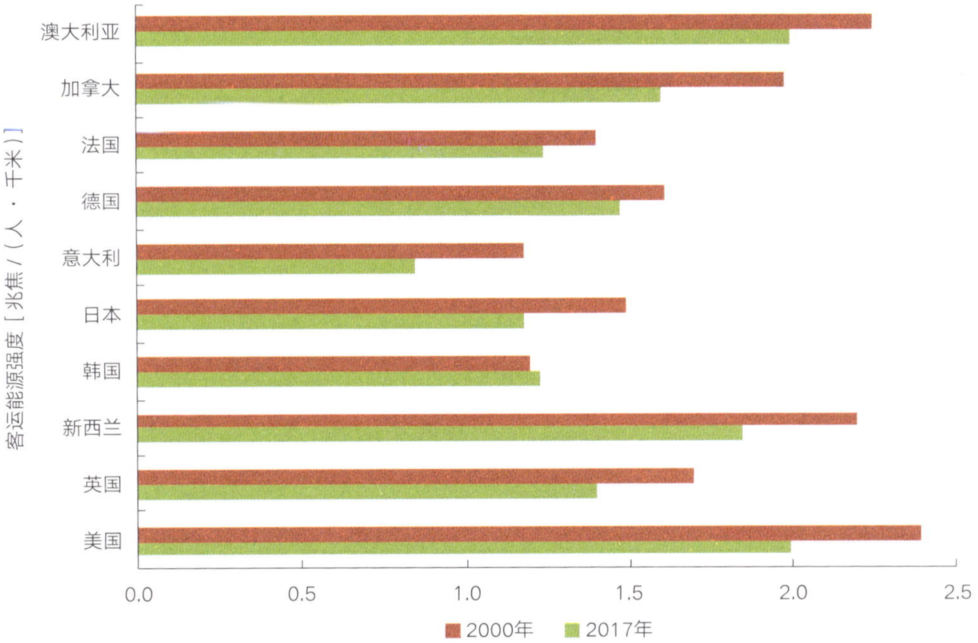

图 3-8　2000 年、2017 年主要国家客运能源强度对比[1]

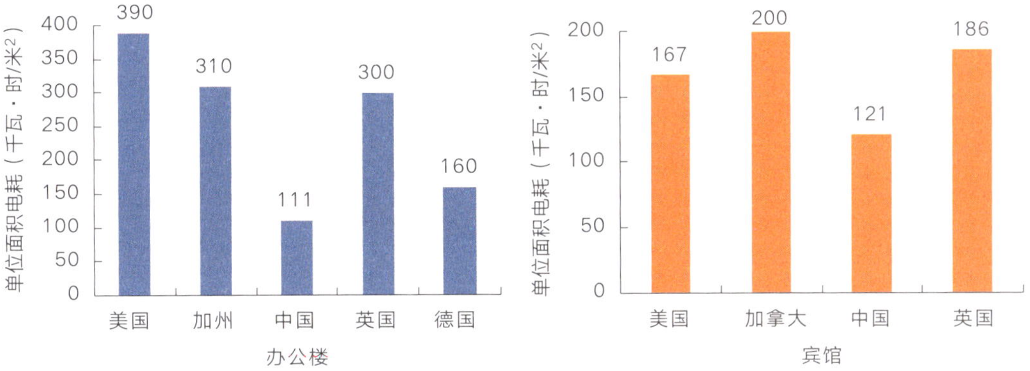

图 3-9　2017 年世界主要国家（地区）办公楼、宾馆单位面积电耗对比分析

❶ 数据来源于国际能源署。

二、未来影响能效的主要因素

（一）政策支持

能效提高可以有效减少能源消费量、降低污染排放，还能为经济社会发展提供更加高效的能源解决方案，将在实现全球气候目标中发挥重要作用。能效提升已成为各国制定能源政策的普遍选择，主要包括制定能效提升目标、实行能效标准、淘汰低效落后用能设备、加强金融投资等举措。

表 3-1　主要国家分部门能效政策汇总

国家 / 地区	领域	能效政策
美国	工业	● 工业 / 商业锅炉、生产用热领域更为严格的碳排放限制； ● 工业领域建筑优化、设备更新、能效星级项目； ● 给予热电联产项目税收优惠、折旧补贴
	交通	● 2025 年电动汽车在 8 个州的拥有量达到 500 万辆
	建筑	● 实施能效之星计划； ● 在部分州实施建筑能效强制标准； ● 为居民住房节能升级或安装节能设备、非商业型物业进行节能改造给予税收优惠
欧盟	工业	● 电机、电泵、风扇、压缩机等设备的通用设计指导标准； ● 大型企业面临强制定期能源审计，鼓励小型企业开展能源审计； ● 鼓励能源管理系统的应用
	交通	● 2020 年道路交通碳排放强度下降 6%； ● 2020 年至少 95% 的新登记轿车达到 95 克 / 千米的 CO_2 排放目标，2021 年起所有新登记轿车的 CO_2 平均排放需低于 95 克 / 千米
	建筑	● 对建筑和电器的强制性能效标识； ● 所有建筑物必须在 2050 年之前达到接近零能耗
俄罗斯	工业	● 在钢铁行业淘汰平炉； ● 对大型企业进行能源审计，为新型高效用能设备提供政策激励
	建筑	● 自愿性质的电器能效标识计划
中国	工业	● 《绿色工业指导目录》：为六大类商品和服务创建绿色分类法，为绿色债券监管指南提供补充，为扩大和创新绿色金融创造机会； ● 工业能效标准强制性实施； ● 在钢铁行业推广焦炭干式淬火与高压涡轮，对非高炉炼钢进行政策支持； ● 老旧燃煤锅炉加快退役； ● 能源服务公司与能效合同管理不断加强
	交通	● 2025 年，纯电动乘用车新车平均电耗降至 12.0 千瓦・时 / 百公里，新能源汽车新车销售量达到汽车新车销售总量的 20% 左右； ● 力争经 15 年的努力，纯电动汽车成为新销售车辆的主流，公共领域用车全面电动化，燃料电池汽车实现商业化应用，有效促进节能减排水平和社会运行效率的提升
	建筑	● 2020 年城市新建建筑能效较 2015 年提高 20%； ● 通过代替分散式燃煤 / 燃油锅炉，提高电能消费
日本	工业	● “能源管理师”制度； ● 大型企业面临强制能源管理要求； ● 为小型企业提供免费的能源审计

续表

国家 / 地区	领域	能效政策
日本	交通	● 2020 年轻型汽车燃料效率达到 20.3 千米 / 升； ● 2030 年新型汽车（清洁柴油、混动、插混、纯电、燃料）销售占比达到 50%~70%； ● 制定车辆的能效标准，要求在规定年限内达到目标，否则将受到处罚；实施汽车绿色化税制，减轻新能源车的汽车税
	建筑	● 大型企业能源消费年均下降 1%，并定期发布年度报告； ● 自愿性的能效标识计划； ● 2030 年全部新建建筑实现零能耗
印度	工业	● 强制性能源审计； ● 高耗能行业要求设置能源管理者
	交通	● 2030 年禁售燃油汽车
	建筑	● 《住宅建筑节能建筑规范》：印度政府估计，到 2030 年该法规有望每年节省 125 太瓦·时电量； ● 2020 年前禁售白炽灯； ● 对空调、电灯、电视、冰箱实行强制性能效标准与标识计划
巴西	工业	● 财政与税收支持工业用能设备升级、能效提升和工业余能利用
	建筑	● 家用电器及公共设备能效标识； ● 公共照明的强制性措施，白炽灯禁售

（二）技术进步

技术进步是推动能效提升的主要驱动力。得益于 2000 年以来的技术能效提升，2018 年全球节省了约 13% 的额外终端能耗，相当于印度、德国、巴西、加拿大四国的一次能源需求总量之和。2015 年至 2018 年期间发生的技术能效提升累计减少了超过 35 亿吨额外碳排放，超过同期日本能源相关碳排放，为实现全球减排目标作出了巨大贡献。

工业部门：工业能耗量最高，节能潜力巨大。大容量、高参数、环保型发电机组进一步推广，电弧炉炼钢能源强度较传统炼钢技术降低 60%~70%，多级燃烧技术、高固气比水泥悬浮预热分解技术、钛纳硅超级绝热材料保温节能技术等进一步提高建材行业能效水平，余压余热利用技术、新型氨合成技术、高效的电石 / 烧碱制造工艺将有效改善化工行业不必要的能源浪费。

建筑部门：全球范围内绿色建筑、超低能耗建筑逐步推广，LED 灯、低能耗空调、电磁炉等高能效用电设备不断普及。通过采用预制部件、3D 打印等工业化和自动化程度更高的施工技术将有效减少建筑部门施工过程能耗。

交通部门：燃油车辆内燃机效率不断提升，车辆轻量化技术将有效降低油耗、减少排放，新能源汽车、电气化铁路、生物质燃料飞机等低能耗、低排放的运输设备逐步推广。2019 年全球纯电动汽车销量达到 220 万辆，预计 2050 年全球电动汽车保有量约 12.5 亿辆，占汽车保有量的 50%。

数字化技术：数字化技术将实现实时监测、用能设备的互联互通，减少能源生产和分配相关的能源浪费，从而达到比单一设备更高的终端能效。数字化技术预计能使 2019 年到 2040 年建筑部门能耗总量减少 10%；数字化技术促进自动化程度的提高，可实现交通部门节能 20%~25%；数字化技术对不同工业行业节能作用不同，预计最高节能率可达到 30%。

（三）管理手段

更加完善的能效咨询与服务体系可助力提高能

源管理水平。企业及个人是节能和能效提升的主体，但其能源管理及方案设计能力欠缺，制约企业及个人节能发展，完善的能效咨询与服务体系可帮助用户进行节能和能效改造。德国能源署专门设立了信息咨询服务部门，为企业及个人提供能效评估、政策和技术信息服务；日本建立“能源管理师”制度，以提高能源规划和管理工作水平；中国更加注重能源综合管理，综合能源服务行业迅猛发展，电网公司也逐步开始为企业及个人用户提供用电咨询和方案设计等增值服务。

系统化的能源管理可有效促进能源节约和能效水平提升。通过专业机构咨询或企业自主设计等手段，系统化地进行企业能源管理，可有效实现节能提效，具体管理手段主要包括健全能源管理组织体系、规范能效消耗统计、完善能耗定额、能耗实时监测、能耗评价及考核监督等。家庭能源管理相对简单，可通过向相关机构咨询、家庭能源监测及管理系统等手段优化家庭用能方式。

能效标准、能效标识计划等在工业、建筑领域普遍推广。推行能效标准、能效标识是促进企业节能提效的重要手段，如：美国要求工业领域优化流程、更新设施，推广实施能效星级项目；欧盟对电机、电泵、压缩机等工业设备实施通用设计指导标准，对大型企业实施强制且定期的能源审计，鼓励小型企业自行开展能源审计；中国强制性实施工业能效标准；日本大型企业面临强制能源管理要求，政府为小型企业提供免费的能源审计；印度对空调、电灯、电视、冰箱实行强制性的能效标准与标识计划；俄罗斯对大型企业进行能源审计，为新型高效用能设备提供政策激励，实施自愿性质的电器能效标识计划。

（四）市场改革

能源基础设施的互联互通、能源资源的合作共享让能源商品大范围优化配置成为可能，全球 - 大洲 - 国家 - 地区的多级能源市场不断形成，促进能源行业整体效率提升。市场化改革主要通过能源资源大范围优化配置、促进企业竞争、引入碳交易等方面促进能效提升。

能源资源大范围优化配置提高行业运行效率。能源需求方根据能源品质、能源价格、运输便捷程度等因素，在各级能源市场匹配最优的能源供应商，通过市场自动实现资源最优配置，促进能源行业运行效率提高。

市场化竞争倒逼企业能源利用效率的提高。优胜劣汰的市场化竞争倒逼企业通过企业变革、能效管理、技术研发等手段，提高企业运行效率，降低产品能耗，同时促进技术进步朝着节约生产要素、寻找替代资源、提高生产效率的方向发展。

引入碳税、碳交易机制将有力促进可再生能源发展。可再生能源转化利用效率明显高于传统化石能源，征收碳税、进行市场化碳交易可以有效助力能源结构调整，促进可再生能源开发利用，从而提高能源系统整体开发利用效率。目前，全球 27 个不同级别的司法管辖区，正在运行 20 个大大小小的碳市场，这些管辖区占到全球 GDP 的 37%，此外智利、泰国和越南等正考虑建设碳市场[1]。中国自 2011 年开始在 8 个省市进行碳交易试点，到目前累计成交二氧化碳量超过 3 亿吨，碳中和目标的提出将进一步加速碳市场的发展。

[1] 资料来源于国际碳行动伙伴组织（ICAP）《全球碳市场进展报告 2019》。

三、能效水平发展展望

（一）分情景能效水平

全球能效水平稳步提升，2050 年能源消费强度降至目前水平的一半左右。在基准情景下，全球能效提升延续了当前进程，预计 2035 年、2050 年能源消费强度分别为 1.78、1.31 吨标准煤 / 万美元。在加快转型情景下，能效提升进程有所加快，预计 2035 年、2050 年能源消费强度分别为 1.67、1.14 吨标准煤 / 万美元。在 2℃情景下，能效提升进程进一步加快，预计 2035 年、2050 年能源消费强度分别为 1.52、0.95 吨标准煤 / 万美元。

能效提升有力助推能源需求和碳排放的减少。预计从现在到 2050 年，能源效率提升约可节约 23%~30% 的能源消费量，平均每年减少一次能源消费 49 亿 ~80 亿吨标准煤；平均每年减少碳排放约 75 亿 ~130 亿吨。

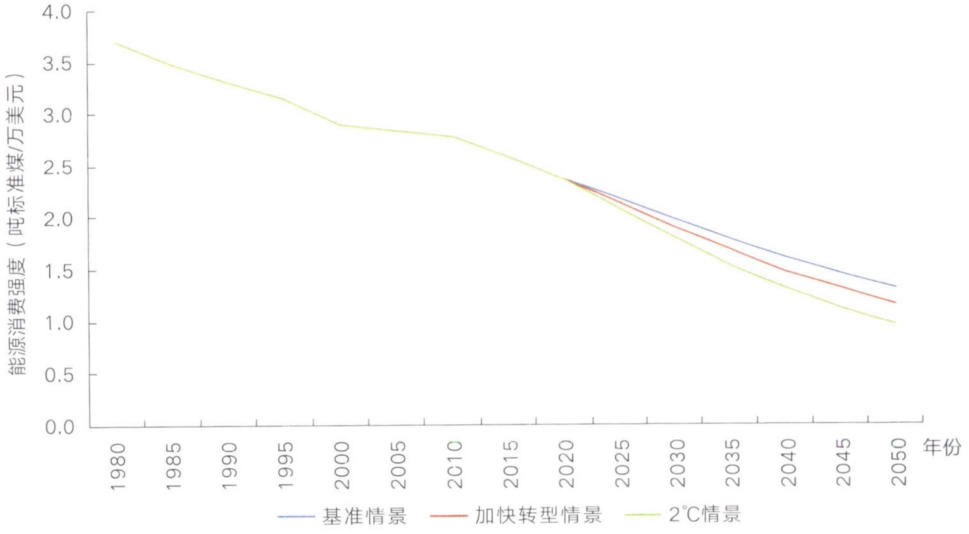

图 3-10　1980—2050 年分情景全球能源消费强度

（二）分地区能效水平

各地区能效水平均稳步提升，欧美地区处于领先水平，亚太地区能效提升最大。在加快转型情景下，2050 年北美、中南美、欧洲、亚太、中东、非洲能源消费强度分别为 0.83、1.11、0.80、1.10、1.46、2.39 吨标准煤 / 万美元，较 2019 年分别下降 53%、47%、52%、65%、42%、50%。欧洲、北美能效水平始终处于领先水平，2050 年能源消费强度分别低于全球 29%、27%；亚太能源消费强度从 2019 年的高于全球 31% 降至 2050 年低于全球 3%；非洲、中东能效水平相对较低，2050 年能源消费强度分别高于全球 109%、132%。

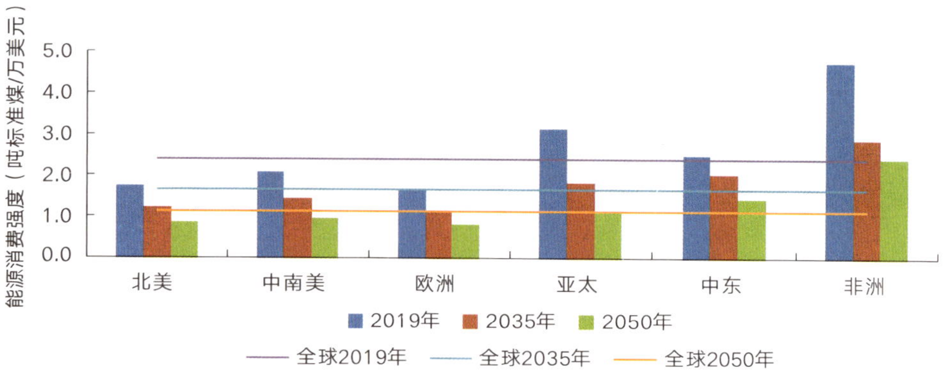

图 3-11　2019/2035/2050 年全球及分地区能源消费强度（加快转型情景）

主要国家能效水平均提升 1/3 以上，除韩国外其他主要发达国家能源消费强度均降至 1.0 吨标准煤 / 万美元以下。在加快转型情景下，2050 年英国、德国能源消费强度降至 0.5 吨标准煤 / 万美元以下，均约为 0.45 吨标准煤 / 万美元，较 2019 年分别下降 47%、57%；日本、澳大利亚、法国、美国能效水平处于第二梯队，能源消费强度在 0.5~1.0 吨标准煤 / 万美元，较 2019 年下降 41%~54%；巴西、韩国能源消费强度在 1.0~1.5 吨标准煤 / 万美元，韩国能源强度较高主要是由于较高的工业占比；俄罗斯、南非能效水平与其他主要国家差距明显，2050 年能源消费强度分别为 2.84、2.68 吨标准煤 / 万美元，分别高于全球平均水平 149%、135%。

中国能效水平在主要国家中提升最大，逐步接近发达国家能效水平。在加快转型情景下，2050 年中国能源消费强度为 0.82 吨标准煤 / 万美元，较 2019 年下降 80%，在主要国家中降幅最大。与全球平均水平相比，中国能源消费强度从 2019 年高于全球 68% 降至低于全球 28%；与金砖国家相比，中国能源消费强度低于其他金砖国家；与发达国家相比，中国能源消费强度低于韩国 24%，但较领先的英国、德国、日本仍有一定差距，分别高于其 82%、80%、57%。

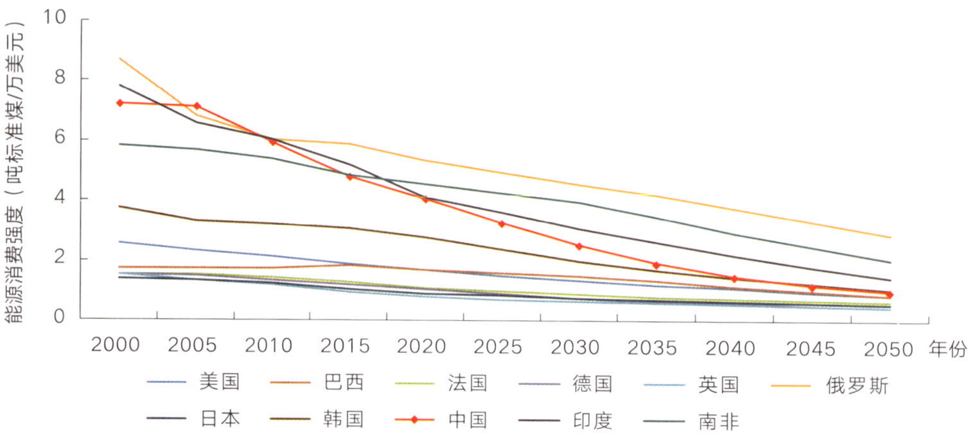

图 3-12　2000—2050 年主要国家能源消费强度（加快转型情景）

（三）主要行业能效水平

重点行业能源利用效率延续稳步提升的态势，中国平均能效提升幅度更大。由于影响产品能耗水平的因素复杂多样、差异较大以及未来颠覆性技术不明朗，本部分仅对“十四五”期间主要工业行业产品能效水平进行展望。预计 2025 年，国际主要工业行业单位产品能耗先进水平较 2018 年下降 3%~10%，中国主要工业行业单位产品能耗较 2018 年下降 5%~12%。其中，中国火电厂供电煤耗降至 300 克标准煤 /（千瓦·时）以下，达到约 293 克标准煤 /（千瓦·时），仍约高于国际先进水平 10%，但中国超超临界火电机组发电煤耗有望将至 260 克标准煤 /（千瓦·时）以下；中国平板玻璃平均综合能耗下降 11% 至 12.4 千克标准煤 / 重量箱，接近国际先进水平；中国铜冶炼平均综合能耗进一步降至 299 千克标准煤 / 吨，约低于国际先进水平 7%；中国电解铝平均交流电耗降至 13400 千瓦·时 / 吨，高于国际先进水平 4% 左右，但中国部分企业电解铝交流电耗与国际先进水平相当。

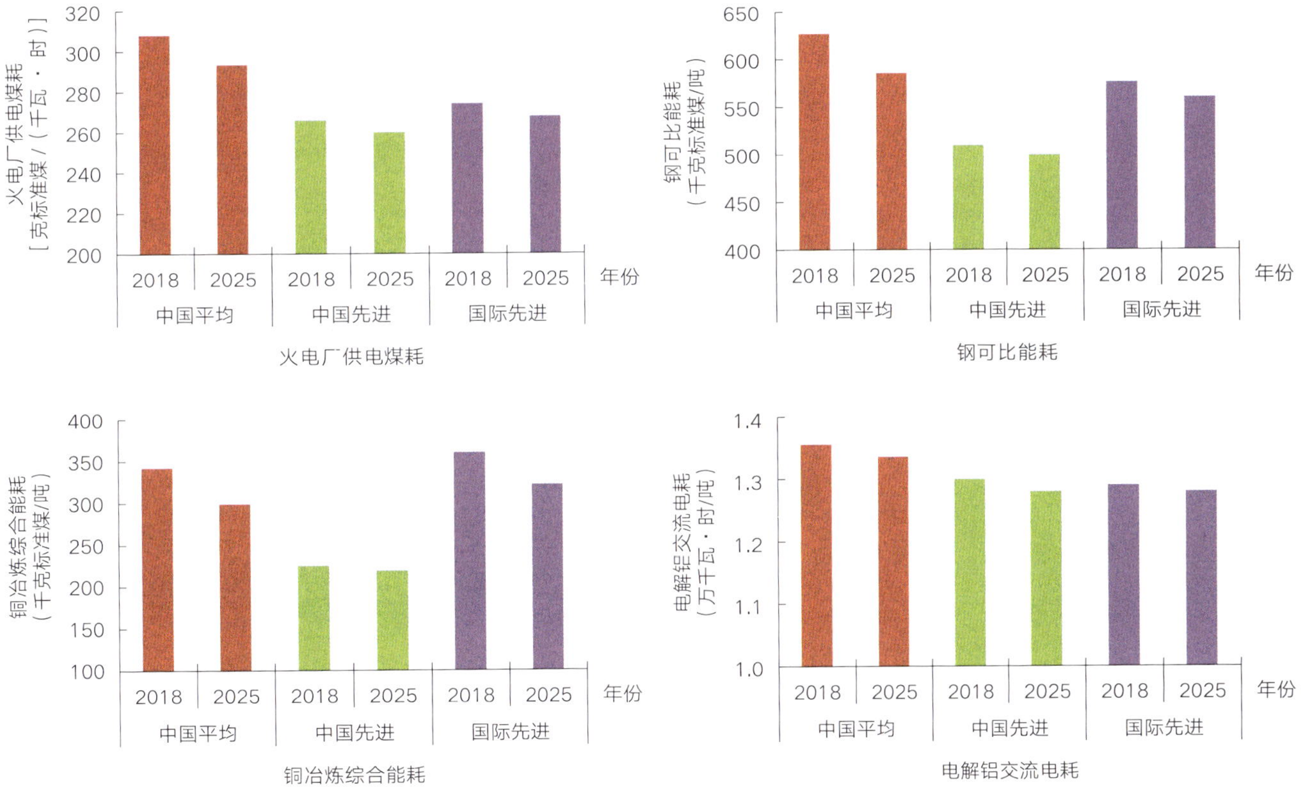

图 3-13　2025 年中国主要工业产品综合能耗与国际先进水平对比

专题二 欧盟能源转型

要 点

欧盟经济增长与能源消费和二氧化碳排放逐渐脱钩。1990—2019 年，欧盟 GDP 增长 65%，一次能源消费下降 4%，能源相关二氧化碳排放下降 26%。2008 年之后，经济增长与能源消费和碳排放脱钩速度加快。

欧盟能源效率水平持续提升，处于世界先进水平。2019 年，欧盟能源消费强度已降至 1.2 吨标准煤 / 万美元，为世界平均值的 48%，强度相比 1990 年下降约 42%，年均降幅 1.8%。

欧盟一次能源结构持续优化，可再生能源实现快速发展。2019 年，天然气占比 25.5%，相比 1990 年提高 7.4 个百分点；石油占比 33.2%，下降 4.0 个百分点；煤炭占比 11.4%，下降 15.8 个百分点；可再生能源增长迅猛，占比达 16.0%，提高 11.2 个百分点。

欧盟能源对外依存度总体较高，天然气对外依存度快速上升。2019 年，欧盟整体能源对外依存度升至 53%，相比 1990 年提高 11 个百分点；其中，煤炭 41%，石油超过 85%，天然气上升 34 个百分点至接近 80%；16 个成员国能源对外依存度高于 50%。

欧盟可再生能源发电量占比自 2005 年之后加快上升。1990—2005 年，欧盟可再生能源发电量占比在 12%~14% 之间波动；2005 年后，可再生能源快速增长，2019 年发电量占比达 34%，相比 2005 年提高约 20 个百分点。2019 年，丹麦可再生能源发电量占比接近 80%，为欧盟最高水平。

欧盟能源转型经历了从重点保障能源供应安全到全方位引领绿色低碳发展、提升经济竞争优势、增强全球话语权的转变过程。21 世纪前，欧盟能源转型以保障能源供应安全为主；21 世纪后，欧盟通过构建能源转型与应对气候变化的战略目标、法律法规、市场化、公众参与、研发创新等体系，向安全、有竞争力的绿色低碳可持续发展经济体转型，提出 2050 年实现气候中性的愿景。

未来 30 年，欧盟一次能源需求持续下降，以较少的能源消费实现较高的经济产出。在 2℃情景下，2050 年欧盟一次能源需求降至 12 亿吨标准煤，2020—2050 年 GDP 年均增长 1.3%、能源强度累计下降 57%。

未来 30 年，欧盟非化石能源占比、终端电能占比持续提升。在 2℃情景下，2050 年欧盟非化石能源占比达到 85%，终端电气化水平达到 55%，均处于全球较高水平。

未来 30 年，欧盟可再生能源发电量占比保持全球领先地位。在 2℃情景下，2050 年欧盟可再生能源发电量占比超过 80%，2020—2050 年年均新增可再生能源发电装机约 5000 万千瓦。

未来 30 年，欧盟能源相关二氧化碳排放下降超过 90%。在 2℃情景下，欧盟能源相关碳排放持续快速下降，2030 年、2050 年分别降至 13.7 亿、2.9 亿吨，相比 1990 年分别下降 67%、93%；2050 年剩余排放将通过负排放技术进行消除，实现“净零排放”。

欧盟能源转型在治理机制、技术创新、公众参与、国际合作等方面取得明显成效，值得中国学习借鉴。加强政府政策引导和深化市场建设，持续依靠先进能源技术的创新与利用，倡导社会公众的广泛参与，加强能源转型的国际合作与交流。

欧盟[1]是世界最发达经济体之一，GDP 总量占全球的 1/5 以上，能源消费总量与能源相关二氧化碳排放占全球的 1/10 左右。欧盟通过制定一系列战略、目标与法律，灵活运用市场机制，积极引导公众参与，大力推广低碳创新技术，成为全球能源低碳转型和应对气候变化的先行者和引领者。本专题回顾分析近 30 年来欧盟及主要成员国能源低碳转型的实践进展，梳理能源转型行动，展望净零排放下发展趋势，提出对中国能源转型的启示和借鉴。

一、欧盟能源转型进展

（一）经济、能源与碳排放增长

欧盟经济增长与能源消费和二氧化碳排放逐渐脱钩。 1990—2019 年，欧盟 GDP 从 11.8 万亿美元增至 19.5 万亿美元（2010 年不变价），增长 65%，年均增长 1.7%。在此期间，一次能源消费下降 4%，年均下降 0.1%；终端能源消费增长 3%，年均增长 0.1%；二氧化碳排放下降 26%，年均下降 1.0%。同期，全球 GDP 增长 124%，一次能源消费增长 64%，终端能源消费增长 62%，二氧化碳排放增长 62%。

欧盟能源低碳转型于 2008 年之后开始加速。 1990—2008 年，欧盟 GDP、一次能源消费、终端能源消费、碳排放年均增速分别为 2.2%、0.4%、0.4%、-0.3%；2008—2019 年，以上四者年均增速分别为 1.0%、-1.0%、-0.5%、-2.2%。2008 年金融危机给欧盟经济、能源和碳排放增长均带来不小冲击：2009 年 GDP 增速下滑接近 5 个百分点，能源消费增速下滑接近 6 个百分点，碳排放增速下滑超过 5 个百分点；在此之后，经济增长逐渐恢复

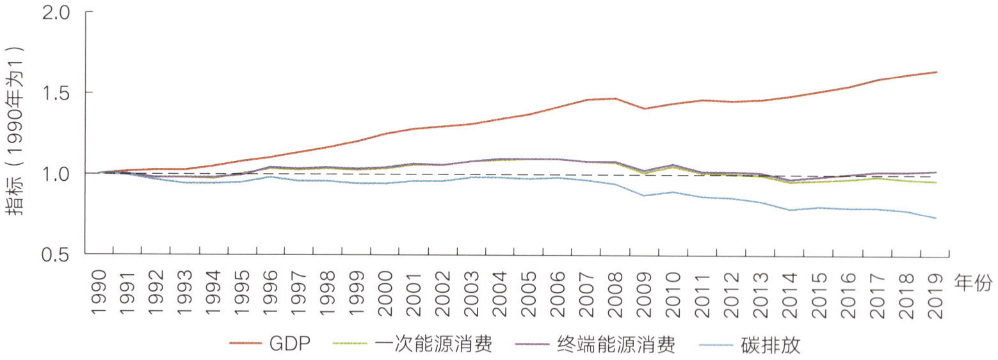

图 3-14　1990—2019 年欧盟经济、能源、碳排放指标

[1] 英国于当地时间 2020 年 1 月 31 日正式脱离欧盟。由于进展与行动分析主要描述 1990—2019 年情况，且为了保持展望与现状数据口径一致性，本专题的欧盟仍然包含英国，即 EU-28。

至正常水平，但能源消费和二氧化碳排放在短暂的反弹之后呈现出持续下降趋势，脱钩加速。近五年来，欧盟能源消费略有所回升，主要是寒冷天气、经济增长拉动以及能源价格下降等原因导致，但能源消费总量没有超过前期峰值水平；在可再生能源政策、能效政策等共同作用下，碳排放稳中有降，能源低碳转型持续加快。

（二）能源效率

欧盟能源效率持续提升，处于世界先进水平。1990 年，欧盟能源消费强度为 2.0 吨标准煤 / 万美元，是世界平均值的 60%，在全球已处于较先进水平。近 30 年来，欧盟始终十分重视提高能效，能源的产出效率持续提升。2019 年，欧盟能源消费强度已降至 1.2 吨标准煤 / 万美元，相比 1990 年下降约 42%，年均下降 1.8%；欧盟能源消费强度降为世界平均值的 48%，处于先进水平。其中，爱尔兰、丹麦、马耳他等 11 个国家 2019 年能源消费强度低于欧盟平均水平，保加利亚、爱沙尼亚、捷克等 17 个国家 2019 年能源消费强度高于欧盟平均水平。

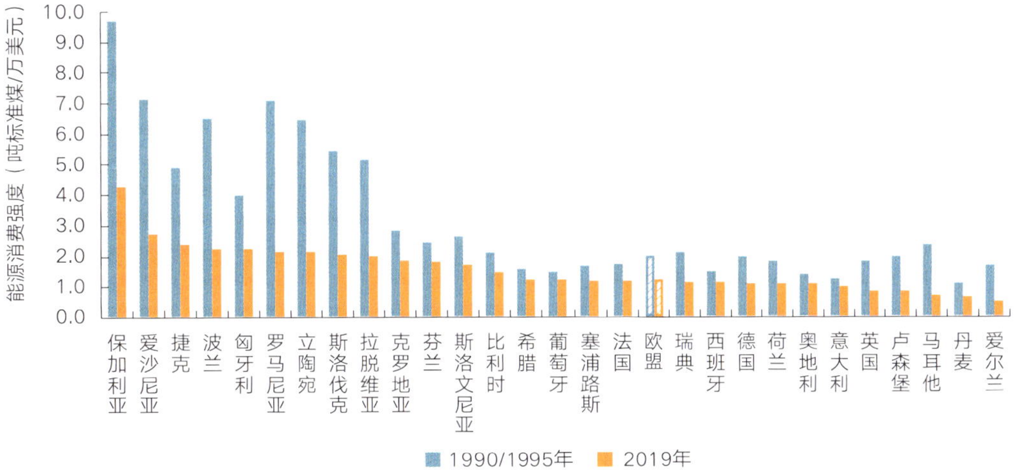

图 3-15　1990/1995 年、2019 年欧盟及各成员国能源消费强度

（三）能源结构

欧盟能源转型以可再生能源占比大幅提高为主要特征。欧盟能源消费总量达峰后已经开始逐渐下降，能源转型主要体现为能源结构的优化调整。1990 年以来，欧盟一次能源消费仍以油气为主，合计占比始终在 50% 以上，但两者占比呈现此消彼长态势。天然气占比从 1990 年的 18.1% 升至 2019 年的 25.5%，提高 7.4 个百分点；石油占比从 37.2% 降至 33.2%，下降 4.0 个百分点；煤炭占比从 27.3% 降至 11.4%，下降 15.8 个百分点。与高碳能源占比的大幅下降相对应，以风能、太阳能等为代表的可再生能源增长迅猛。2019 年，水能、风能、太阳能、生物质能、地热能、潮汐能与海洋能等可再生能源占一次能源消费

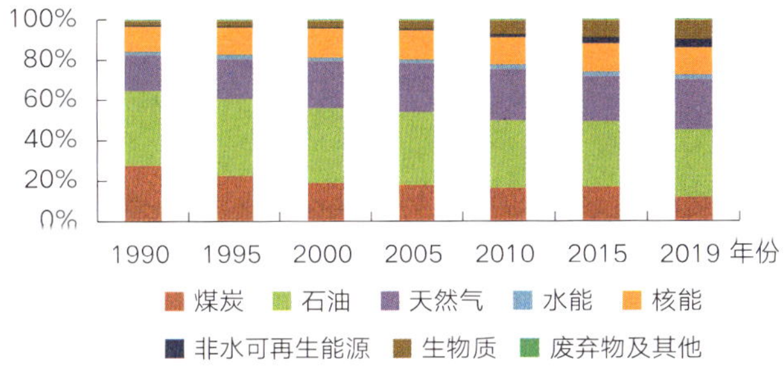

图 3-16　1990—2019 年欧盟一次能源消费结构

的比重达到 16.0%，相比 1990 年提高 11.2 个百分点，能源清洁化进程取得显著成果。

各成员国之间一次能源消费结构差异较大。 2019 年，瑞典、芬兰、法国等 12 个国家非化石能源占比高于欧盟平均水平，塞浦路斯、荷兰、波兰等 16 个国家非化石能源占比低于欧盟平均水平。各成员国中，瑞典石油、天然气的消费占比最低，两者分别为 21%、2%；其核能、生物质能占比处于较高水平，分别为 36%、23%；水能占比处于最高水平，为 11%。法国的石油、天然气占比也较低，分别为 24%、15%；其核能占比处于欧盟各成员国中最高水平，为 43%。丹麦的风能、太阳能等非水可再生能源占比最高，达到 8%。德国一次能源消费仍以石油、天然气为主，占比分别为 34%、26%；煤炭消费占比 18%，相比 1990 年下降 18 个百分点；风能、太阳能等非水可再生能源占比仅次于丹麦、葡萄牙，达到 7%。

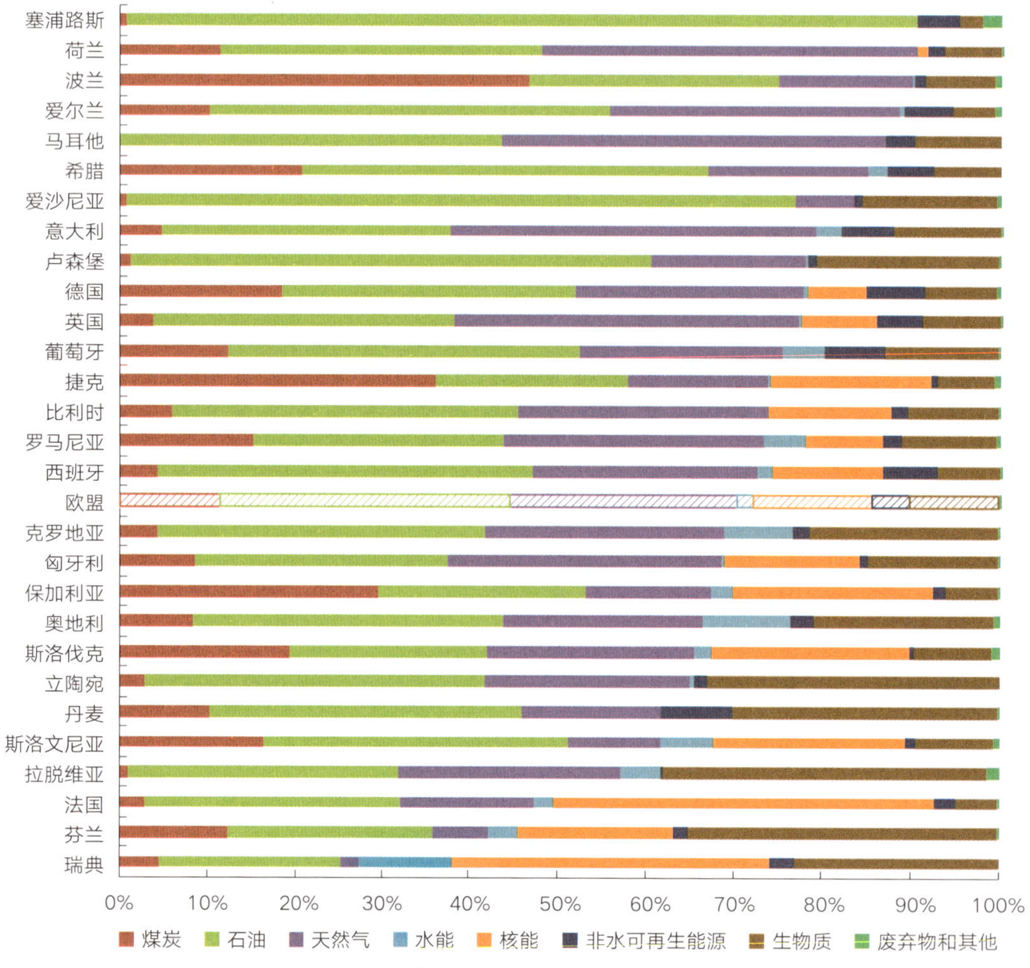

图 3-17 2019 年欧盟及各成员国一次能源消费结构

电能、热能占终端能源的比重普遍较高。 1990—2019 年，欧盟电能占终端能源消费的比重从 16.4% 升至 21.0%，热力及其他占终端能源消费的比重从 8.4% 升至 12.5%，分别提高 4.6、4.1 个百分点。各成员国电力、热力及其他合计的使用比例均在 20% 以上，但不同国家之间终端能源结构也存在较大差异。2019 年，瑞典煤炭、石油、天然气、电力、热力及其他占比分别约为 2%、27%、2%、34%、34%，丹麦煤炭、石油、天然气、电力、热力及其他占比分别约为 1%、39%、11%、19%、30%，法国煤炭、石油、天然气、电力、热力及其他占比分别约为 1%、44%、19%、25%、11%，德国煤炭、石油、天然气、电力、热力及其他占比分别约为 3%、40%、26%、20%、11%，英国煤炭、石油、天然气、电力、热力及其他占比分别约为 2%、43%、31%、20%、5%。

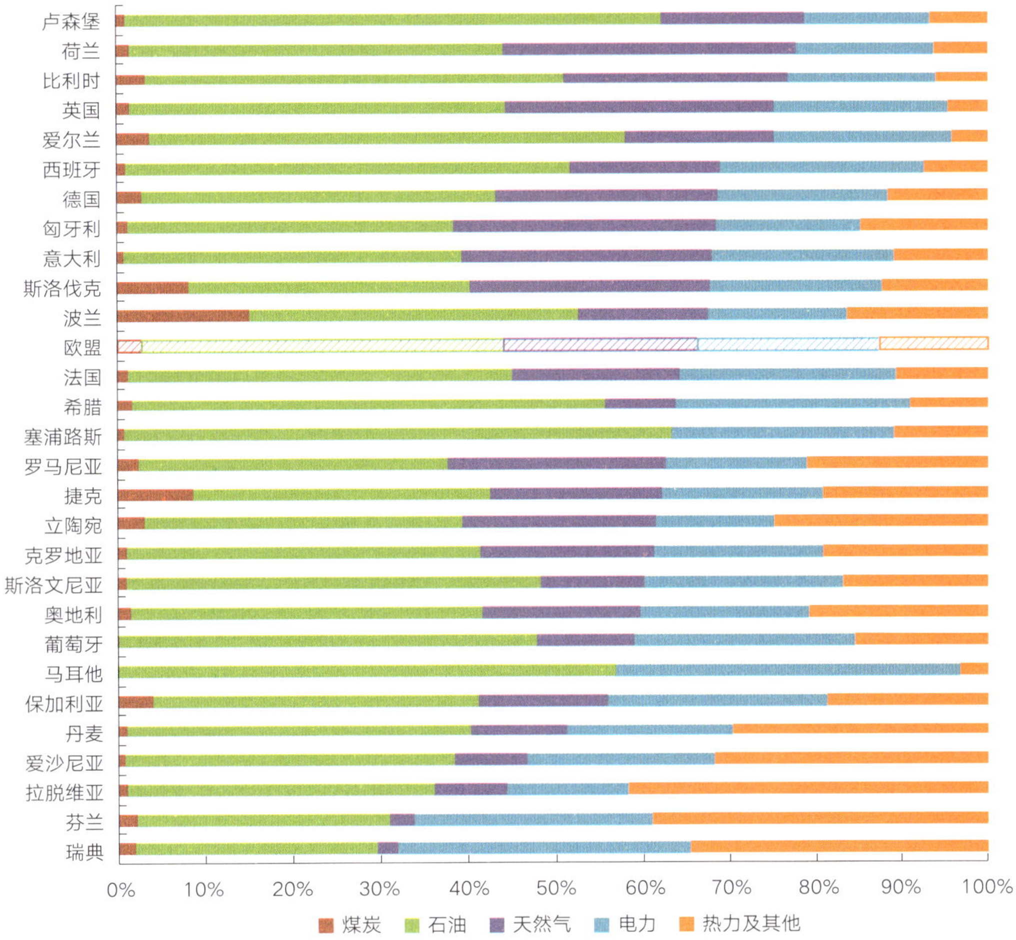

图 3-18 2019 年欧盟及各成员国终端能源消费结构

（四）对外依存度

欧盟能源对外依存度总体较高，天然气对外依存度快速上升。 1990—2019 年，欧盟整体能源对外依存度从 42% 升至 53%，提高 11 个百分点。其中，煤炭对外依存度从 19% 升至 41%，近两年出现平稳下降态势；石油对外依存度最高，始终在 70% 以上，当前已超过 85%；天然气对外依存度持续上升，近年来呈现加速上升趋势，当前已接近 80%，上升 34 个百分点。2019 年，有 16 个成员国能源对外依存度高于 50%，油气资源进口主要依赖俄罗斯以及中东等地区。其中，意大利、西班牙、德国、法国、英国的对外依存度分别为 77%、72%、65%、46%、29%；瑞典、丹麦对外依存度最低，分别为 23%、24%，主要是其核能和可再生能源开发利用程度较高。

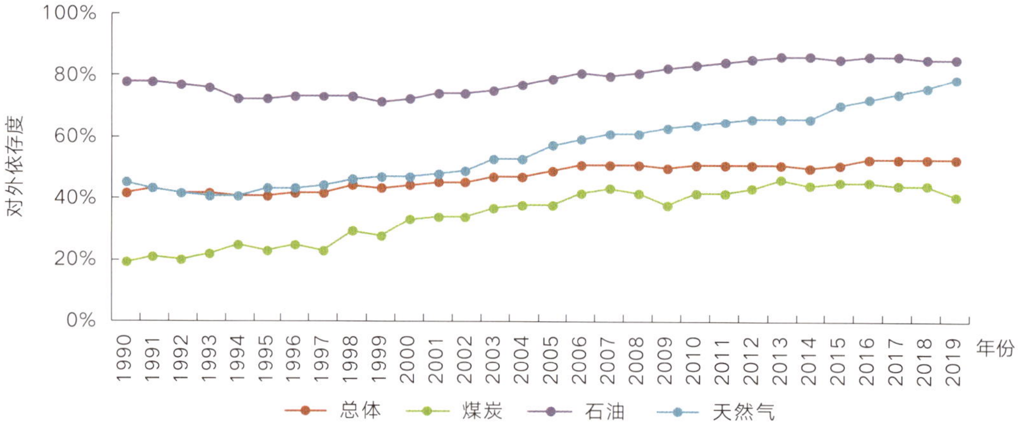

图 3-19　1990—2019 年欧盟能源对外依存度

（五）可再生能源发电

欧盟可再生能源发电量占比自 2005 年之后加快上升。1990—2005 年，欧盟可再生能源发电量占比始终在 12%~14% 之间波动；2005 年之后，欧盟可再生能源发电量实现快速增长，占比持续快速上升，2019 年达到 34%，相比 2005 年提高约 20 个百分点。与全球相比，2010 年前，欧盟可再生能源发电量占比落后于全球平均水平；2010 年后，欧盟可再生能源发电量占比开始超过全球平均水平并逐渐拉大差距，2019 年欧盟可再生能源发电量占比高于全球近 10 个百分点。

从国别看，2019 年丹麦、奥地利、卢森堡、立陶宛、克罗地亚、瑞典、葡萄牙、拉脱维亚八国可再生能源发电量占比均在 50% 以上，其中丹麦接近 80%；德国、意大利、西班牙、英国处于 30%~50% 的中间水平；法国由于核电占比较大，可再生能源发电量占比约为 20%。1990—2019 年，丹麦可再生能源发电量占比提升最高，拉脱维亚不升反降。由于新冠肺炎疫情影响，2020 年上半年，欧盟可再生能源发电量占比达 40%，首次超过化石能源发电量占比（34%）。

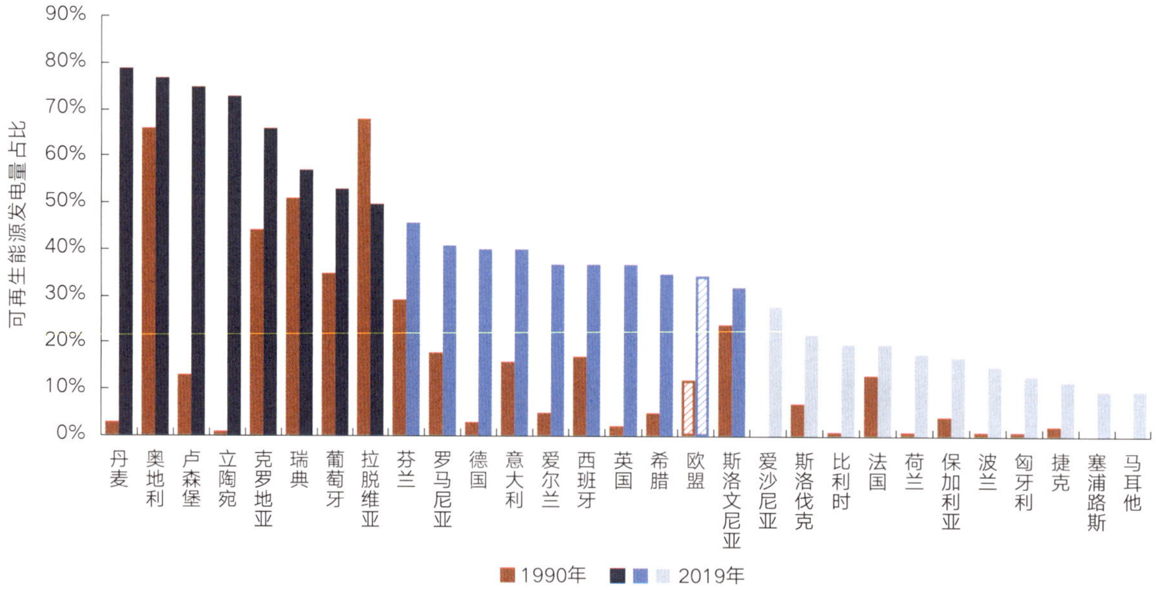

图 3-20　1990 年、2019 年欧盟及各成员国可再生能源发电量占比

二、欧盟能源转型的政策与行动

欧盟能源转型经历了从重点保障能源供应安全到全方位引领绿色低碳发展、提升经济竞争优势、增强全球话语权的转变过程。欧盟大部分国家传统能源资源匮乏，对外依存度始终较高。在 20 世纪 70 年代，石油危机的爆发促使欧洲各国意识到能源供应安全的重要性，后续出台相关政策，支持发展核能和水能、风能、太阳能等可再生能源。进入 21 世纪后，欧盟通过提高能源效率、发展可再生能源、践行能源市场化改革等一系列政策措施推进能源低碳转型，不仅成为保障能源安全、提高能源自给的重要手段，也是培育绿色低碳新兴产业、提升经济竞争力、实现可持续发展的有力途径，并帮助欧盟成为全球应对气候变化的积极倡导者与引领者。

纵观欧盟转型发展实践，形成了包含战略目标、法律法规、市场化、公众参与、研发创新等多体系相互融合、相互促进的能源转型与应对气候变化政策与行动。

典型案例

德国能源转型

德国是欧盟最大经济体，也是能源低碳转型的先行者之一。德国作为全球先进制造业大国，能源需求量大，但是资源禀赋条件并不突出，早期能源消费较为依赖煤炭、核电。出于实现碳减排目标、降低能源对外依存度、促进经济可持续增长等多方面考虑，21 世纪初开始德国大力推行以可再生能源为基础的能源转型，将“低碳 + 弃核”作为其能源转型的核心内容。

2000 年，德国正式颁布《可再生能源法》，明确可再生能源固定上网电价制度，推动风电、光伏等快速发展。《可再生能源法》定期修订，滚动提出可再生能源发电量占比目标，并陆续引入市场溢价机制、招标制度，推动可再生能源在不同阶段的良性发展。同时，德国将节约能源、提高能效作为一项长期基本国策。2011 年日本福岛核事故后，德国宣布在 2022 年前关闭所有核电站，成为首个放弃核能的主要工业大国。2019 年，德国提出 2038 年完全退出煤电，同时通过了 2030 年气候保护一揽子计划，提出 2030 年温室气体排放较 1990 年减少 55%、2050 年力求实现碳中和。

在法律法规、补贴保障及市场机制等的共同作用下，德国能源转型已取得明显成效。2019 年，德国可再生能源发电量占比达 40%，首次高于化石燃料发电量占比。

德国能源转型也出现一些问题。新能源产业快速发展背后是巨额的补贴成本，由此带来的电价上涨给居民家庭带来很大负担。

（一）战略目标体系

早期欧盟能源转型相关战略以“能源”为主要议题。欧盟的前身是欧洲共同体，后者由欧洲煤钢共同体、欧洲原子能共同体和欧洲经济共同体统一而来，能源领域合作是这些组织成立运行的重要基石。欧盟成立伊始，1995 年发布《欧盟能源政策白皮书》，制定了欧盟能源政策的共同核心目标；2000 年发布的《迈向欧洲能源供应安全战略绿皮书》指出欧盟能源对外依存度将不断升高，为满足日益增长的能源需求需要积极投资替代能源，建立跨国能源市场。

进入新世纪后应对气候变化成为欧盟能源转型的重要抓手。欧盟于 2007 年发布的《2020 年气候和能源一揽子计划》是欧盟区域内第一个为解决能源行业变革和减排问题提出的一揽子计划目标，后续陆续发布了《2030 年气候与能源政策框架》（2014 年）、《清洁能源一揽子计划》（2018 年）、《在欧洲建设一个繁荣、现代、富有竞争力的气候中性经济体的长期战略愿景》（2018 年）等涵盖或融合能源转型与应对气候变化目标的战略文件。2019 年底，欧盟发布《欧洲绿色新政》，以 2050 年实现气候中性为战略目标，提出了涵盖能源、工业、建筑、交通、农业、生态保护和生物多样性、环境等七大领域的全经济范围可持续转型战略。

欧盟形成了一套能源与气候发展战略目标体系。从 2007 年开始，欧盟陆续制定和发布了 2020 年、2030 年、2050 年可再生能源占比、能效提升比例、温室气体减排等目标，形成一套多维覆盖、协同提高的能源与气候发展战略目标体系。《清洁能源一揽子计划》包含的《能源联盟与气候行动治理条例》要求各成员国于 2019 年底提交十年期（2021—2030 年）《国家能源和气候规划》（NECPs），说明其实现 2030 年的能源效率和可再生能源目标的方式，并每两年提交一次进展报告，加强欧盟 2030 年能源与气候目标同各成员国贡献之间的联系。2020 年 10 月 6 日，欧洲议会投票通过了提高欧盟 2030 年气候目标的议案，提出 2030 年温室气体排放量相比 1990 年减少 60%，该目标将在 2020 年底进行最后讨论。

（二）法律法规体系

欧盟层面通过制定法律、指令或条例[1]等，加强与各成员国目标的联系。2019 年初《清洁能源一揽子计划》包含的八项能源转型的重要立法得以全部通过，包括《能源效率指令》《可再生能源指令》《能源联盟与气候行动治理条例》等，象征着 2030 年欧盟能源效率和可再生能源目标完成法律化，为政策的稳定实施增添保障，向市场传递长期价值信号。2020 年 3 月，欧盟出台了首部《欧洲气候法》草案并公开征求意见，旨在为《欧洲绿色新政》中的“2050 年实现温室气体净零排放”目标赋予法律约束效力。草案一旦通过，欧盟所有成员国都将采取必要措施以实现这一目标。

欧盟成员国层面通过制定法律、条例等，促进转型目标的有效落实。作为全球能源低碳转型的先锋地区国家，欧盟中较多成员国制定了有关能源转

[1] 若出台指令，需要各成员国立法机构在一定期限内转化为本国法律才能生效，且仅在其所欲达到的目标上有约束力，而在实现该目标的方式和方法上，则由指令所发向的成员国根据各自实际情况自行决定；若出台条例，则立即生效，不需要各成员国立法机构转化为国内法，自动成为各成员国法律的一部分，且具有在目标和实现方式上的全面约束力。这样的设计考虑了各成员国之间经济发展水平、法律制度等方面的不同，具有一定的灵活性。

表 3-2 欧盟能源与气候发展主要战略及目标

主要战略	主要目标
《2020 年气候和能源一揽子计划》(2007 年)	**“三个 20%”：** (1)2020 年温室气体排放量比 1990 年减少 20%(条件允许则 30%)； (2)2020 年可再生能源占终端能源总消费比重提高到 20%，在交通领域提高到 10%； (3)2020 年能源效率相比基准情景提高 20%
《2050 年能源路线图》(2011 年)	**2050 年目标：** 2050 年实现温室气体比 1990 年减少 80%~95%。 **四条技术路径：** (1)提高能源效率； (2)发展可再生能源； (3)发展核能； (4)发展碳捕集与封存技术
《2030 年气候与能源政策框架》(2014 年)	**三大目标：** (1)2030 年温室气体排放比 1990 年减少 40%； (2)2030 年可再生能源占比至少提高到 27%； (3)2030 年能源效率相比基准情景至少提高 27%
《欧洲清洁能源计划》(2018 年)	**上调可再生能源和能效目标：** (1)2030 年可再生能源占比目标上调至 32%； (2)2030 年能源效率提升目标上调至 32.5%
《欧洲绿色新政》(2019 年)	**上调减排目标：** (1)2030 年温室气体排放比 1990 年减少 50%~55%； (2)2050 年温室气体实现净零排放

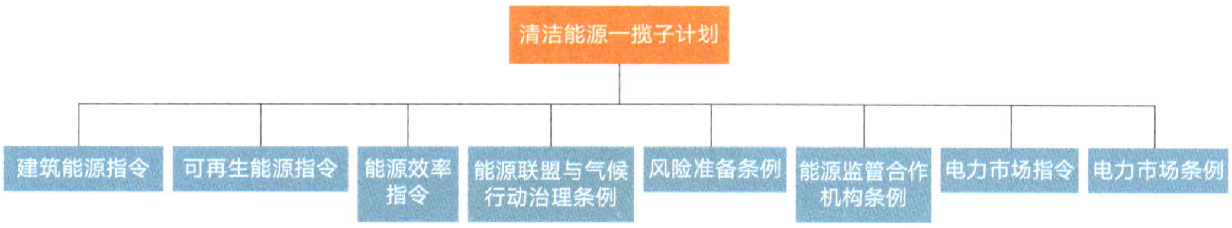

图 3-21 欧盟《清洁能源一揽子计划》包含的八项立法

典型案例

英国能源与气候立法

英国是全球范围内气候变化立法实践的先行者。2008 年，英国出台《气候变化法案》，使英国成为世界上第一个针对减少温室气体排放、适应气候变化问题制定拥有法律约束力的长期构架的国家。

2019 年 6 月，英国新修订的《气候变化法案》正式生效，将原法案中“2050 年将碳排放量在 1990 年的水平上降低至少 80%”的目标修改为“净零排放”，英国由此成为第一个以法律形式确立到 2050 年实现温室气体“净零排放”的主要经济体。

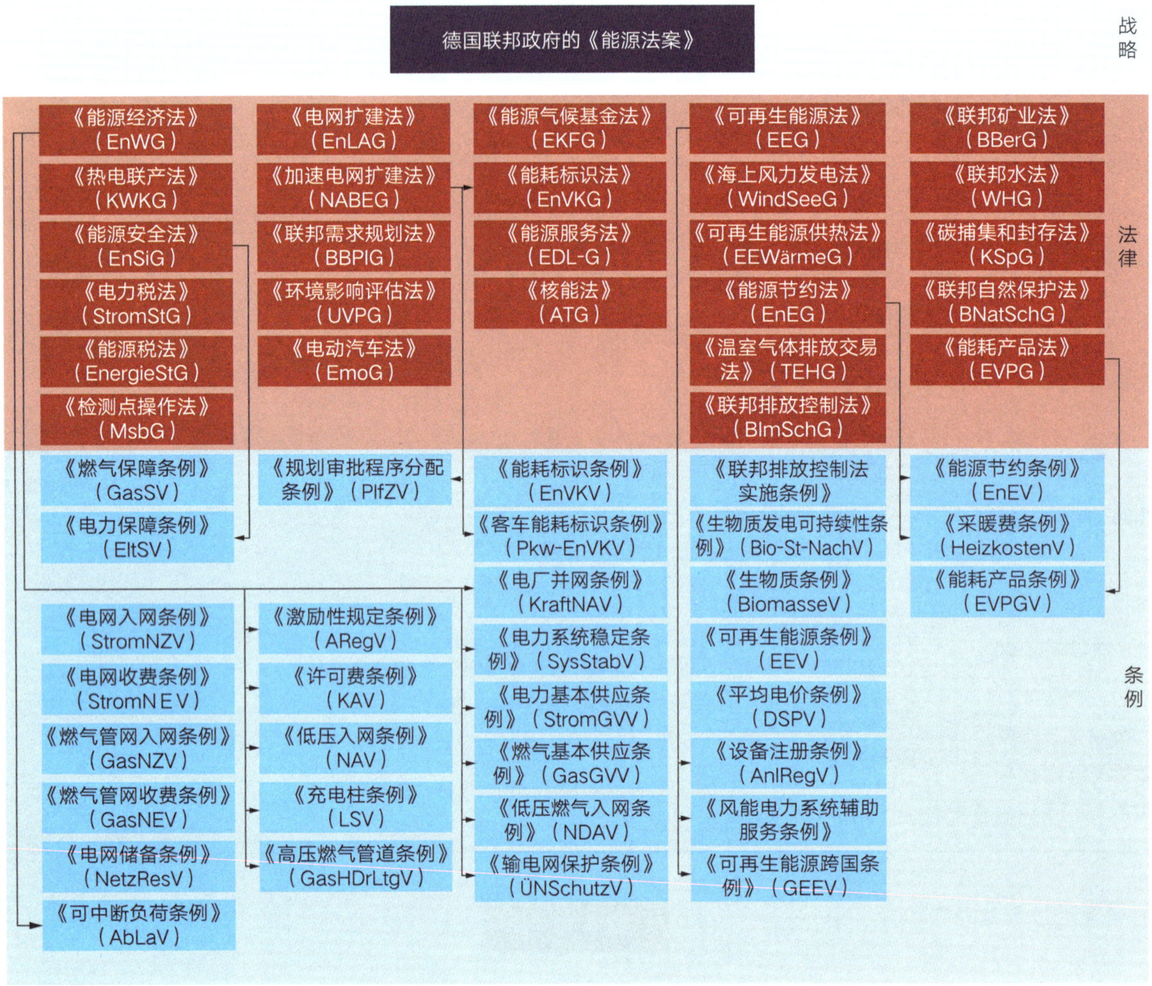

图 3-22　德国能源供应法律体系

型、应对气候变化、发展可再生能源和征收碳税方面的国内法律法规与政策，如英国《能源法案》《气候变化法案》、德国《可再生能源法》《能源税法》《气候保护法》、法国《绿色增长能源转型法》、芬兰《气候变化法》、丹麦《气候法案》等。

（三）市场化体系

欧盟持续完善能源市场化改革，构建竞争高效的统一能源市场。20 世纪 90 年代中期，欧盟提出《第一能源法案》，从电力领域着手开启能源市场自由化改革进程。为深化推进统一电力和天然气市场建设，欧盟于 2003 年修改发布了《第二能源法案》，为市场开放设定了明确的时间表。2009 年，《第三能源法案》发布，旨在进一步打破国别障碍，加快电网和天然气管道的互联，实现能源在欧盟范围内的自由输送和供应，促进市场充分竞争，提高资源优化配置效率，促进清洁电力更大范围消纳。

碳价机制成为欧盟实现能源低碳转型和应对气候变化的重要抓手。欧盟排放交易体系（EU ETS）是世界最大碳市场之一，是欧盟以市场手段减缓温室气体排放的重要工具。自 2005 年试运行以来，EU ETS 已经经历了三个阶段的发展，对配额总量、配额分配方式、覆盖范围、碳泄漏等问题进行逐步修改和完善。第四阶段（2021—2030年）的修改包括将碳排放配额年下降率自2021年起提升至2.2%，扩大覆盖范围，对具有碳泄漏风险的工业部门继续实施免费配额，推动技术创新，引导低碳融资。这些改革措施为碳市场带来积极的投资信号，2018年开始欧盟碳市场价格持续攀升，2019年达到25美元/吨左右。此外，荷兰、瑞典、丹麦等欧盟国家早在20世纪90年代就开始向化石燃料生产或使用者征收碳税，提高含碳化石能源价格，以促进能源资源节约高效利用，同时减少温室气体排放。

（四）公众参与体系

欧盟通过信息共享、对话讨论、能力建设等方式促进公众广泛参与全社会绿色低碳转型。在出台相关政策的过程中，欧盟会针对相关内容开展公众咨询，举办“公众对话”，主动听取企业、非政府组织以及公众有关应对气候变化工作的意见和建议。在对《欧盟长期温室气体低排放发展战略》草案的回复意见中，超过半数的公众支持战略草案提出的长期减排目标，60%的公众认为低碳转型将提升欧盟的竞争力。《欧洲绿色新政》提出于2020年四季度出台《欧洲气候公约》，并将通过信息共享、自由讨论、能力建设等方式，使公民和社区关注并参与气候与环保行动，提高公众和利益相关者应对气候变化的能力。

（五）研发创新体系

欧盟构建长期研发创新体系以保持在清洁技术方面的全球竞争优势。为了提高研发和创新能力，欧盟自1984年开始实施研发框架计划（FP）。FP是欧盟最主要的科研资助计划，1984—2013年间，已开展了七期框架计划（FP1~FP7）。“地平线2020”于2014—2020年展开，是欧盟实施创新政策的资金工具，在前七期FP的目标基础上增加了“经济增长”和“扩大就业”目标。2018年，欧盟正式提交了2021—2027年的科研资助计划——“欧洲地平线”，重点关注基础研究、创新和社会重大问题，积极应对重大社会和环境挑战。《欧洲绿色新政》规定，“欧洲地平线”项目至少35%的预算将用于研究应对气候变化的新型解决方案，在各个行业、市场部署推广新技术研究和示范。同时，欧盟持续推进《战略能源技术计划》（SET-PLAN），围绕可再生能源、能源系统消费者、能源效率、可持续交通、碳捕集与封存、核能等六大领域，开展系列研究与创新优先行动，支撑能源政策和加快绿色技术创新。

欧盟积极部署氢能、综合能源系统等前沿技术进一步助力能源转型。2020年7月，欧盟推出《欧盟氢能战略》和《欧盟能源系统集成战略》，前者制定了2020—2050年氢能三阶段发展目标，未来十年计划向氢能产业投入数千亿欧元，2030年“绿氢”将达1000万吨；后者提出构建以能效为核心的“循环”能源系统、扩大终端部门的电气化水平、在难以脱碳的部门推广使用可再生能源和低碳燃料为三大支柱向更加综合的能源系统转型。两个战略均作为疫情后欧盟“绿色复苏”计划的一部分，与《欧洲绿色新政》紧密结合，致力于实现欧盟2050年气候中性目标。

三、欧盟能源转型展望

2019 年底，欧盟发布《欧洲绿色新政》，设定 2050 年实现净零排放目标。以下对欧盟 2050 年经济、能源、碳排放发展趋势进行展望。

（一）经济能源增长

欧盟一次能源需求持续下降，以较少的能源消费实现较高的经济产出。2020 年，疫情对欧盟经济增长与一次能源需求产生显著影响。2020 年后，一次能源需求有望反弹，但不改变一次能源需求持续下降的趋势。在 2℃情景下，到 2050 年，欧盟一次能源需求降至约 12 亿吨标准煤（按国际能源署折算方法），2020—2050 年年均增速为 -1.3%。在此期间，GDP 年均增速为 1.3%，能源强度累计下降 57%。

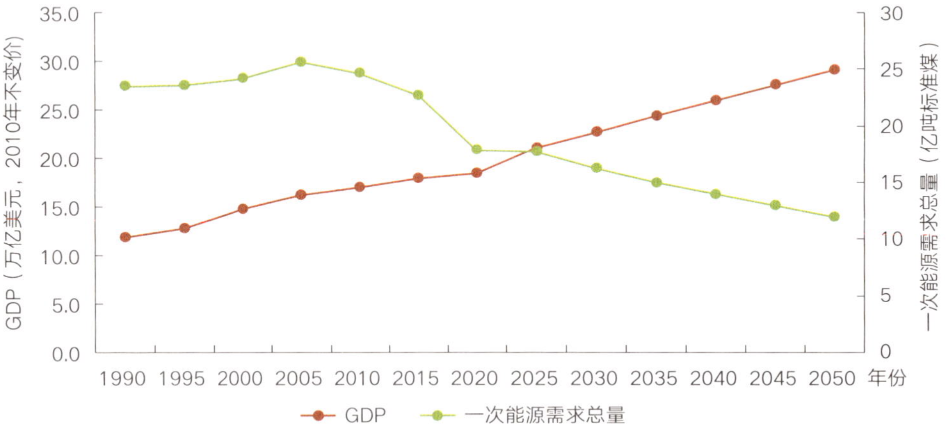

图 3-23　1990—2050 年欧盟 GDP 与一次能源需求增长（2℃情景）

典型案例

丹麦能源转型的公众参与

丹麦是世界可再生能源发电量占比最高、能源效率最高的国家之一，提出到 2030 年实现温室气体减排 70%，2050 年实现气候中性、100% 使用可再生能源等目标，其能源转型过程被喻为“丹麦能源童话”。

除节能及提高能效、大力发展可再生能源等常规做法，“全民参与”是丹麦推动能源转型的一大特色。丹麦虽有不同政党，但绿色发展理念是不同政党之间的共识。2019 年底，丹麦推出《国家气候法案》，邀请政府、企业、研究机构以及所有民众以“气候合作伙伴”方式举国参与到推动能源转型工作中来，共同寻找解决方案。丹麦的个人消费者可以以入股等多种方式参与能源企业，可以始终获得透明、可靠的价格信息，具备充分的自主选择权。

（二）能源需求结构

欧盟非化石能源占比、终端电能占比持续提升。在净零排放目标驱动下，欧盟一次能源需求结构加快向“煤炭、石油、天然气下降，风电、太阳能等非水可再生能源大幅上升”转变。在2℃情景下，2050年，非化石能源占比达到85%，其中非水可再生能源占比提高到61%。欧盟终端电气化水平加速提升，2050年达到55%，对终端部门减排发挥核心作用。

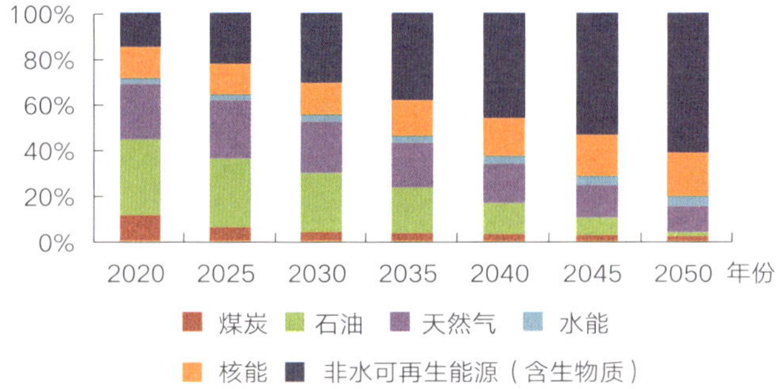

图3-24　2020—2050年欧盟一次能源需求结构（2℃情景）

（三）可再生能源发电

欧盟可再生能源发电量占比在2050年超过80%，保持全球领先地位。在2℃情景下，欧盟煤电、油电、气电发电量占比均快速下降，2050年分别约1%、0%、4%；水电占比略有下降，2050年约8%；核电占比明显下降，2050年约12%，较2020年下降15个百分点；风电、太阳能发电占比大幅上升，2050年分别约49%、20%。2050年，欧盟可再生能源发电量占比达83%，较2020年提高约45个百分点。2020—2050年，欧盟平均每年新增可再生能源发电装机约5000万千瓦，是过去五年年新增装机的2倍以上。

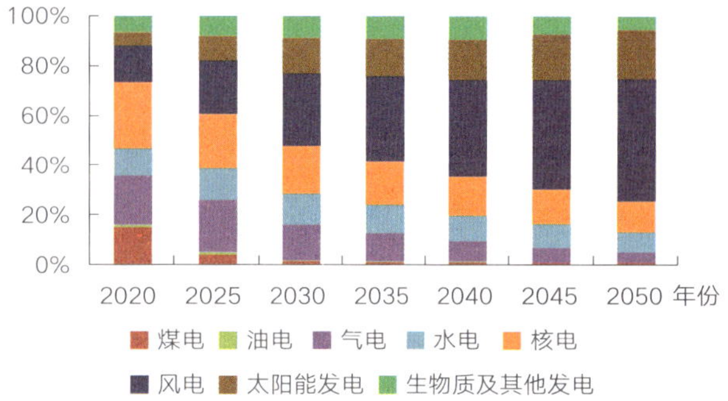

图3-25　2020—2050年欧盟分品种发电量结构（2℃情景）

（四）二氧化碳排放

欧盟能源相关二氧化碳排放下降超过90%。在2℃情景下，欧盟能源相关碳排放持续快速下降，2030年降至13.7亿吨，相比1990年下降67%；2050年降至2.9亿吨，相比1990年下降93%，剩余排放将通过负排放技术进行消除，实现“净零排放”。

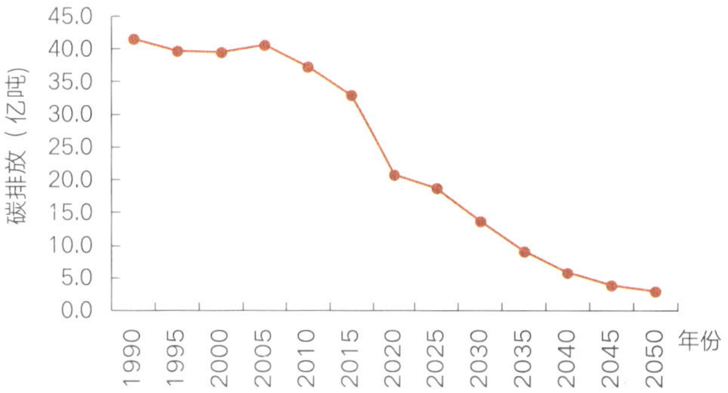

图3-26　1990—2050年欧盟能源相关碳排放（2℃情景）

四、欧盟能源转型对中国的启示

（一）政府政策引导和深化市场建设对于加快能源转型至关重要

欧盟能源转型战略不仅设立了近、中、远期的具体目标，并且为政策实施提供法律保障，重视体制机制设计。英国、德国等从立法的角度详细规定了温室气体排放、新能源发展目标，逐步完善配套法律政策措施。法律法规的制定能够提高能源政策的权威性、可实践性，为能源转型提供坚实的政策保障。借鉴欧盟对于市场机制的灵活运用，中国应推进能源市场改革，建立和完善统一碳市场，在拍卖、存储等环节吸收有益经验，并在能源环境相关价格和财税改革过程中注重构建有利于加快转型的市场机制。

（二）持续依靠先进能源技术的创新与利用

技术是推进能源转型的不竭动力，能源科技创新也将成为各国未来的竞争焦点。一方面，欧盟各国纷纷把发展新兴产业和鼓励能源科技创新作为重要的国家发展战略，并加大能源科技领域的研发投入。另一方面，技术的利用存在锁定效应，一项技术的寿命若在 30~50 年，选择一条并不合适的技术路径带来的成本将会非常高昂，需要从长远角度出发，在当前即选择具备经济竞争力、环境友好的能源生产与利用技术。

（三）倡导社会公众的广泛参与

欧盟十分重视社会公众的广泛参与以及多元主体对能源气候政策的监督。能源低碳转型的最终目的是让全社会共享清洁低碳、安全高效的能源系统，每一个人都应成为国家能源低碳转型的助力者与受益者。中国应加强在能源低碳转型方面的宣传，加强绿色低碳理念的传播，鼓励和支持广大公众积极参与到能源政策措施的制定、实施和监督过程中来。

（四）加强能源转型的国际合作与交流

中国与欧盟能源转型的长期方向是一致的，在政策、技术、贸易、市场、金融等领域存在广大的合作空间。在如今单边主义、保守主义思潮抬头背景下，中欧在经济贸易、气候环境、知识产权等方面的合作仍然持续推进。未来，中欧应深化在绿色投资、数字经济、生物多样性等领域的合作与交流，同时加强在碳边境调节机制、碳价格等领域的对话与沟通，推动全球可持续发展，共建人类命运共同体。

专题三 全球能源转型中的中国贡献

要 点

中国近年能源消费增长放缓，占全球的比重趋于稳定。2000—2010年，中国一次能源消费年均增长8.4%，2011—2019年年均增速放缓至2.9%。2019年，中国能源消费占全球的比重为22.9%。

中国非水可再生能源快速发展，占全球的比重呈现加速提高态势。2000—2019年，中国非水可再生能源对全球增长的贡献率为33%，占全球的比重从4.4%升至28.0%，于2008年突破10%、2013年突破20%。

中国终端电气化水平快速提升。中国终端能源消费中电能占比在2000年11.4%的较低基础上快速提升，于2009年超过全球平均水平，2019年达26.1%，高出全球平均水平（19.6%）6.5个百分点。

中国贡献全球发电量增长的一半以上，非水可再生能源发电量占比快速提升。2000—2019年，中国发电量占全球的比重从8.8%升至27.4%，对全球增长的贡献率为52%，其中非水可再生能源发电量占全球的比重从0.7%提升至27.6%，对全球增长的贡献率为29%。

中国能源相关碳排放快速增长的局面基本扭转。2000—2019年，中国能源相关碳排放年均增长6.2%，其中2000—2010年年均增长9.7%，2011—2019年年均增长2.5%；占全球的比重从13.3%升至29.3%，2012年以来保持在28%~30%。

中国提前完成2020年能源气候有关承诺目标。2019年，中国碳强度较2005年降低约48.1%，非化石能源占比达15.3%，均已提前完成中国向国际社会承诺的2020年目标。

碳排放新达峰目标与碳中和愿景为中长期应对气候变化、绿色低碳发展擘画了宏伟蓝图。2020年9月，习近平主席郑重宣布"中国力争2030年前达到二氧化碳排放峰值，努力争取2060年前实现碳中和"。10月，国民经济和社会发展二〇三五年远景目标建议提出广泛形成绿色生产生活方式，碳排放达峰后稳中有降。

中国一次能源需求达峰后持续下降，对全球能源需求达峰发挥关键作用。在2℃情景下，中国一次能源需求于2025年前后达峰，之后持续下降，助推全球一次能源需求于2035年左右达峰。

中国能源结构加快朝着清洁化、低碳化、电气化的方向调整，为全球能源转型作出不可替代的贡献。在2℃情景下，中国一次能源结构中非化石能源利用规模快速增长，至2050年贡献全球增长的22%；终端能源结构中，中国电气化水平快速提升，2050年中国、全球电气化水平分别为60%、52%。

中国非化石能源发电量、发电装机占比均超过80%。在2℃情景下，2050年中国非化石能源发电量增至10.5万亿千瓦·时，占中国总发电量的80%，占全球非化石能源发电量的16%；中国非化石能源发电装机增至47.4亿千瓦，占中国发电总装机的83%，占全球非化石能源发电装机的17%。

中国与欧美部分发达国家一道为全球减排作出显著贡献。中国能源相关碳排放于2025年前后达峰，提前实现《巴黎协定》国家自主贡献承诺目标，之后稳中有降。

过去四十年，中国是全球经济稳定增长的主要贡献者，也是能源消费总量扩张的推动力量；当前和今后一个时期，中国是全球经济持续恢复的关键引领者，更是能源结构清洁转型的加速力量。中国在世界能源治理中的地位持续上升，同世界的联系更加紧密。立足全球视野，聚焦中国发展，探寻碳中和目标下中国对全球能源转型的贡献，对国际能源治理变革具有重要参考价值。

一、中国能源转型发展现状

（一）一次能源消费增长放缓

中国近年能源消费增长放缓，占全球的比重趋于稳定。2000—2019 年，中国一次能源消费从 16.1 亿吨标准煤增至 47.0 亿吨标准煤[1]，年均增长 5.8%；占全球的比重从 11.3% 升至 22.9%，近年趋于稳定。从阶段增速看，2000—2010 年中国一次能源消费年均增速为 8.4%，全球为 2.5%；2011—2019 年中国一次能源消费年均增速降至 2.9%，全球降至 1.3%。

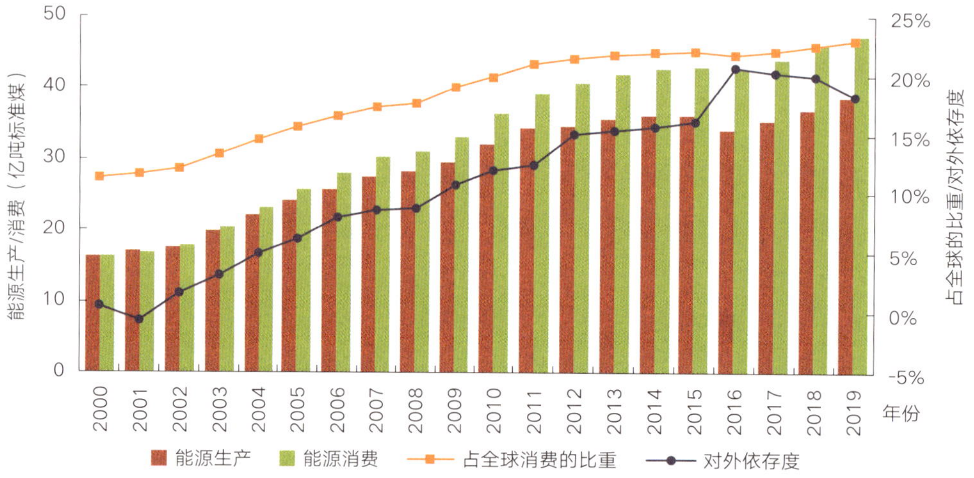

图 3-27　2000—2019 年中国一次能源生产、消费及对外依存度

（二）能源结构迈向清洁低碳

中国非水可再生能源快速发展，占全球的比重呈现加速提高态势。2019 年，中国一次能源消费中化石能源的占比为 87.4%，较 2011 年高点的 91.6% 下降 4.2 个百分点；可再生能源（不含生物质能）占比为 6.3%，较 2000 年提高 4.4 个百分点。2000—2019 年，中国水能利用规模

[1] 本报告借鉴国际能源署（IEA）统计方法，以电热当量法为基础并考虑一定系数折算非化石能源发电的一次能源消费量，不同于国内通常采用的发电煤耗法。

从 0.3 亿吨标准煤增至 1.5 亿吨标准煤，对全球增长的贡献率为 64%，占全球的比重从 8.5% 升至 29.6%，于 2001 年突破 10%、2010 年突破 20%；非水可再生能源（包括风能、太阳能、地热能、波浪 / 潮汐 / 海洋能，不含生物质能）利用规模从 0.04 亿吨标准煤增至 1.4 亿吨标准煤，对全球增长的贡献率为 33%，占全球的比重从 4.4% 升至 28.0%，于 2008 年突破 10%、2013 年突破 20%，呈现加速提高态势。

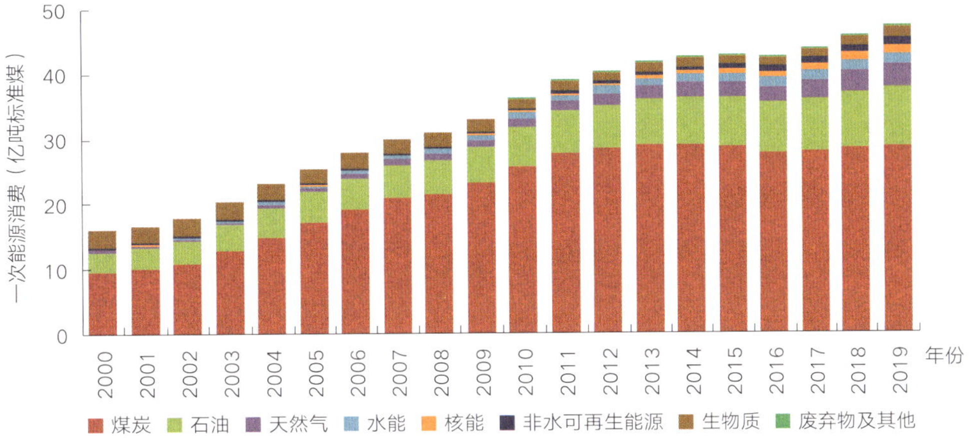

图 3-28　2000—2019 年中国一次能源消费分品种变化

（三）终端电气化水平稳步提高

中国终端用能中煤炭占比仍偏高，电气化水平快速提升。2019 年，中国终端能源消费中煤炭、石油、天然气、电能、热能及其他占比分别为 28.9%、26.2%、8.2%、26.1%、10.6%，其中煤炭占比较 2009 年 44.4% 的峰值大幅下降，但较全球 10% 的平均水平仍明显偏高；石油占比总体呈现上升态势，但较全球 40% 以上的平均水平仍明显偏低；天然气占比呈现稳步上升态势，但较全球 16% 左右的平均水平仍有不小差距；电能占比（电气化水平）在 2000 年 11.4% 的较低基础上快速提升，于 2009 年超过全球平均水平，2019 年高出全球平均水平（19.6%）6.5 个百分点；热能及其他占比从 2000 年的 28.8% 稳步下降，2019 年低于全球平均水平（13.5%）2.9 个百分点。

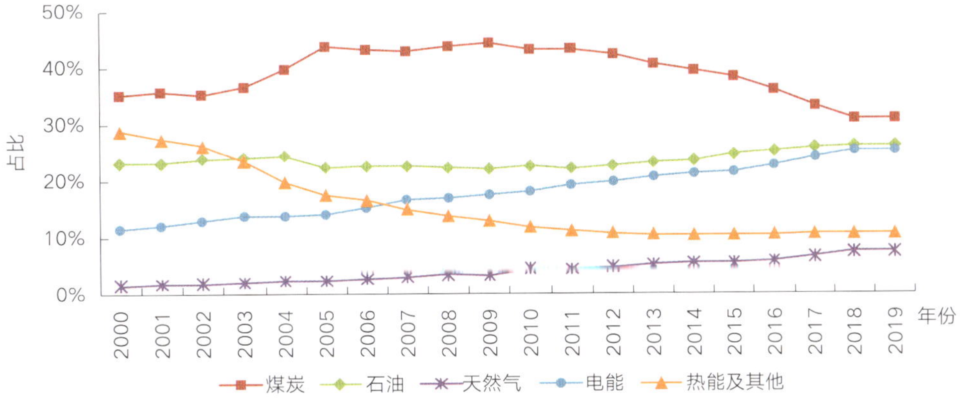

图 3-29　2000—2019 年中国终端能源分品种占比变化

（四）可再生能源发电量快速增长

中国贡献全球发电量增长的一半以上，非水可再生能源发电量占比自 2010 年以来快速提升。 2000—2019 年，中国发电量从 1.4 万亿千瓦・时增至 7.4 万亿千瓦・时，占全球的比重从 8.8% 升至 27.4%，对全球增长的贡献率为 52%。2019 年，中国煤电、气电发电量占总发电量的比重分别为 63.7%、5.3%，合计接近 70%，其中煤电占比自 2013 年以来年均下降 1.9 个百分点，气电占比自 2009 年以来呈现缓慢提升态势。2019 年，中国水电、核电发电量占总发电量的比重分别为 17.4%、4.5%，占全球的比重分别为 29.7%、12.8%，其中水电占比变化不大，但贡献了全球增量的 62%；核电占比较 2000 年提高 3.3 个百分点，贡献了全球增量的 262%。非水可再生能源发电从无到有、从弱到强，2010 年后进入快速提升通道，2019 年达 0.5 万亿千瓦・时，占比达 7.3%；占全球的比重从 0.7% 加速提高至 27.6%，2005 年突破 1%，2009 年突破 5%，2011 年突破 10%，2016 年突破 20%，对全球增长的贡献率为 29%。

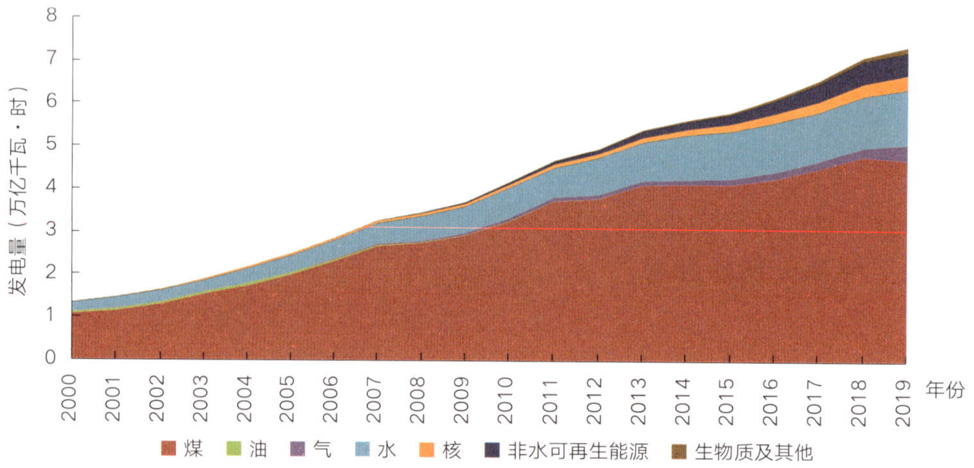

图 3-30　2000—2019 年中国分品种发电量变化

（五）面向全球提供清洁能源设备

中国贡献全球近半风电整机新增生产量。 2010 年以来，中国风电机组年吊装量[1]由约 1900 万千瓦增至 2019 年的近 2700 万千瓦，增幅为 42%，主要风电整机生产企业产能利用率总体处于高位。2019 年，中国风电整机供货占全球新增装机容量的比重为 44%，近十年来占比在 30%~50% 之间。从累计数值看，中国整机生产商供货占比超过 35%。

中国光伏组件产量连续 13 年位居世界第一。 2010 年以来，中国太阳能光伏组件产量由 1080 万千瓦增至 2019 年的近 1 亿千瓦，增幅超过 8 倍。2019 年，中国光伏组件供货占全球光伏组件产量的比重为 71%，连续 13 年位居世界第一，连续 9 年保持在 60% 以上。从累计数值看，中国光伏组件产量近 5 亿千瓦，占全球（近 7 亿千瓦）的比重超过 70%。

[1] 吊装量指统计期内风电机组制造企业发货到风电场现场后，施工单位完成风电机组所有部件吊装且完成安装验收或静态调试后的装机容量，可视为风电整机厂的年出货量。

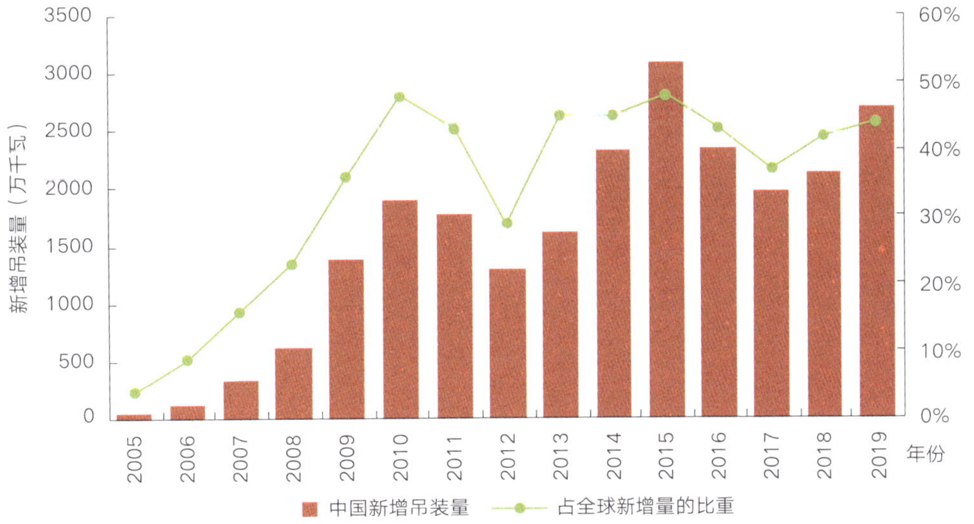

图 3-31　2005—2019 年中国风电新增吊装量及占全球新增量的比重

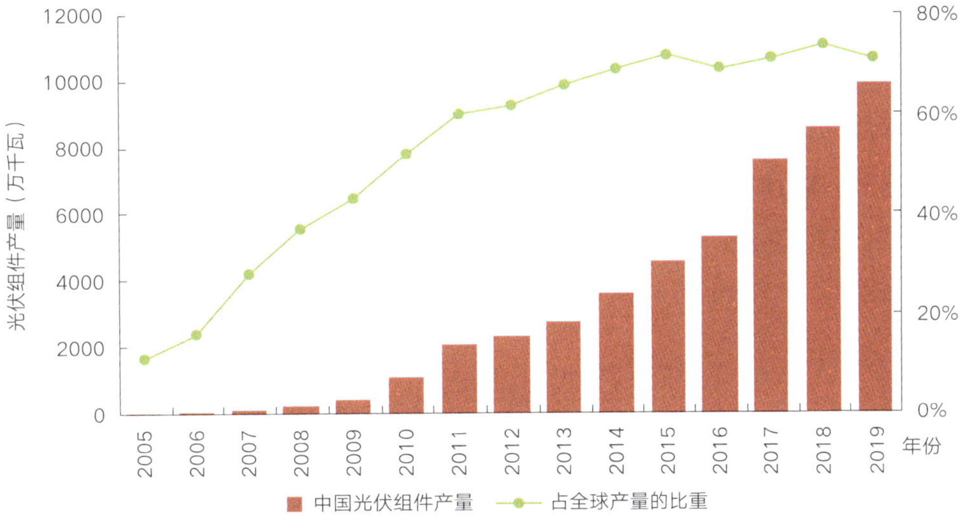

图 3-32　2005—2019 年中国太阳能光伏组件产量及占全球产量的比重

中国电动乘用车销量连续 5 年蝉联世界第一，2019 年贡献全球近半动力电池产量。过去十年，全球电动乘用车销量持续增长，2019 年突破 225 万辆，占全球乘用车年销量的比重约 3%。其中，2019 年中国电动乘用车销量约占全球的一半，连续 5 年蝉联全球最大电动汽车市场。2019 年，全球锂离子动力电池出货量 116.7 吉瓦·时，同比增长 16.6%，其中出货量前十企业中中国占了 5 家，合计出货量 52.6 吉瓦·时，占全球份额达到 45%。

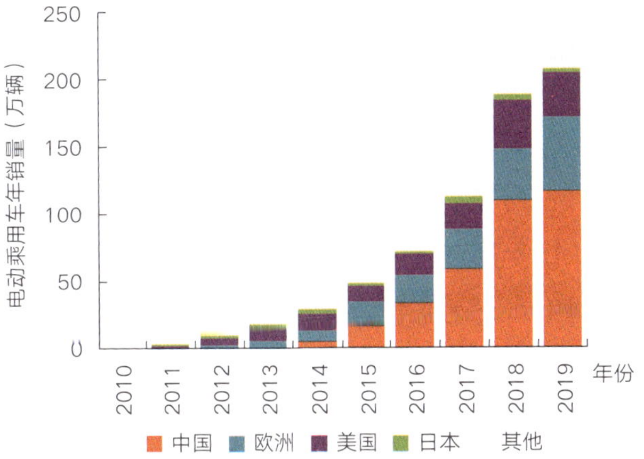

图 3-33　2010—2019 年全球分市场的电动乘用车年销量

表 3-3 2019 年全球动力电池出货量前十企业

排名	企业	国家	出货量（吉瓦·时）	全球份额
1	宁德时代	中国	32.5	27.9%
2	松下电池	日本	28.1	24.1%
3	LG 化学	韩国	12.3	10.6%
4	比亚迪	中国	11.1	9.5%
5	三星 SDI	韩国	4.2	3.6%
6	远景 AESC	中国	3.9	3.3%
7	国轩高科	中国	3.2	2.7%
8	PEVE	日本	2.2	1.9%
9	力神电池	中国	1.9	1.6%
10	SKI	韩国	1.9	1.6%

（六）碳排放快速增长局面基本扭转

中国能源相关碳排放仍处上升通道，但占全球的比重已进入平台期，快速增长的局面基本扭转。2000—2019 年，中国能源相关碳排放从 31.0 亿吨增至 97.4 亿吨，年均增长 6.2%；占全球的比重从 13.3% 升至 29.3%，2012 年以来一直保持在 28%~30%。从阶段增速看，2000—2010 年年均增长 9.7%，2011—2019 年年均增长 2.5%，快速增长的局面基本扭转。

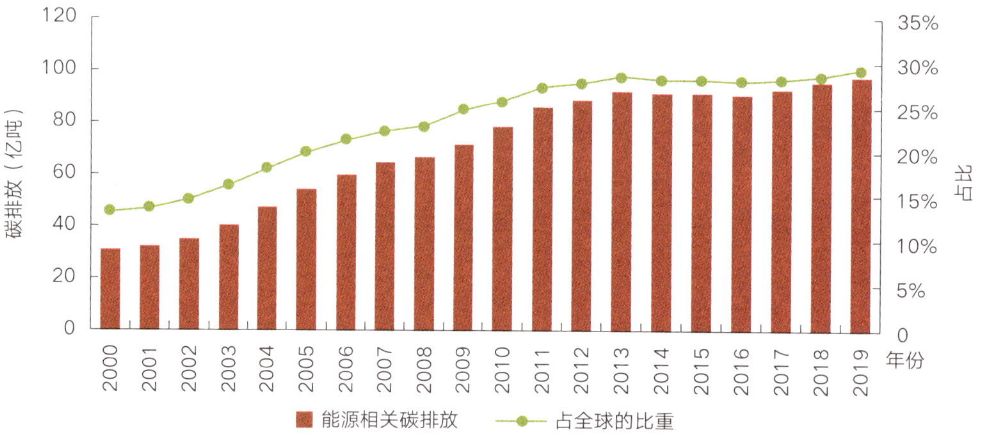

图 3-34 2000—2019 年中国能源相关碳排放变化及占全球的比重

（七）提前完成向国际社会承诺的 2020 年目标

2020 年碳排放强度降幅、非化石能源消费占比目标均提前完成。截至 2019 年底，中国单位国内生产总值碳排放（碳强度）较 2015 年下降 18.2%，已提前完成“十三五”约束性目标任务；碳强度较 2005 年降低约 48.1%，非化石能源占能源消费的比重达 15.3%，均已提前完成向国际社会承诺的 2020 年目标。

二、中长期中国能源转型目标

近二十年，中国能源发展坚持优化结构、提高能效、保障安全等方向。2000 年以来，中国能源发展实现了从保障能源供给到控制消费总量的转变，实现了能源供需从紧张到趋缓到平衡的转变，实现从注重保护生态环境到污染治理与减少排放并重的转变。二十年间，中国能源发展坚持优化能源结构、提高能源效率、保障能源安全等方向。在优化能源结构方面，煤炭消费占能源消费总量的比重不断下降；天然气、水电、核电发展取得长足进步；新能源发展从“因地制宜”到“大力发展”再到“加快发展”，为中国和世界的能源转型作出不可替代的贡献。

表 3-4　2000 年以来中国能源发展五年规划提要

名称	指导思想和主要任务
《“十五”能源发展重点专项规划》（2001 年 8 月）	**发展战略：**在保障能源安全的前提下，把优化能源结构作为能源工作的重中之重，努力提高能源效率、保护生态环境，加快西部开发。 ● **煤炭工业：**大力调整煤炭工业结构，加快开发和推广应用洁净煤技术，调整煤炭建设布局，加大煤层气开发力度，提高煤炭工业整体素质，积极扩大煤炭出口。 ● **石油天然气：**加强勘探、经济开发、油气并举、扩大开放、建立储备。 ● **电力工业：**加快体制改革，重点加强电网建设，积极发展水电，优化火电结构，适当发展核电，因地制宜发展新能源发电
《能源发展“十一五”规划》（2007 年 4 月）	**指导方针：**贯彻落实节约优先、立足国内、多元发展、保护环境，加强国际互利合作的能源战略，努力构筑稳定、经济、清洁的能源体系，以能源的可持续发展支持中国经济社会可持续发展。 根据资源条件，按照“优化结构、区域协调、产销平衡、留有余地”的原则，**能源建设的总体安排：** ● 有序发展煤炭；加快开发石油天然气；在保护环境和做好移民工作的前提下积极开发水电，优化发展火电，推进核电建设；大力发展可再生能源。 ● 适度加快“三西”煤炭、中西部和海域油气、西南水电资源的勘探开发，增加能源基地输出能力；优化开发东部煤炭和陆上油气资源，稳定生产能力，缓解能源运输压力
《能源发展“十二五”规划》（2013 年 1 月）	**指导思想：**以加快转变发展方式为主线，着力推进能源体制机制创新和科技创新，着力加快能源生产和利用方式变革，强化节能优先战略，全面提升能源开发转化和利用效率，控制能源消费总量，构建安全、稳定、经济、清洁的现代能源产业体系，保障经济社会可持续发展。 **主要任务：**加强国内资源勘探开发，推进高效清洁转化，推动能源供应方式变革，加快能源储运设施建设，实施能源民生工程，控制能源消费总量，深化能源体制机制改革，提升能源科技和装备水平，深化能源国际合作。其中，加强国内资源勘探开发包括安全高效开发煤炭，加快常规油气勘探开发，大力开发非常规天然气资源，积极有序发展水电，安全高效发展核电，加快发展风能等其他可再生能源
《能源发展“十三五”规划》（2016 年 12 月）	**指导思想：**遵循能源发展“四个革命、一个合作”的战略思想，顺应世界能源发展大势，坚持以推进供给侧结构性改革为主线，以满足经济社会发展和民生需求为立足点，以提高能源发展质量和效益为中心，全面推进能源生产和消费革命，努力构建清洁低碳、安全高效的现代能源体系，为全面建成小康社会提供坚实的能源保障。 **主要任务：**高效智能，着力优化能源系统；节约低碳，推动能源消费革命；多元发展，推动能源供给革命；创新驱动，推动能源技术革命；公平效能，推动能源体制革命；互利共赢，推动能源国际合作；惠民利民，实现能源共享发展

“四个革命、一个合作”能源安全新战略引领新时代中国能源发展。2014 年 6 月，习近平主席提出“四个革命、一个合作”能源安全新战略。2016 年 12 月，国家能源局制定并发布《能源生产和消费革命战略（2016—2030）》，提出 2020 年、2030 年、2050 年能源消费总量、非化石能源占比、碳排放等目标。“十三五”期间，中国新能源快速发展，部分指标已提前完成。

中国新达峰目标与碳中和愿景为中长期应对气候变化、绿色低碳发展擘画了宏伟蓝图。2020 年 9 月 22 日，习近平主席在第七十五届联合国大会上郑重宣布，“中国将提高国家自主贡献力度，采取更加有力的政策和措施，二氧化碳排放力争 2030 年前达到峰值，努力争取 2060 年前实现碳中和。”这一庄严承诺彰显了中国积极应对气候变化、走绿色低碳发展道路的雄心和决心，为国际社会全面有效落实《巴黎协定》注入强大动力，有助于提升中国作为全球气候治理重要参与者、贡献者、引领者的地位和作用。生态环境部提出，中国将研究谋划有力度的“十四五”应对气候变化目标任务，大力开展二氧化碳排放达峰行动，加快推进全国碳市场建设，组织编制《国家适应气候变化战略 2035》。

十九届五中全会提出“十四五”时期及二〇三五年远景目标建议，为未来 15 年能源发展提出了明确要求。11 月 3 日，《中共中央关于制定国民经济和社会发展第十四个五年规划和二〇三五年远景目标的建议》全文公布。“十四五”时期能源相关发展目标包括生态文明建设实现新进步，生产生活方式绿色转型成效显著，能源资源配置更加合理、利用效率大幅提高，主要污染物排放总量持续减少；推动能源清洁低碳安全高效利用，降低碳排放强度，支持有条件的地方率先达到碳排放峰值，制定二〇三〇年前碳排放达峰行动方案。二〇三五年能源相关远景目标包括广泛形成绿色生产生活方式，碳排放达峰后稳中有降，生态环境根本好转，美丽中国建设目标基本实现。

三、中国贡献展望

（一）能源需求达峰

中国一次能源需求达峰后持续下降，对全球能源需求达峰发挥关键作用。在2℃情景[1]下，中国一次能源需求于2025年前后达峰，峰值约49亿吨标准煤（按发电煤耗法计算约56亿吨标准煤），之后持续下降，2050年降至约35亿吨标准煤。在全球层面，一次能源需求增速明显放缓，需求总量达峰较中国晚10年以内，2050年总量低于2015年水平。2020—2050年，中国一次能源需求占全球的比重从1/4降至1/5。

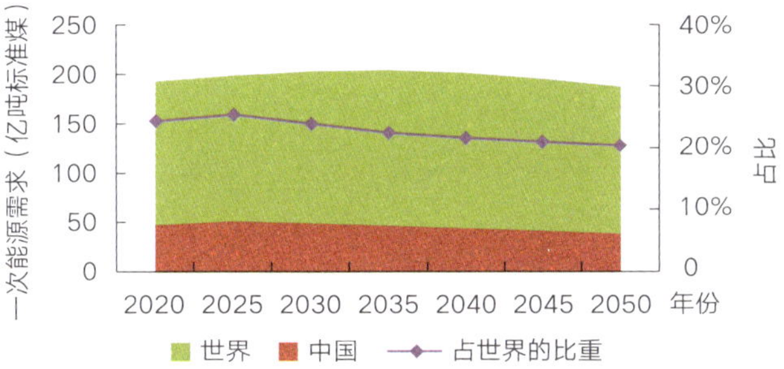

图 3-35　2020—2050年世界与中国一次能源需求变化

（二）能源结构调整

中国能源结构加快朝着清洁化、低碳化、电气化的方向调整，为全球能源转型作出不可替代的贡献。中国能源结构调整的主要特征是“煤下降、油达峰、气提高、非化石能源大幅上升”，为全球煤炭、石油占比下降和可再生能源占比提升作出不可替代的贡献。一次能源结构中，中国非化石能源利用规模快速增长，预计2050年较2019年增长近3倍，贡献全球增长的22%，占一次能源的比重达到71%（按发电煤耗法计算，约80%）；终端能源结构中，中国电气化水平快速提升，持续高于全球平均水平，预计2050年中国、全球电气化水平分别为60%、52%。

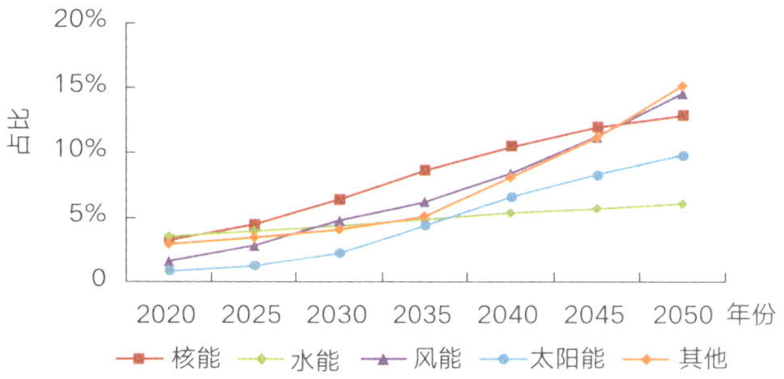

图 3-36　2020—2050年中国非化石能源占比变化

（三）清洁电力发展

中国非化石能源发电量快速增长，占中国总发电量的80%以上。在2℃情景下，中国煤电发电量持续下降，占总发电量的比重由2019年的约57%降至2050年的约16%；中国气电发电量有所上升，2050年约0.5万亿千瓦·时，占全球气电发电量的比重上升至约23%。2050年，中国非化石能源发电量增至10.5万亿千瓦·时，占中国总发电量的80%

[1] 在本节中，中国未来展望考虑2060年前碳中和目标，与全球展望的2℃情景相对应。

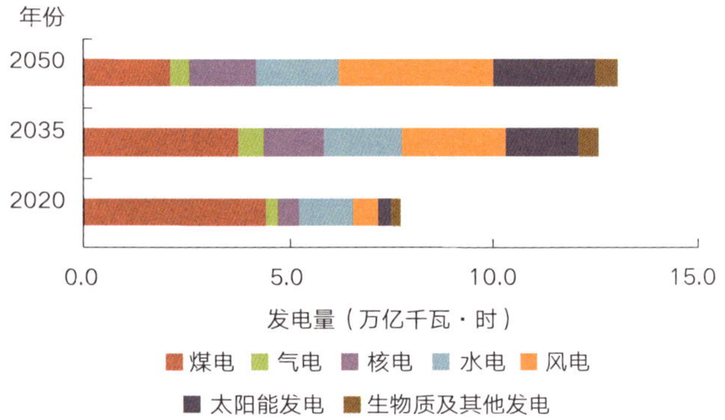

图 3-37　2020 年、2035 年、2050 年中国分品种发电量变化

以上，占全球非化石能源发电量的 16%。其中，中国风能、太阳能发电量 2050 年分别达 3.8 万亿、2.5 万亿千瓦·时，较 2019 年分别增长 5 倍、7 倍，占全球风能、太阳能发电量的比重分别为 14%、10%，贡献全球风能、太阳能发电量增长的 13%、9%。

中国非化石能源发电装机大幅增长，贡献至 2050 年全球增长的 16%。中国发电装机容量 2050 年增至 57.0 亿千瓦，贡献全球发电装机增长的约 16%，其中非化石能源发电装机增至 47.4 亿千瓦，占中国发电总装机的 83%，占全球非化石能源发电装机的 17%。2019—2050 年，中国非化石能源发电装机增长贡献全球增长的 16%。分品种来看，2050 年中国水电、核电、风电、太阳能发电装机相比 2019 年分别增长约 0.4、4、7、8 倍，占全球的比重分别约为 30%、40%、17%、12%。

（四）二氧化碳减排

中国与欧美部分发达国家一道为全球减排作出显著贡献。中国能源相关碳排放于 2025 年前后达峰，峰值约 101 亿吨，提前实现《巴黎协定》国家自主贡献承诺目标。达峰之后，随着政策持续发力、技术创新突破、市场配置引领，中国碳排放稳中有降，与欧美部分发达国家一道，为全球减排作出显著贡献。

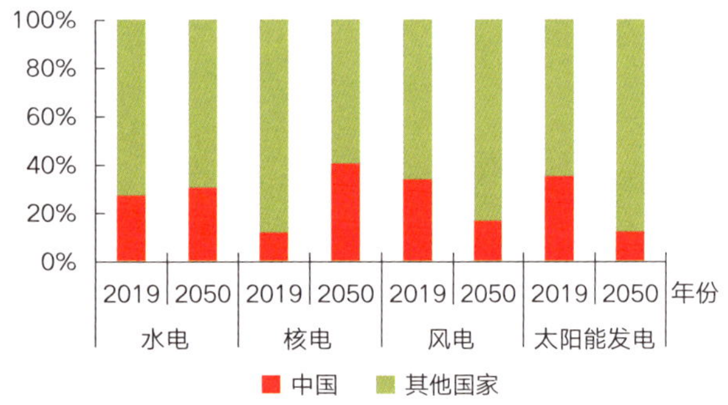

图 3-38　2019 年、2050 年中国非化石能源发电装机占全球的比重变化

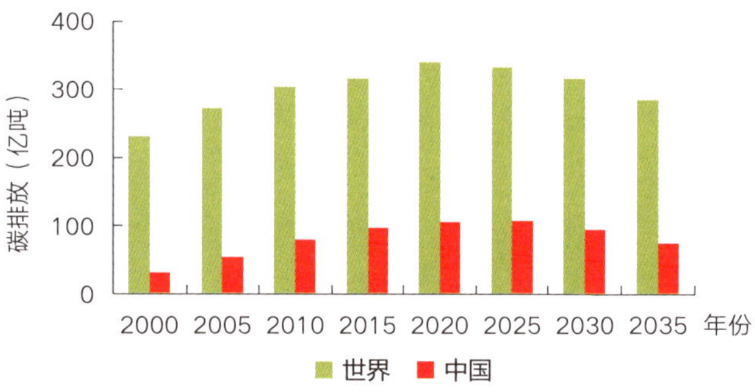

图 3-39　2000—2035 年世界与中国能源相关碳排放变化

全球能源供需预测模型（GEMS-4E）简介

国网能源研究院自主开发了涵盖“经济-能源-电力-环境”4E因素的全球能源供需预测模型(Global Energy Modelling System，简称GEMS-4E)，开展面向中长期的分品种、分部门、分地区能源供需展望。2020年，参考全球变化评估模型（GCAM）思路再造GEMS-4E模型，主要是细化终端能源服务需求刻画、引入用能技术优化选择机制、加强成本价格考量和能源市场模拟。

（一）建模思路

GEMS-4E主要采用“自下而上”的方法量化技术进步、效率提升、能源政策、能源价格等因素对能源需求的影响，通过基于生产工艺的模拟算法刻画煤炭、石油和天然气的加工转换过程，通过基于成本价格的优化算法选择满足终端服务需求的能源品种和满足电力电量需求的电源品种。

（二）功能模块

GEMS-4E主要包括能源服务需求、终端能源需求、一次能源需求、一次能源供应等四个模块及利用效率、加工转换、开发贸易等三个环节。

- **能源服务需求模块**通过产量、产值、周转量、建筑面积、电器拥有量等指标对能源服务需求进行预测；
- **利用效率环节**通过产品能耗、产值能耗、周转能耗、单位面积能耗等指标连接能源服务需求模块与终端能源需求模块；
- **终端能源需求模块**以能源价格为驱动，以能源品种占比为途径实现从终端能源需求分部门结构到终端能源需求分品种结构的预测；
- **加工转换环节**包括炼焦、炼油、制气、发电、供热等，以效率为纽带连接终端能源需求模块与一次能源需求模块；
- **开发贸易环节**连接了一次能源需求模块与一次能源供应模块，主要是通过煤油气的本地生产与国际贸易实现全球化石能源的供需平衡。

（三）参数指标

GEMS-4E的输入参数包括经济发展、人口增长、技术进步、能源政策、能源价格等，输出结果包括分品种、分部门、分地区能源供需、碳排放等。

在能源品种方面，GEMS-4E考虑的一次能源种类包括煤炭、石油、天然气、水能、核能、非水可再生能源及其他，其中非水可再生能源及其他包括传统生物质能（含非市场交易）。终端能源种类包括煤炭、石油、天然气、电力、热力及其他。发电技术包括燃煤、燃油、燃气、水电、核电、风电、太阳能发电、生物质发电及其他，发电量统计采用全口径，用电量不包含输配损耗。

在行业分类方面，GEMS-4E考虑了工业、交通、居民、商业、其他、非能利用等部门，其中工业细分黑色金属、化工、有色金属、建材、机械、食品及烟草、造纸及印刷、纺织及皮革、其他等行业，工业运输能耗计入交通部门；交通细分公

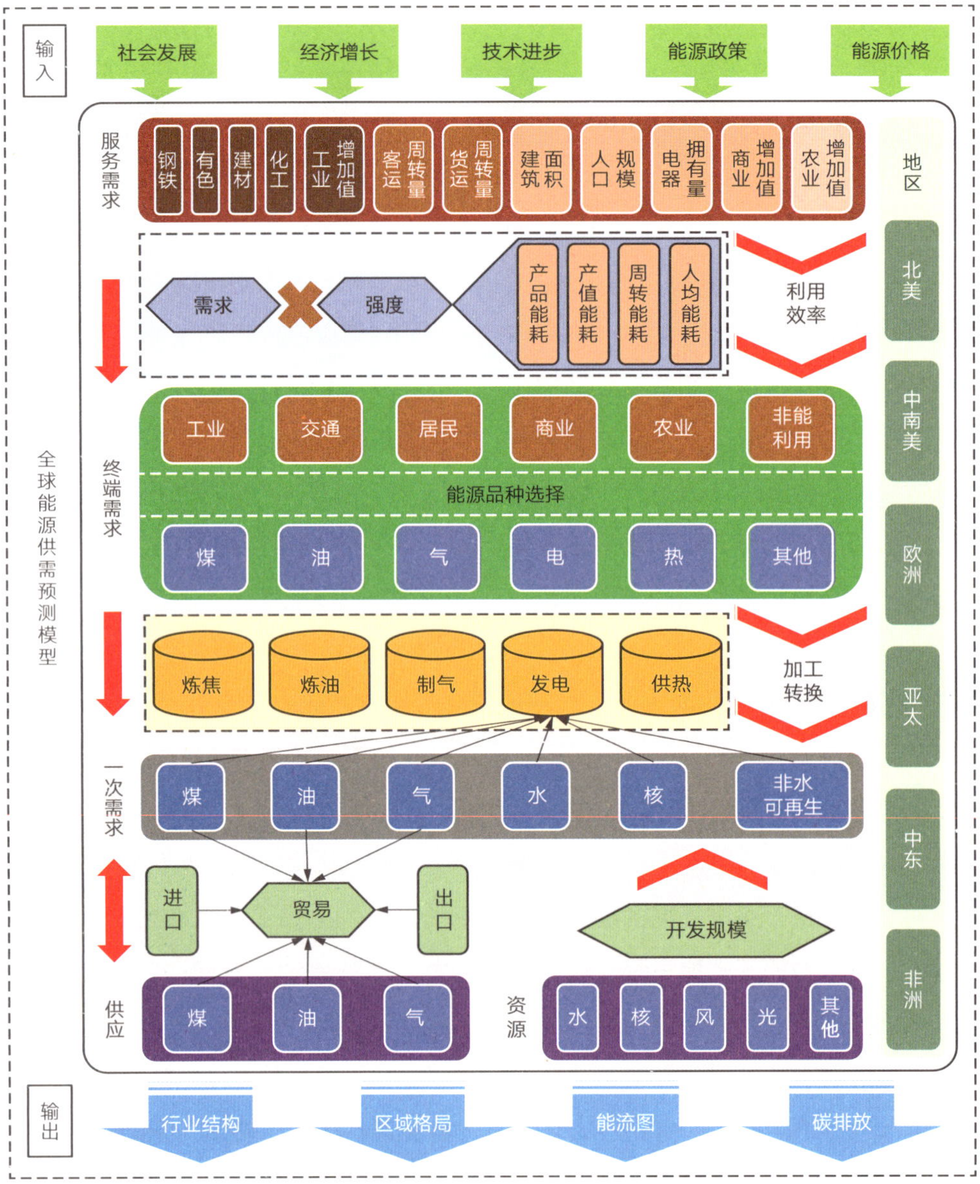

图 A-1　全球能源供需预测模型（GEMS-4E）框架

路、铁路、航空、航运及其他等方式；居民与商业可合称为建筑；其他包括农业、林业、渔业等；非能利用是被用作原材料的化石能源，而非作为燃料直接消耗或加工转化为另一种燃料。

在地区划分方面， GEMS-4E 将全球划分为北美、中南美、欧洲、亚太、中东、非洲等 6 个大区（具体国家详见附录 B），并对美国、巴西、英国、法国、德国、俄罗斯、中国、印度、日本、韩国、南非等 11 个重点国家进行深度研究。

在碳排放方面， GEMS-4E 根据化石燃料的消费量和排放因子计算能源相关碳排放。参考联合国政府间气候变化专门委员会（IPCC）制定的 2006 版国家温室气体排放清单指南，煤炭、石油、天然气的二氧化碳排放系数分别取 2.77、2.15、1.64 吨 / 吨标准煤，不计非能利用及其他领域的碳排放。

表 A-1 能源转换系数表

从	到				
	100 万吨煤当量（1 Mtce）	100 万吨油当量（1 Mtoe）	100 万桶油当量（1 Mboe）	10 亿米 ^{3} 天然气（1 Bm^3NG）	100 万千瓦·时（1GW·h）
	乘以				
100 万吨煤当量（1 Mtce）	1	0.7	4.7894	0.8141	8141
100 万吨油当量（1 Mtoe）	1.4286	1	6.842	1.163	11630
100 万桶油当量（1 Mboe）	0.2086	0.1462	1	0.17	1700
10 亿米 ^{3} 天然气（1 Bm^3NG）	1.228	0.86	5.882	1	10000
100 万千瓦·时（1 GW·h）	1.228×10^{-4}	8.6×10^{-5}	5.882×10^{-4}	1.0×10^{-4}	1

附录B 地区划分

表 B-1 地区划分

区域	国家 / 地区[1]
北美	美国、加拿大、墨西哥
中南美	阿根廷、玻利维亚、委内瑞拉、巴西、智利、哥伦比亚、哥斯达黎加、古巴、库拉索岛、多米尼加、厄瓜多尔、萨尔瓦多、瓜地马拉、海地、洪都拉斯、牙买加、尼加拉瓜、巴拿马、巴拉圭、秘鲁、苏里南、特立尼达和多巴哥岛、乌拉圭； [2]安提瓜和巴布达、阿鲁巴、巴哈马、巴巴多斯、伯利兹、百慕大群岛、博内尔岛、英属维京群岛、开曼群岛、多米尼加、福克兰群岛、法属圭亚那、格林纳达、瓜德罗普岛、圭亚那、马提尼克、蒙特塞拉特岛、沙巴、圣尤斯特歇斯岛、圣基茨和尼维斯、圣露西亚、圣文森特和格林纳丁斯群岛、荷属圣马丁岛、特克斯和凯科斯群岛
欧洲	奥地利、比利时、保加利亚、克罗地亚、塞浦路斯、捷克、丹麦、爱沙尼亚、芬兰、法国、德国、希腊、匈牙利、爱尔兰、意大利、拉脱维亚、立陶宛、卢森堡、马耳他、荷兰、波兰、葡萄牙、罗马尼亚、斯洛伐克、斯洛文尼亚、西班牙、瑞典、英国；阿尔巴尼亚、白俄罗斯、波斯尼亚和黑塞哥维那、直布罗陀、冰岛、科索沃、黑山、挪威、塞尔维亚、瑞士、前南斯拉夫马其顿共和国、摩尔多瓦、土耳其、乌克兰；俄罗斯；亚美尼亚、阿塞拜疆、格鲁吉亚、哈萨克斯坦、吉尔吉斯斯坦、塔吉克斯坦、土库曼斯坦、乌兹别克斯坦
亚太	澳大利亚、日本、韩国、新西兰；中国、印度；文莱、柬埔寨、印度尼西亚、老挝、马来西亚、缅甸、菲律宾、新加坡、泰国、越南；孟加拉国、朝鲜、蒙古、尼泊尔、巴基斯坦、斯里兰卡； [2]阿富汗、不丹、库克群岛、斐济、法属波利尼西亚、基里巴斯、马尔代夫、新喀里多尼亚、帕劳群岛、巴布亚新几内亚、萨摩亚、所罗门群岛、东帝汶、汤加、瓦努阿图
中东	巴林、伊朗、伊拉克、约旦、科威特、黎巴嫩、阿曼、卡塔尔、沙特阿拉伯、叙利亚、阿联酋、也门、以色列
非洲	阿尔及利亚、埃及、利比亚、摩洛哥、突尼斯；安哥拉、贝宁、博茨瓦纳、喀麦隆、刚果金、科特迪瓦、刚果布、厄立特里亚、埃塞俄比亚、加蓬、加纳、肯尼亚、毛里求斯、莫桑比克、纳米比亚、尼日尔、尼日利亚、塞内加尔、南非、南苏丹、苏丹、坦桑尼亚、多哥、赞比亚、津巴布韦； [2]布基纳法索、布隆迪、佛得角、中非、乍得、科摩罗、吉布提、赤道几内亚、冈比亚、几内亚、几内亚比绍、莱索托、利比里亚、马达加斯加、马拉维、马里、毛里塔尼亚、留尼汪岛、卢旺达、圣多美和普林西比、塞舌尔、塞拉利昂、索马里、斯威士兰、乌干达、西撒哈拉

[1] 经济合作发展组织（OECD）包括澳大利亚、奥地利、比利时、加拿大、智利、捷克、丹麦、爱沙尼亚、芬兰、法国、德国、希腊、匈牙利、冰岛、爱尔兰、以色列、意大利、日本、韩国、拉脱维亚、立陶宛、卢森堡、墨西哥、芬兰、新西兰、挪威、波兰、葡萄牙、斯洛伐克、斯洛文尼亚、西班牙、瑞典、瑞士、土耳其、英国、美国。

[2] 中南美、亚太、非洲中，一些国家和地区无法获得能源相关数据，进行了估算或忽略。

附录C　现状数据表

C.1 经济社会

1. GDP

表 C-1　1980—2019 年分地区 GDP（2010 年不变价）　　单位：万亿美元

地区 / 国家	1980	1985	1990	1995	2000	2005	2010	2015	2019	结构 (%) 1980	结构 (%) 2019	增速 (%) 1980—2019
北美	7.8	9.1	10.6	11.9	14.7	16.7	17.7	19.7	21.6	27.8	25.4	2.7
美国	6.5	7.6	9.0	10.2	12.6	14.3	15.0	16.7	18.3	23.3	21.6	2.7
加拿大	0.7	0.8	0.9	1.0	1.2	1.4	1.6	1.8	1.9	2.6	2.3	2.6
墨西哥	0.5	0.6	0.7	0.7	0.9	1.0	1.1	1.2	1.3	1.9	1.5	2.3
中南美	2.1	2.2	2.2	2.6	2.9	3.4	4.2	4.2	4.3	7.6	5.1	1.9
巴西	1.0	1.1	1.2	1.4	1.5	1.8	2.2	2.3	2.3	3.6	2.8	2.2
阿根廷	0.2	0.2	0.2	0.3	0.3	0.3	0.4	0.5	0.4	0.8	0.5	1.8
其他	0.9	0.9	0.8	1.0	1.1	1.3	1.6	1.4	1.5	3.1	1.8	1.5
欧洲	10.3	11.3	14.4	14.8	17.1	19.2	20.4	22.1	24.3	36.9	28.6	2.2
欧盟	—	—	11.8	12.8	14.8	16.3	17.0	18.0	19.5	—	23.0	1.7*
英国	1.2	1.4	1.6	1.8	2.1	2.4	2.5	2.7	2.9	4.4	3.4	2.2
法国	1.5	1.6	1.9	2.0	2.3	2.5	2.6	2.8	3.0	5.3	3.5	1.8
德国	2.0	2.2	2.6	2.8	3.1	3.2	3.4	3.7	4.0	7.3	4.7	1.7
意大利	1.4	1.5	1.8	1.9	2.1	2.2	2.1	2.1	2.1	5.0	2.5	1.1
西班牙	0.7	0.7	0.9	0.9	1.2	1.4	1.4	1.4	1.6	2.4	1.8	2.3
俄罗斯	—	—	1.4	0.9	1.0	1.3	1.5	1.7	1.8	—	2.1	0.8*
其他	—	—	2.8	3.0	3.4	4.0	4.3	5.2	6.0	—	7.0	2.6*
亚太	5.3	6.8	8.1	9.8	11.5	14.2	18.1	23.0	27.7	19.0	32.6	4.3
澳大利亚	0.4	0.5	0.6	0.7	0.8	1.0	1.1	1.3	1.4	1.6	1.7	3.1
中国	0.3	0.6	0.8	1.5	2.2	3.6	6.1	8.9	11.5	1.2	13.6	9.5
印度	0.3	0.4	0.5	0.7	0.9	1.2	1.7	2.3	3.0	1.1	3.5	6.1
日本	3.0	3.7	4.7	5.1	5.3	5.7	5.7	6.0	6.2	10.8	7.3	1.9
韩国	0.1	0.2	0.4	0.5	0.7	0.9	1.1	1.3	1.5	0.5	1.7	6.2
印尼	0.2	0.2	0.3	0.4	0.5	0.6	0.8	1.0	1.2	0.7	1.4	5.0
其他	0.9	1.2	0.7	0.9	1.0	1.3	1.6	2.1	2.9	3.1	3.4	3.1
中东	1.7	1.5	1.7	2.0	2.5	3.1	3.8	4.6	4.5	6.0	5.3	2.5
非洲	0.8	0.8	0.9	0.9	1.2	1.5	1.9	2.3	2.6	2.7	3.0	3.2
埃及	0.0	0.1	0.1	0.1	0.1	0.2	0.2	0.2	0.3	0.2	0.4	4.8
南非	0.2	0.2	0.2	0.2	0.3	0.3	0.4	0.4	0.4	0.7	0.5	2.1
其他	0.5	0.6	0.6	0.6	0.8	1.0	1.3	1.6	1.8	1.9	2.1	3.3
世界	27.9	31.7	37.9	42.2	49.9	58.1	66.1	75.9	85.0	100.0	100.0	2.9
OECD	22.3	25.7	29.0	32.1	37.7	42.0	44.2	48.6	53.3	80.1	62.7	2.3
非 OECD	5.5	6.0	8.9	10.0	12.2	16.1	21.9	27.3	31.7	19.9	37.3	4.6

数据来源：世界银行，国网能源研究院。

注　* 表示 1990—2019 年均增速。

2. 人口

表 C-2　1980—2019 年分地区人口

单位：亿

地区 / 国家	1980	1985	1990	1995	2000	2005	2010	2015	2019	结构 (%)		增速 (%)
										1980	2019	1980—2019
北美	3.2	3.4	3.6	3.9	4.1	4.3	4.6	4.8	4.9	7.2	6.4	1.1
美国	2.3	2.4	2.5	2.7	2.8	3.0	3.1	3.2	3.3	5.1	4.3	0.9
加拿大	0.2	0.3	0.3	0.3	0.3	0.3	0.3	0.4	0.4	0.6	0.5	1.1
墨西哥	0.7	0.8	0.8	0.9	1.0	1.1	1.1	1.2	1.3	1.5	1.7	1.6
中南美	2.8	3.1	3.5	3.8	4.1	4.3	4.6	4.8	4.9	6.4	6.4	1.4
巴西	1.2	1.4	1.5	1.6	1.7	1.9	2.0	2.0	2.1	2.7	2.8	1.4
阿根廷	0.3	0.3	0.3	0.3	0.4	0.4	0.4	0.4	0.4	0.6	0.6	1.2
其他	1.4	1.5	1.6	1.8	1.9	2.1	2.2	2.3	2.4	3.1	3.1	1.5
欧洲	7.6	7.8	8.1	8.2	8.3	8.3	8.5	8.6	8.8	17.2	11.4	0.4
欧盟	—	—	4.8	4.8	4.9	5.0	5.0	5.1	5.1	—	6.7	0.3*
英国	0.6	0.6	0.6	0.6	0.6	0.6	0.6	0.7	0.7	1.3	0.9	0.4
法国	0.6	0.6	0.6	0.6	0.6	0.6	0.7	0.7	0.7	1.2	0.9	0.5
德国	0.8	0.8	0.8	0.8	0.8	0.8	0.8	0.8	0.8	1.8	1.1	0.2
意大利	0.6	0.6	0.6	0.6	0.6	0.6	0.6	0.6	0.6	1.3	0.8	0.2
西班牙	0.4	0.4	0.4	0.4	0.4	0.4	0.5	0.5	0.5	0.8	0.6	0.6
俄罗斯	—	—	1.5	1.5	1.5	1.4	1.4	1.4	1.4	—	1.9	-0.1*
其他	—	—	2.4	2.5	2.5	2.6	2.6	2.8	2.8	—	3.7	0.6*
亚太	23.6	25.8	28.2	30.5	32.6	34.6	36.4	38.0	39.3	53.2	51.3	1.3
澳大利亚	0.1	0.2	0.2	0.2	0.2	0.2	0.2	0.2	0.3	0.3	0.3	1.4
中国	9.8	10.5	11.4	12.0	12.6	13.0	13.4	13.7	14.0	22.1	18.2	0.9
印度	7.0	7.8	8.7	9.6	10.6	11.5	12.3	13.1	13.7	15.8	17.8	1.7
日本	1.2	1.2	1.2	1.3	1.3	1.3	1.3	1.3	1.3	2.6	1.6	0.2
韩国	0.4	0.4	0.4	0.5	0.5	0.5	0.5	0.5	0.5	0.9	0.7	0.8
印尼	1.5	1.6	1.8	2.0	2.1	2.3	2.4	2.6	2.7	3.3	3.5	1.6
其他	3.6	4.0	4.4	4.9	5.4	5.8	6.2	6.6	7.0	8.1	9.1	1.7
中东	2.5	2.9	3.4	3.9	4.3	4.8	5.3	5.9	6.3	5.6	8.3	2.4
非洲	4.6	5.3	6.1	6.9	7.8	8.8	9.9	11.2	12.4	10.4	16.2	2.6
埃及	0.4	0.5	0.6	0.6	0.7	0.8	0.8	0.9	1.0	1.0	1.3	2.2
南非	0.3	0.3	0.4	0.4	0.4	0.5	0.5	0.6	0.6	0.6	0.8	1.9
其他	3.9	4.5	5.1	5.9	6.6	7.5	8.6	9.8	10.8	8.8	14.1	2.7
世界	44.3	48.4	52.8	57.1	61.1	65.1	69.2	73.4	76.7	100.0	100.0	1.4
OECD	9.9	10.3	10.7	11.1	11.5	11.9	12.3	12.7	13.0	22.3	16.9	0.7
非 OECD	34.4	38.1	42.1	45.9	49.6	53.2	56.9	60.7	63.8	77.7	83.1	1.6

数据来源：世界银行，国网能源研究院。

注　* 表示 1990—2019 年均增速。

3. 人均 GDP

表 C-3　1980—2019 年分地区人均 GDP（2010 年不变价）　　单位：万美元

地区 / 国家	1980	1985	1990	1995	2000	2005	2010	2015	2019	增速 (%) 1980—2019
北美	2.4	2.7	2.9	3.1	3.6	3.9	3.9	4.1	4.4	1.5
美国	2.9	3.2	3.6	3.8	4.5	4.8	4.8	5.2	5.6	1.7
加拿大	2.9	3.2	3.4	3.5	3.9	4.4	4.7	5.0	5.2	1.5
墨西哥	0.8	0.8	0.8	0.8	0.9	0.9	0.9	1.0	1.0	0.6
中南美	0.7	0.7	0.6	0.7	0.7	0.8	0.9	0.9	0.9	0.4
巴西	0.8	0.8	0.8	0.9	0.9	1.0	1.1	1.1	1.1	0.7
阿根廷	0.8	0.7	0.6	0.8	0.8	0.9	1.0	1.1	1.0	0.5
其他	0.6	0.6	0.5	0.5	0.6	0.6	0.7	0.6	0.6	0.0
欧洲	1.3	1.4	1.8	1.8	2.1	2.3	2.4	2.6	2.8	1.9
欧盟	—	—	2.5	2.6	3.0	3.3	3.4	3.5	3.8	1.5*
英国	2.2	2.4	2.9	3.1	3.6	4.0	3.9	4.2	4.4	1.8
法国	2.7	2.8	3.3	3.4	3.8	4.0	4.1	4.2	4.4	1.3
德国	2.6	2.8	3.2	3.5	3.8	3.9	4.2	4.5	4.8	1.6
意大利	2.4	2.7	3.1	3.3	3.6	3.7	3.6	3.4	3.6	1.0
西班牙	1.7	1.8	2.3	2.4	2.8	3.1	3.1	3.1	3.3	1.7
俄罗斯	—	—	1.0	0.6	0.6	0.9	1.1	1.2	1.2	0.8*
其他	—	—	1.2	1.2	1.4	1.6	1.6	1.9	2.1	2.0*
亚太	0.2	0.3	0.3	0.3	0.4	0.4	0.5	0.6	0.7	3.0
澳大利亚	3.0	3.2	3.6	3.8	4.4	4.9	5.2	5.5	5.7	1.7
中国	0.0	0.1	0.1	0.1	0.2	0.3	0.5	0.7	0.8	8.5
印度	0.0	0.0	0.1	0.1	0.1	0.1	0.1	0.2	0.2	4.3
日本	2.6	3.1	3.8	4.0	4.2	4.4	4.5	4.7	4.9	1.7
韩国	0.4	0.5	0.8	1.2	1.5	1.9	2.3	2.6	2.9	5.4
印尼	0.1	0.1	0.2	0.2	0.2	0.3	0.3	0.4	0.4	3.3
其他	0.2	0.3	0.2	0.2	0.2	0.2	0.3	0.3	0.4	1.4
中东	0.7	0.5	0.5	0.5	0.6	0.6	0.7	0.8	0.7	0.1
非洲	0.2	0.2	0.1	0.1	0.1	0.2	0.2	0.2	0.2	0.6
埃及	0.1	0.1	0.2	0.2	0.2	0.2	0.3	0.3	0.3	2.6
南非	0.7	0.6	0.6	0.6	0.6	0.7	0.7	0.8	0.7	0.2
其他	0.1	0.1	0.1	0.1	0.1	0.1	0.2	0.2	0.2	0.6
世界	0.6	0.7	0.7	0.7	0.8	0.9	1.0	1.0	1.1	1.5
OECD	2.3	2.5	2.7	2.9	3.3	3.5	3.6	3.8	4.1	1.6
非 OECD	0.2	0.2	0.2	0.2	0.2	0.3	0.4	0.4	0.5	2.9

数据来源：世界银行，国网能源研究院。

注　* 表示 1990—2019 年均增速。

C.2 能源消费

C.2.1 一次能源消费

1. 分地区一次能源消费

表 C-4 1980—2019 年分地区一次能源消费 单位：亿吨标准煤

地区 / 国家	1980	1985	1990	1995	2000	2005	2010	2015	2019[e]	结构 (%)		增速 (%)
										1980	2019	1980—2019
北美	29.9	29.7	32.1	34.8	38.3	39.6	37.9	37.9	38.2	29.0	18.6	0.6
美国	25.8	25.3	27.4	29.5	32.5	33.1	31.7	31.2	31.6	25.1	15.4	0.5
加拿大	2.7	2.8	3.0	3.3	3.6	3.9	3.7	4.0	4.2	2.7	2.0	1.1
墨西哥	1.4	1.6	1.8	1.9	2.2	2.6	2.6	2.6	2.5	1.3	1.2	1.5
中南美	4.1	4.4	4.8	5.5	6.5	7.3	8.7	9.5	9.1	4.0	4.4	2.1
巴西	1.6	1.8	2.0	2.3	2.7	3.1	3.8	4.2	4.2	1.6	2.0	2.5
阿根廷	0.6	0.6	0.6	0.7	0.9	0.9	1.1	1.2	1.1	0.6	0.5	1.7
其他	1.9	1.9	2.2	2.5	3.0	3.3	3.8	4.1	3.8	1.8	1.9	1.8
欧洲	39.1	41.7	45.1	39.1	39.3	41.9	42.1	39.6	41.0	38.0	19.9	0.1
欧盟	—	—	23.5	23.5	24.2	25.7	24.7	22.7	22.6	—	11.0	-0.1*
英国	2.8	2.9	2.9	3.1	3.2	3.2	2.9	2.6	2.5	2.8	1.2	-0.4
法国	2.7	2.9	3.2	3.4	3.6	3.9	3.8	3.6	3.5	2.7	1.7	0.6
德国	5.1	5.1	5.0	4.8	4.8	4.8	4.7	4.4	4.2	5.0	2.1	-0.5
意大利	1.9	1.8	2.1	2.3	2.5	2.7	2.5	2.2	2.1	1.8	1.0	0.3
西班牙	1.0	1.0	1.3	1.4	1.7	2.0	1.8	1.7	1.8	0.9	0.9	1.5
俄罗斯	—	—	12.6	9.1	8.8	9.3	9.8	9.9	10.8	—	5.2	-0.5*
其他	—	—	9.0	6.5	6.3	6.9	7.5	7.0	7.6	—	3.7	-0.6*
亚太	21.8	25.0	31.7	38.3	43.3	55.8	71.2	80.3	87.8	21.2	42.7	3.6
澳大利亚	1.0	1.0	1.2	1.3	1.5	1.6	1.8	1.8	2.0	1.0	1.0	1.7
中国	8.5	9.9	12.5	14.9	16.1	25.4	36.2	42.7	47.0	8.3	22.9	4.5
印度	2.9	3.5	4.4	5.3	6.3	7.4	10.0	11.9	13.2	2.8	6.4	4.0
日本	4.9	5.2	6.3	7.0	7.4	7.5	7.2	6.2	6.0	4.8	2.9	0.5
韩国	0.6	0.8	1.3	2.1	2.7	3.0	3.6	3.9	4.0	0.6	1.9	5.0
印尼	0.8	0.9	1.4	1.9	2.2	2.6	2.9	2.9	3.6	0.8	1.7	3.9
其他	3.1	3.6	4.6	5.8	7.0	8.3	9.5	10.8	12.0	3.0	5.8	3.5
中东	1.6	2.4	3.0	4.4	5.0	6.7	8.7	10.3	11.2	1.6	5.4	5.1
非洲	3.9	4.8	5.5	6.3	7.0	8.4	9.8	11.1	12.2	3.8	5.9	3.0
埃及	0.2	0.4	0.5	0.5	0.6	0.9	1.1	1.2	1.4	0.2	0.7	4.7
南非	1.0	1.3	1.3	1.5	1.6	1.7	1.9	1.8	1.9	0.9	0.9	1.7
其他	2.7	3.2	3.8	4.3	4.9	5.8	6.8	8.1	8.9	2.6	4.3	3.1
国际航空	1.0	1.1	1.2	1.4	1.7	2.0	2.2	2.5	2.9	0.9	1.4	2.8
国际水运	1.6	1.4	1.7	1.9	2.2	2.5	2.9	2.9	3.2	1.5	1.5	1.8
世界	102.9	110.3	125.2	131.7	143.4	164.2	183.5	194.1	205.5	100.0	100.0	1.8
OECD	58.1	58.9	65.0	69.9	75.9	79.3	77.7	75.4	76.1	56.5	37.0	0.7
非 OECD	42.2	48.9	57.4	58.5	63.6	80.4	100.7	113.2	123.4	41.0	60.1	2.8

数据来源：国际能源署，英国石油公司，国网能源研究院。

注　* 表示 1990—2019 年均增速；e 代表估算。

2. 人均能源消费

表 C-5 1980—2019 年分地区人均能源消费

单位：吨标准煤

地区 / 国家	1980	1985	1990	1995	2000	2005	2010	2015	2019e	增速 (%) 1980—2019
北美	9.4	8.7	8.9	9.0	9.3	9.1	8.3	7.9	7.7	-0.5
美国	11.3	10.7	11.0	11.1	11.5	11.2	10.2	9.7	9.6	-0.4
加拿大	11.2	10.7	10.9	11.4	11.8	12.1	11.0	11.3	11.1	0.0
墨西哥	2.0	2.0	2.1	2.1	2.2	2.4	2.2	2.2	1.9	-0.1
中南美	1.4	1.4	1.4	1.5	1.6	1.7	1.9	2.0	1.8	0.6
巴西	1.3	1.4	1.3	1.4	1.5	1.7	1.9	2.1	2.0	1.0
阿根廷	2.1	1.9	1.9	2.1	2.3	2.4	2.6	2.7	2.5	0.5
其他	1.4	1.3	1.4	1.4	1.5	1.6	1.7	1.8	1.6	0.4
欧洲	5.1	5.3	5.6	4.8	4.8	5.0	5.0	4.6	4.7	-0.2
欧盟	—	—	4.9	4.9	5.0	5.2	4.9	4.5	4.4	-0.4*
英国	5.0	5.1	5.1	5.3	5.4	5.3	4.6	4.0	3.7	-0.8
法国	5.0	5.1	5.5	5.7	5.9	6.2	5.8	5.4	5.1	0.1
德国	6.5	6.6	6.3	5.9	5.8	5.9	5.8	5.4	5.1	-0.6
意大利	3.3	3.3	3.7	4.0	4.3	4.6	4.2	3.6	3.5	0.1
西班牙	2.6	2.6	3.3	3.6	4.3	4.6	3.9	3.6	3.7	1.0
俄罗斯	—	—	8.5	6.1	6.0	6.5	6.9	6.9	7.5	-0.4*
其他	—	—	3.7	2.6	2.5	2.7	2.9	2.5	2.7	-1.1*
亚太	0.9	1.0	1.1	1.3	1.3	1.6	2.0	2.1	2.2	2.3
澳大利亚	6.8	6.6	7.2	7.3	8.1	7.9	8.2	7.6	7.7	0.3
中国	0.9	0.9	1.1	1.2	1.3	2.0	2.7	3.1	3.4	3.5
印度	0.4	0.4	0.5	0.6	0.6	0.6	0.8	0.9	1.0	2.2
日本	4.2	4.3	5.1	5.6	5.8	5.8	5.6	4.9	4.8	0.3
韩国	1.5	1.9	3.1	4.6	5.7	6.2	7.2	7.6	7.7	4.2
印尼	0.5	0.6	0.8	0.9	1.1	1.1	1.2	1.1	1.3	2.3
其他	0.9	0.9	1.1	1.2	1.3	1.4	1.5	1.6	1.7	1.8
中东	0.7	0.8	0.9	1.1	1.2	1.4	1.6	1.7	1.8	2.6
非洲	0.8	0.9	0.9	0.9	0.9	1.0	1.0	1.0	1.0	0.4
埃及	0.5	0.8	0.8	0.8	0.9	1.2	1.3	1.2	1.3	2.5
南非	3.4	3.9	3.5	3.6	3.5	3.5	3.8	3.3	3.2	-0.2
其他	0.7	0.7	0.7	0.7	0.7	0.8	0.8	0.8	0.8	0.4
世界	2.3	2.3	2.4	2.3	2.3	2.5	2.7	2.6	2.7	0.4
OECD	5.9	5.7	6.1	6.3	6.6	6.6	6.3	5.9	5.9	0.0
非 OECD	1.2	1.3	1.4	1.3	1.3	1.5	1.8	1.9	1.9	1.2

数据来源：世界银行，国际能源署，英国石油公司，国网能源研究院。

注 *表示 1990—2019 年均增速；e 代表估算。

3. 能源消费强度

表 C-6　1980—2019 年分地区能源消费强度　　单位：吨标准煤 / 万美元

地区 / 国家	1980	1985	1990	1995	2000	2005	2010	2015	2019e	增速 (%) 1980—2019
北美	3.9	3.3	3.0	2.9	2.6	2.4	2.1	1.9	1.8	-2.0
美国	4.0	3.3	3.0	2.9	2.6	2.3	2.1	1.9	1.7	-2.1
加拿大	3.8	3.4	3.2	3.3	3.0	2.7	2.3	2.2	2.1	-1.5
墨西哥	2.5	2.6	2.7	2.7	2.4	2.6	2.4	2.2	1.9	-0.7
中南美	1.9	2.0	2.2	2.1	2.2	2.2	2.1	2.2	2.1	0.2
巴西	1.6	1.7	1.7	1.7	1.7	1.7	1.7	1.8	1.8	0.3
阿根廷	2.6	2.7	3.1	2.8	2.9	2.8	2.5	2.6	2.6	0.0
其他	2.1	2.1	2.7	2.5	2.7	2.6	2.5	2.8	2.5	0.4
欧洲	3.8	3.7	3.1	2.6	2.3	2.2	2.1	1.8	1.7	-2.1
欧盟	—	—	2.0	1.8	1.6	1.6	1.5	1.3	1.2	-1.8*
英国	2.3	2.1	1.8	1.7	1.5	1.3	1.2	0.9	0.8	-2.5
法国	1.8	1.8	1.7	1.7	1.5	1.5	1.4	1.3	1.2	-1.2
德国	2.5	2.3	1.9	1.7	1.5	1.5	1.4	1.2	1.1	-2.2
意大利	1.4	1.2	1.2	1.2	1.2	1.2	1.2	1.1	1.0	-0.8
西班牙	1.5	1.4	1.5	1.5	1.5	1.5	1.3	1.2	1.1	-0.7
俄罗斯	—	—	8.9	10.3	9.3	7.3	6.5	6.0	6.1	-1.3*
其他	—	—	3.2	2.2	1.8	1.7	1.7	1.3	1.3	-3.1*
亚太	4.1	3.7	3.9	3.9	3.8	3.9	3.9	3.5	3.2	-0.7
澳大利亚	2.3	2.1	2.0	1.9	1.8	1.6	1.6	1.4	1.4	-1.3
中国	25.1	17.5	15.1	10.1	7.2	7.1	6.0	4.8	4.1	-4.6
印度	9.7	9.3	8.6	8.2	7.2	6.2	6.0	5.2	4.5	-2.0
日本	1.6	1.4	1.3	1.4	1.4	1.3	1.3	1.0	1.0	-1.3
韩国	4.2	3.4	3.6	3.8	3.7	3.2	3.1	2.9	2.7	-1.1
印尼	4.4	4.1	4.5	4.3	4.9	4.5	3.8	3.0	3.0	-1.0
其他	3.5	3.1	6.3	6.4	6.8	6.3	5.9	5.0	4.1	0.4
中东	1.0	1.6	1.8	2.1	2.0	2.2	2.3	2.2	2.5	2.5
非洲	5.1	5.7	6.2	6.8	6.0	5.6	5.1	4.8	4.8	-0.2
埃及	4.7	5.5	5.4	5.0	4.3	5.5	4.8	4.6	4.5	-0.1
南非	5.1	6.2	5.7	6.4	5.8	5.2	5.1	4.4	4.4	-0.4
其他	5.2	5.6	6.5	7.2	6.4	5.7	5.1	5.0	4.9	-0.1
世界	3.7	3.5	3.3	3.1	2.9	2.8	2.8	2.6	2.4	-1.1
OECD	2.6	2.3	2.2	2.2	2.0	1.9	1.8	1.6	1.4	-1.5
非 OECD	7.6	8.2	6.5	5.8	5.2	5.0	4.6	4.1	3.9	-1.7

数据来源：世界银行，国际能源署，英国石油公司，国网能源研究院。
注　* 表示 1990—2019 年均增速；e 代表估算。

C.2.2 终端能源消费

表 C-7　1980—2019 年分地区终端能源消费　　单位：亿吨标准煤

地区 / 国家	1980	1985	1990	1995	2000	2005	2010	2015	2019e	结构 (%) 1980	结构 (%) 2019	增速 (%) 1980—2019
北美	21.9	21.4	21.9	23.4	26.1	26.6	26.0	26.1	27.9	28.5	19.3	0.6
美国	18.7	18.1	18.5	19.7	22.1	22.3	21.6	21.6	23.1	24.4	16.0	0.5
加拿大	2.2	2.2	2.3	2.5	2.7	2.8	2.7	2.8	3.0	2.9	2.1	0.8
墨西哥	0.9	1.1	1.2	1.2	1.4	1.5	1.7	1.7	1.8	1.2	1.2	1.7
中南美	3.2	3.3	3.7	4.3	5.0	5.5	6.5	6.9	6.9	4.1	4.7	2.0
巴西	1.4	1.4	1.6	1.8	2.2	2.5	3.0	3.3	3.2	1.8	2.2	2.2
阿根廷	0.4	0.4	0.4	0.5	0.6	0.7	0.8	0.8	0.8	0.5	0.6	1.8
其他	1.4	1.5	1.7	1.9	2.2	2.4	2.7	2.9	2.8	1.8	2.0	1.8
欧洲	27.9	28.6	31.4	27.1	26.9	28.2	28.6	27.2	29.4	36.3	20.3	0.1
欧盟	—	—	16.2	16.2	16.8	17.7	17.3	16.0	16.6	—	11.5	0.1*
英国	1.9	1.9	2.0	2.1	2.2	2.1	2.0	1.8	1.8	2.4	1.3	-0.1
法国	2.0	2.0	2.0	2.2	2.3	2.4	2.3	2.2	2.1	2.6	1.5	0.2
德国	3.6	3.5	3.4	3.3	3.3	3.3	3.3	3.2	3.2	4.6	2.2	-0.3
意大利	1.5	1.4	1.6	1.7	1.8	2.0	1.9	1.7	1.7	1.9	1.2	0.4
西班牙	0.7	0.7	0.9	1.0	1.2	1.5	1.3	1.1	1.3	0.9	0.9	1.6
俄罗斯	—	—	8.9	6.5	6.0	5.9	6.4	6.5	7.7	—	5.3	-0.5*
其他	—	—	6.3	4.4	4.1	4.6	4.9	4.7	5.1	—	3.5	-0.7*
亚太	17.0	19.3	23.3	27.8	29.9	38.4	47.1	53.6	57.7	22.2	39.9	3.2
澳大利亚	0.7	0.7	0.8	0.9	1.0	1.0	1.1	1.2	1.2	0.9	0.8	1.5
中国	7.0	8.0	9.4	11.2	11.2	17.5	23.5	28.0	29.9	9.1	20.6	3.8
印度	2.5	2.9	3.5	4.0	4.5	5.1	6.8	7.9	8.9	3.2	6.2	3.3
日本	3.4	3.5	4.2	4.6	4.8	4.9	4.5	4.2	4.0	4.4	2.8	0.5
韩国	0.4	0.5	0.9	1.5	1.8	2.0	2.3	2.5	2.6	0.6	1.8	4.7
印尼	0.7	0.8	1.1	1.4	1.7	1.9	2.1	2.1	2.3	0.9	1.6	3.1
其他	2.4	2.8	3.4	4.2	4.9	6.0	6.8	7.7	8.7	3.1	6.0	3.4
中东	1.1	1.7	2.1	2.9	3.4	4.5	5.9	7.0	7.6	1.5	5.2	5.0
非洲	3.1	3.5	4.1	4.6	5.2	6.2	7.1	8.1	9.0	4.0	6.2	2.8
埃及	0.2	0.3	0.3	0.4	0.4	0.6	0.8	0.8	0.9	0.3	0.6	4.0
南非	0.6	0.7	0.7	0.7	0.8	0.9	0.9	0.9	1.1	0.8	0.7	1.4
其他	2.3	2.6	3.0	3.5	4.0	4.7	5.5	6.4	7.0	3.0	4.8	2.9
国际航空	1.0	1.1	1.2	1.4	1.7	2.0	2.2	2.5	3.0	1.3	2.1	3.0
国际水运	1.6	1.4	1.7	1.9	2.2	2.5	2.9	2.9	3.2	2.1	2.2	1.9
世界	76.7	80.2	89.5	93.4	100.5	114.0	126.3	134.4	144.8	100.0	100.0	1.8
OECD	42.1	41.9	44.6	47.7	52.1	53.8	53.0	52.0	54.8	54.9	37.8	0.7
非 OECD	32.1	35.9	42.1	42.4	44.5	55.7	68.2	76.9	83.8	41.8	57.9	2.5

数据来源：国际能源署，英国石油公司，国网能源研究院。

注　* 表示 1990—2019 年均增速；e 代表估算。

C.3 能源供应

C.3.1 能源资源

表 C-8　2019 年世界煤炭储量及可采年限

国家	探明储量（亿吨）	结构（%）	可采年限（年）
储量前十	9710	90.8	—
美国	2495	23.3	390
俄罗斯	1622	15.2	369
澳大利亚	1491	13.9	294
中国	1416	13.2	37
印度	1059	9.9	140
印尼	399	3.7	65
德国	359	3.4	268
乌克兰	344	3.2	1313
波兰	269	2.5	240
哈萨克斯坦	256	2.4	222
其他	986	9.2	—
世界	10696	100.0	132

数据来源：英国石油公司。

表 C-9　2019 年世界石油储量及可采年限

国家	探明储量（亿吨）	结构（%）	可采年限（年）
储量前十	2133	87.2	—
委内瑞拉	480	19.6	906
沙特阿拉伯	409	16.7	69
加拿大	273	11.2	82
伊朗	214	8.7	121
伊拉克	196	8.0	83
俄罗斯	147	6.0	25
科威特	140	5.7	93
阿联酋	130	5.3	67
美国	82	3.4	11
利比亚	63	2.6	108
其他	313	12.8	—
中国	36	1.5	19
世界	2446	100.0	50

数据来源：英国石油公司。

表 C-10　2019 年世界天然气储量及可采年限

国家	探明储量（万亿米 ^{3}）	结构（%）	可采年限（年）
储量前十	5616	80.0	—
俄罗斯	1340	19.1	56
伊朗	1131	16.1	131
卡塔尔	872	12.4	139
土库曼斯坦	688	9.8	308
美国	455	6.5	14
中国	297	4.2	47
委内瑞拉	222	3.2	238
沙特阿拉伯	211	3.0	53
阿联酋	210	3.0	95
尼日利亚	190	2.7	109
其他	1403	20.0	—
世界	7019	100.0	50

数据来源：英国石油公司。

表 C-11　2019 年世界铀资源储量及可采年限

国家	储量（万吨）	结构（%）	可采年限（年）
储量前十	531	87.9	—
澳大利亚	181	29.9	273
哈萨克斯坦	80	13.2	35
加拿大	50	8.3	72
俄罗斯	48	7.9	165
纳米比亚	43	7.1	79
南非	32	5.3	930
中国	29	4.7	152
尼日尔	27	4.5	92
巴西	28	4.6	6291
乌兹别克斯坦	13	2.2	56
其他	73	12.1	—
世界	604	100.0	112

数据来源：世界核能协会。

C.3.2 能源生产

表 C-12　1980—2019 年分地区一次能源生产总量　　　　单位：亿吨标准煤

地区 / 国家	1980	1985	1990	1995	2000	2005	2010	2015	2019^{e}	结构 (%)		增速 (%)
										1980	2019	1980—2019
北美	26.0	27.4	29.0	30.1	30.8	31.3	31.6	35.7	39.2	25.4	19.4	1.1
美国	21.4	21.6	22.8	22.8	22.9	22.5	23.7	27.4	30.7	20.9	15.2	0.9
加拿大	2.7	3.1	3.6	4.5	4.8	5.2	4.9	5.7	6.4	2.6	3.2	2.3
墨西哥	2.0	2.6	2.6	2.7	3.1	3.6	3.0	2.6	2.0	2.0	1.0	0.0
中南美	4.6	5.0	6.0	7.2	8.6	9.9	10.8	11.5	10.5	4.5	5.2	2.1
巴西	0.9	1.4	1.5	1.6	2.2	2.8	3.5	4.0	4.4	0.9	2.2	4.1
阿根廷	0.5	0.6	0.7	0.9	1.1	1.1	1.0	1.0	1.0	0.5	0.5	1.7
其他	3.2	3.0	3.8	4.6	5.3	5.9	6.3	6.6	5.0	3.1	2.5	1.2
欧洲	32.6	37.3	39.6	34.2	35.3	38.6	39.8	39.3	41.7	31.8	20.6	0.6
欧盟	—	—	13.5	13.6	13.4	12.9	12.1	11.1	10.5	—	5.2	-0.9*
英国	2.8	3.3	2.9	3.6	3.8	2.8	2.1	1.7	1.8	2.7	0.9	-1.2
法国	0.7	1.3	1.5	1.7	1.8	1.9	1.9	1.9	1.8	0.7	0.9	2.3
德国	2.6	3.0	2.6	2.1	1.9	2.0	1.9	1.6	1.5	2.6	0.7	-1.5
意大利	0.3	0.4	0.4	0.5	0.5	0.5	0.6	0.6	0.6	0.3	0.3	1.6
西班牙	0.2	0.4	0.5	0.5	0.5	0.4	0.5	0.5	0.5	0.2	0.2	2.0
俄罗斯	—	—	18.3	13.7	13.8	16.9	18.0	18.7	20.9	—	10.3	0.5*
其他	—	—	7.7	6.9	8.0	8.8	9.7	9.6	10.2	—	5.0	1.0*
亚太	17.5	21.7	26.1	31.2	34.5	45.5	57.8	63.2	68.7	17.1	33.9	3.6
澳大利亚	1.2	1.8	2.2	2.6	3.2	3.7	4.6	5.4	6.2	1.2	3.1	4.3
中国	8.8	10.6	12.6	15.2	16.0	23.9	31.9	35.9	38.5	8.6	19.0	3.9
印度	2.6	3.3	4.0	4.6	5.0	5.7	7.1	7.6	8.2	2.5	4.0	3.0
日本	0.6	1.0	1.1	1.4	1.5	1.5	1.4	0.5	0.8	0.6	0.4	0.8
韩国	0.1	0.2	0.3	0.3	0.5	0.6	0.6	0.7	0.7	0.1	0.3	4.3
印尼	1.8	1.8	2.4	3.0	3.4	4.0	5.3	5.8	6.8	1.7	3.4	3.5
其他	2.3	3.0	3.6	4.1	4.9	6.2	6.8	7.3	7.5	2.3	3.7	3.0
中东	14.0	8.1	12.9	15.6	18.0	20.2	21.2	24.6	25.9	13.7	12.8	1.6
非洲	7.7	8.0	9.4	10.6	12.0	14.8	16.0	15.3	16.5	7.5	8.1	2.0
埃及	0.5	0.7	0.8	0.9	0.8	1.1	1.2	1.0	1.3	0.5	0.6	2.6
南非	1.1	1.6	1.6	1.9	2.1	2.2	2.3	2.3	2.3	1.0	1.1	2.0
其他	6.1	5.7	6.9	7.8	9.2	11.5	12.5	12.1	12.9	6.0	6.4	1.9
世界	102.3	107.6	122.9	128.8	139.1	160.3	177.2	189.6	202.4	100.0	100.0	1.8
OECD	40.3	45.1	47.8	50.7	52.9	53.3	53.6	56.8	61.1	39.4	30.2	1.1
非 OECD	62.0	62.4	75.2	78.0	86.2	107.0	123.5	132.9	141.3	60.6	69.8	2.1

数据来源：国际能源署，英国石油公司，国网能源研究院。

注　* 表示 1990—2019 年均增速；e 代表估算。

C.4 电力消费

C.4.1 电力消费

1. 用电量

表 C-13 1980—2019 年分地区用电量

单位：十亿千瓦·时

地区 / 国家	1980	1985	1990	1995	2000	2005	2010	2015	2019e	结构 (%) 1980	结构 (%) 2019	增速 (%) 1980—2019
北美	2603	2925	3495	4001	4558	4818	4923	4962	5096	34.1	20.2	1.7
美国	2231	2462	2944	3384	3857	4034	4142	4128	4220	29.3	16.7	1.6
加拿大	312	381	451	486	523	573	551	565	579	4.1	2.3	1.6
墨西哥	60	81	100	131	178	211	230	269	297	0.8	1.2	4.2
中南美	272	350	438	540	676	786	960	1101	1115	3.6	4.4	3.7
巴西	123	174	218	265	332	375	465	523	546	1.6	2.2	3.9
阿根廷	35	38	43	59	78	93	115	137	135	0.5	0.5	3.5
其他	115	139	178	216	266	318	380	441	435	1.5	1.7	3.5
欧洲	3278	3812	4220	3946	4269	4732	4937	4918	5066	43.0	20.1	1.1
欧盟	—	—	2465	2564	2842	3122	3162	3053	3079	22.6	12.2	0.8*
英国	264	273	307	324	360	379	358	332	337	3.5	1.3	0.6
法国	244	298	348	394	440	484	503	479	478	3.2	1.9	1.7
德国	454	501	527	517	546	589	594	574	553	6.0	2.2	0.5
意大利	175	192	235	261	302	332	326	310	313	2.3	1.2	1.5
西班牙	99	114	137	156	210	267	266	254	256	1.3	1.0	2.5
俄罗斯	—	—	990	757	762	828	916	949	1005	9.1	4.0	0.1*
其他	—	—	766	625	665	782	860	915	982	7.0	3.9	0.9*
亚太	1210	1558	2251	3070	3843	5376	7692	9836	12157	15.9	48.2	6.1
澳大利亚	87	110	146	163	195	213	236	238	252	1.1	1.0	2.8
中国	276	381	580	928	1254	2324	3938	5548	7200	3.6	28.5	8.7
印度	98	149	234	340	408	530	786	1117	1386	1.3	5.5	7.0
日本	551	643	830	945	1021	1061	1124	1018	1005	7.2	4.0	1.6
韩国	35	55	102	175	278	374	481	535	585	0.5	2.3	7.5
其他	163	219	360	519	687	875	1127	1380	1729	2.1	6.9	6.2
中东	85	160	206	302	406	556	750	974	1067	1.1	4.2	6.7
非洲	175	230	288	331	406	499	589	677	734	2.3	2.9	3.7
埃及	17	24	38	46	67	95	130	145	164	0.2	0.6	6.1
南非	100	135	156	172	206	222	233	228	231	1.3	0.9	2.2
其他	58	70	94	112	133	182	226	304	339	0.8	1.3	4.6
世界	7623	9034	10898	12189	14157	16767	19852	22467	25235	100.0	100.0	3.1
OECD	5260	6013	7156	8051	9196	9961	10353	10299	10540	69.0	41.8	1.8
非 OECD	2364	3021	3742	4138	4961	6806	9499	12168	14695	31.0	58.2	4.8

数据来源：国际能源署，GlobalData，国网能源研究院。

注 * 表示 1990—2019 年均增速；e 代表估算；不含输配损耗。

2. 人均用电量

表 C-14 1980—2019 年分地区人均用电量 单位：千瓦·时

地区 / 国家	1980	1985	1990	1995	2000	2005	2010	2015	2019e	增速 (%) 1980—2019
北美	8147	8608	9674	10331	11070	11107	10763	10376	10328	0.6
美国	9817	10347	11794	12707	13671	13651	13389	12873	12855	0.7
加拿大	12745	14762	16278	16595	17037	17769	16217	15825	15412	0.5
墨西哥	883	1070	1193	1425	1800	1989	2018	2210	2330	2.5
中南美	959	1112	1268	1435	1665	1819	2107	2304	2256	2.2
巴西	1017	1283	1461	1634	1897	2016	2374	2558	2585	2.4
阿根廷	1250	1263	1312	1683	2111	2389	2812	3166	2996	2.3
其他	847	928	1085	1207	1371	1535	1737	1917	1824	2.0
欧洲	4301	4866	5205	4797	5164	5671	5822	5692	5782	0.8
欧盟	—	—	5159	5294	5821	6294	6270	5991	5986	0.5*
英国	4684	4827	5357	5576	6115	6271	5701	5100	5044	-0.2
法国	4422	5259	5969	6622	7225	7653	7738	7203	7127	1.2
德国	5797	6449	6640	6328	6635	7145	7266	7032	6648	0.4
意大利	3105	3392	4145	4598	5300	5731	5494	5099	5190	1.3
西班牙	2644	2975	3537	3917	5168	6111	5707	5475	5439	1.9
俄罗斯	—	—	6688	5102	5198	5770	6410	6588	6959	0.0*
其他	—	—	3160	2520	2653	3062	3260	3324	3455	0.3*
亚太	513	604	800	1008	1177	1554	2115	2585	3090	4.7
澳大利亚	5915	7008	8527	8994	10194	10458	10727	10010	9923	1.3
中国	282	363	511	770	993	1782	2944	4046	5151	7.7
印度	140	190	268	353	386	461	637	852	1015	5.2
日本	4718	5328	6718	7533	8048	8301	8774	8008	7957	1.3
韩国	914	1340	2373	3881	5907	7757	9716	10482	11315	6.7
其他	322	387	577	753	913	1079	1304	1497	1788	4.5
中东	342	547	606	784	949	1170	1410	1649	1683	4.2
非洲	379	433	474	480	522	569	593	602	591	1.1
埃及	382	497	678	745	977	1262	1576	1567	1629	3.8
南非	3519	4118	4239	4158	4580	4637	4543	4120	3944	0.3
其他	148	157	183	192	200	241	263	311	313	1.9
世界	1720	1867	2064	2136	2315	2575	2868	3061	3289	1.7
OECD	5489	6047	6947	7512	8298	8694	8742	8459	8480	1.1
非 OECD	680	786	881	893	991	1268	1656	1988	2285	3.2

数据来源：世界银行，国际能源署，GlobalData，国网能源研究院。

注 * 表示 1990—2019 年均增速；e 代表估算。

3. 人均生活用电量

表 C-15　1980—2019 年分地区人均生活用电量　　单位：千瓦•时

地区 / 国家	1980	1985	1990	1995	2000	2005	2010	2015	2019e	增速 (%) 1980—2019
北美	2774	2910	3297	3443	3667	3893	3961	3740	3711	0.7
美国	3477	3646	4138	4355	4658	4973	5110	4772	4805	0.8
加拿大	3566	4178	5055	4890	4891	5266	5285	5639	5064	0.9
墨西哥	155	197	243	339	448	446	456	481	520	3.1
中南美	240	276	344	397	461	484	588	677	683	2.7
巴西	274	341	402	504	537	543	721	839	912	3.1
阿根廷	245	246	303	417	550	550	696	845	825	3.2
其他	256	288	349	367	406	472	536	602	586	2.1
欧洲	895	1074	1154	1307	1430	1514	1610	1557	1592	1.5
欧盟	—	—	1453	1541	1652	1815	1878	1732	1715	0.6*
英国	1721	1770	1831	1934	2076	2261	2060	1810	1758	0.1
法国	1302	1809	1914	2102	2416	2507	2814	2524	2561	1.8
德国	1702	1977	2000	1784	1791	1933	1934	1758	1644	-0.1
意大利	735	867	1018	1105	1186	1275	1277	1174	1144	1.1
西班牙	576	673	849	1000	1196	1579	1764	1653	1718	2.8
俄罗斯	—	—	865	1040	1202	967	1144	1329	1574	2.1*
其他	—	—	465	690	781	841	928	950	977	2.6*
亚太	93	121	149	213	255	325	429	521	636	5.0
澳大利亚	2163	2328	2544	2618	2878	3031	3098	2806	2737	0.6
中国	12	25	23	101	139	258	437	628	858	11.6
印度	15	25	41	60	81	100	140	207	267	7.7
日本	1067	1330	1604	1971	2142	2346	2622	2249	2163	1.8
韩国	148	254	446	673	833	1103	1325	1350	1423	6.0
其他	69	93	139	200	257	302	371	447	544	5.5
中东	102	255	252	332	390	525	617	722	663	4.9
非洲	72	92	116	128	142	170	184	206	215	2.8
埃及	112	190	250	282	356	465	647	733	684	4.7
南非	514	574	687	719	754	887	902	820	982	1.7
其他	35	45	60	67	75	92	94	115	127	3.3
世界	434	488	536	600	652	719	797	830	880	1.8
OECD	1669	1881	2127	2298	2489	2705	2819	2639	2619	1.2
非 OECD	90	124	148	206	244	293	379	469	545	4.7

数据来源：世界银行，国际能源署，GlobalData，国网能源研究院。

注　* 表示 1990—2019 年均增速；e 代表估算。

4. 电力消费强度

表 C-16　1980—2019 年分地区电力消费强度　　单位：千瓦·时 / 万美元

地区 / 国家	1980	1985	1990	1995	2000	2005	2010	2015	2019e	增速 (%) 1980—2019
北美	3355	3228	3301	3351	3092	2877	2787	2515	2363	-0.9
美国	3434	3222	3271	3312	3056	2815	2763	2470	2303	-1.0
加拿大	4341	4649	4829	4787	4331	3996	3418	3148	2987	-1.0
墨西哥	1101	1360	1531	1847	1946	2146	2177	2202	2267	1.9
中南美	1294	1596	1972	2056	2304	2313	2293	2602	2579	1.8
巴西	1218	1632	1830	1914	2155	2114	2104	2238	2325	1.7
阿根廷	1581	1830	2100	2195	2567	2785	2707	2995	3079	1.7
其他	1310	1502	2144	2218	2440	2466	2449	3071	2825	2.0
欧洲	3190	3366	2922	2657	2499	2469	2419	2221	2083	-1.1
欧盟	—	—	2081	2005	1921	1920	1858	1695	1577	-1.0*
英国	2142	1973	1867	1817	1714	1568	1446	1214	1155	-1.6
法国	1645	1857	1835	1952	1886	1906	1904	1723	1608	-0.1
德国	2218	2288	2048	1819	1749	1840	1749	1552	1396	-1.2
意大利	1269	1278	1343	1399	1459	1535	1526	1501	1457	0.4
西班牙	1513	1630	1571	1650	1819	1970	1871	1792	1631	0.2
俄罗斯	—	—	6988	8604	8009	6462	6005	5710	5701	-0.7*
其他	—	—	2710	2110	1934	1936	1978	1759	1649	-1.7*
亚太	2287	2297	2792	3144	3337	3776	4246	4282	4381	1.7
澳大利亚	1978	2187	2374	2361	2299	2143	2062	1817	1739	-0.3
中国	8113	6750	7003	6289	5617	6523	6469	6225	6241	-0.7
印度	3312	3922	4617	5233	4676	4436	4690	4867	4677	0.9
日本	1825	1738	1764	1866	1909	1870	1971	1700	1618	-0.3
韩国	2483	2483	2793	3191	3832	4035	4208	4022	3956	1.2
其他	1545	1550	3435	3880	4620	4638	4774	4402	4207	2.6
中东	506	1090	1211	1476	1616	1801	1965	2127	2387	4.1
非洲	2298	2742	3242	3562	3498	3346	3068	2958	2872	0.6
埃及	3465	3563	4354	4495	4932	5876	5959	5794	5415	1.2
南非	5235	6554	6995	7404	7713	6890	6198	5452	5369	0.1
其他	1110	1252	1625	1892	1753	1805	1705	1876	1861	1.3
世界	2735	2853	2875	2891	2835	2886	3003	2960	2960	0.2
OECD	2368	2355	2477	2523	2454	2388	2359	2136	1997	-0.4
非 OECD	4176	4930	4152	4041	3979	4148	4275	4390	4563	0.2

数据来源：世界银行，国际能源署，GlobalData，国网能源研究院。

注　* 表示 1990—2019 年均增速；e 代表估算。

C.4.2 电气化指标

1. 发电能源占一次能源消费的比重

表 C-17　1980—2019 年分地区发电能源占一次能源消费的比重　　单位：%

地区 / 国家	1980	1985	1990	1995	2000	2005	2010	2015	2019e	变化（个百分点）1980—2019
北美	28.8	32.3	37.4	39.1	40.3	39.4	40.0	38.5	37.3	8.5
美国	29.7	33.1	38.8	40.3	41.5	40.7	41.4	39.5	38.1	8.4
加拿大	26.8	33.6	33.5	35.2	34.6	33.2	34.0	33.3	30.4	3.6
墨西哥	15.6	17.4	22.2	27.2	32.9	31.8	32.3	33.8	39.0	23.4
中南美	16.5	18.5	19.6	21.1	22.8	24.5	25.6	28.6	28.4	11.9
巴西	12.1	14.9	15.7	17.1	19.9	20.4	21.8	25.0	24.1	12.0
阿根廷	20.5	21.1	23.8	23.2	26.3	29.6	28.6	30.0	29.9	9.54
其他	19.2	21.2	22.0	24.2	24.5	26.9	28.5	32.0	32.5	13.4
欧洲	25.5	28.3	27.2	29.7	31.6	32.3	32.4	33.5	31.5	5.9
欧盟	—	—	32.9	34.4	35.8	36.4	36.3	36.8	35.1	2.1*
英国	35.5	35.2	36.0	34.3	35.2	37.6	37.0	35.5	32.2	-3.2
法国	26.4	37.5	43.5	47.9	49.3	49.6	50.3	51.9	51.6	25.1
德国	27.3	30.0	35.9	36.1	36.7	37.4	37.2	37.0	34.6	7.3
意大利	24.2	27.4	29.4	29.4	30.7	29.1	29.1	29.9	29.7	5.5
西班牙	31.3	34.9	36.7	36.3	37.5	38.1	39.2	42.3	36.6	5.4
俄罗斯	—	—	16.8	18.1	20.9	23.4	24.5	25.2	22.7	5.8*
其他	—	—	26.5	29.1	30.8	29.2	29.9	34.8	33.4	6.9*
亚太	19.0	20.9	24.2	28.3	32.2	32.9	34.7	36.4	40.4	21.4
澳大利亚	34.3	38.5	40.6	41.8	44.3	48.6	46.3	43.8	43.4	9.1
中国	14.1	14.6	18.0	24.8	29.9	29.9	32.4	35.1	40.9	26.8
印度	11.9	16.3	21.1	26.8	30.2	32.3	33.8	37.5	40.0	28.1
日本	34.5	37.9	40.5	41.9	42.3	43.4	46.6	43.4	45.0	10.5
韩国	21.2	26.1	28.9	29.1	34.7	41.5	43.5	42.9	41.9	20.7
其他	12.8	16.2	20.6	23.7	29.7	30.5	32.7	33.4	35.3	22.5
中东	23.3	27.5	29.5	30.9	32.2	33.7	35.1	35.9	33.8	10.5
非洲	14.8	16.7	17.7	18.5	19.5	20.6	20.7	21.6	20.9	6.1
埃及	22.3	24.1	26.8	27.6	29.2	35.0	35.2	42.5	40.4	18.1
南非	36.1	37.1	42.8	43.7	47.1	47.6	48.2	48.0	44.5	8.4
其他	6.5	7.7	8.0	8.7	9.5	10.5	10.8	12.6	12.5	6.0
世界	23.7	26.2	27.7	30.2	32.3	32.4	33.2	33.9	34.7	11.1
OECD	28.6	32.2	35.9	37.4	38.8	38.9	39.7	38.7	37.8	9.2
非 OECD	18.3	20.2	19.9	23.2	26.5	27.9	29.8	32.4	34.6	16.3

数据来源：国际能源署，国网能源研究院。

注　* 表示 1990—2019 年变化；e 代表估算。

2. 电能占终端能源消费的比重

表 C-18 1980—2019 年分地区电能占终端能源消费的比重

单位：%

地区 / 国家	1980	1985	1990	1995	2000	2005	2010	2015	2019[e]	变化（个百分点）1980—2019
北美	13.4	15.5	17.6	18.9	19.4	20.4	21.3	21.3	20.9	7.6
美国	13.3	15.3	17.5	19.0	19.5	20.5	21.5	21.6	20.9	7.6
加拿大	16.8	20.9	22.2	21.7	21.6	22.4	22.5	21.0	22.2	5.3
墨西哥	7.5	8.4	10.3	11.8	13.1	15.4	15.8	18.5	19.9	12.5
中南美	10.1	12.4	13.8	14.8	16.0	16.7	17.0	18.2	18.8	8.7
巴西	9.7	10.8	11.5	11.5	13.7	15.3	17.1	18.3	19.7	10.1
阿根廷	10.6	14.2	16.3	17.1	18.0	18.1	17.9	18.6	19.7	9.1
其他	9.6	11.0	12.1	13.5	14.6	15.7	16.0	17.7	17.5	7.8
欧洲	12.4	13.9	14.5	15.6	17.0	17.9	18.6	19.3	18.8	6.4
欧盟	—	—	16.4	17.1	18.4	19.3	20.2	21.2	20.9	4.6*
英国	15.4	15.5	17.1	17.6	18.8	20.2	20.5	20.7	19.8	4.4
法国	12.7	15.7	18.2	19.3	20.3	21.6	23.7	24.8	25.1	12.3
德国	13.6	15.0	16.3	16.6	18.0	19.5	20.0	20.1	19.7	6.2
意大利	13.4	14.9	16.1	17.0	18.2	18.3	19.2	20.8	21.3	7.8
西班牙	16.0	18.6	17.8	17.6	19.0	20.4	22.8	25.0	23.4	7.3
俄罗斯	—	—	11.4	11.6	12.5	13.6	14.0	13.7	12.4	1.0*
其他	—	—	13.9	15.9	17.5	17.9	18.9	20.8	21.3	7.5*
亚太	8.2	9.0	10.5	12.2	14.4	16.0	18.5	20.3	23.6	15.5
澳大利亚	14.6	17.1	19.6	20.0	21.4	22.5	23.6	22.5	21.8	7.3
中国	4.4	4.9	6.0	8.4	11.4	14.5	18.8	21.4	26.1	21.8
印度	4.5	5.8	7.6	9.7	10.3	11.7	13.0	16.1	17.3	12.9
日本	19.0	21.1	23.1	23.8	25.4	26.2	28.4	27.5	29.1	10.1
韩国	9.0	11.4	12.5	13.4	17.8	21.9	24.5	24.6	25.2	16.2
其他	6.4	7.4	8.8	10.5	12.3	13.6	15.0	16.3	18.7	12.3
中东	6.9	9.5	10.3	10.7	12.2	12.6	14.0	14.8	15.9	9.0
非洲	6.4	7.1	7.6	7.6	8.4	9.0	9.2	9.3	9.6	3.2
埃及	10.0	10.3	13.4	15.2	17.7	18.8	20.3	24.3	22.2	12.2
南非	18.2	22.1	23.3	23.2	26.7	25.8	25.6	23.7	25.1	6.9
其他	2.9	3.0	3.3	3.5	3.7	4.5	4.7	5.2	5.7	2.8
世界	10.0	12.3	13.3	14.3	15.5	16.4	17.5	18.4	19.6	8.7
OECD	13.9	15.9	17.8	18.8	19.8	20.9	21.9	22.2	22.1	8.2
非 OECD	7.9	8.9	9.5	10.4	12.0	13.4	15.4	17.2	19.4	11.6

数据来源：国际能源署，国网能源研究院。

注 * 表示 1990—2019 年变化；e 代表估算。

C.5 电力供应

C.5.1 总体情况

1. 总发电量

表 C-19 2000—2019 年分地区总发电量　　单位：十亿千瓦·时

地区 / 国家	2000	2005	2010	2015	2016	2017	2018	2019e	结构 (%)		增速 (%)
									2000	2019	2000—2019
北美	4659	4937	5018	5039	5060	5026	5159	5129	30.2	18.9	0.5
美国	3887	4110	4175	4111	4119	4088	4234	4196	25.2	15.5	0.4
加拿大	592	599	583	637	641	630	629	628	3.8	2.3	0.3
墨西哥	179	228	260	291	300	308	296	305	1.2	1.1	2.8
中南美	810	943	1146	1323	1327	1318	1338	1361	5.2	5.0	2.8
巴西	355	407	520	583	581	592	623	641	2.3	2.4	3.2
阿根廷	77	90	110	134	135	141	143	147	0.5	0.5	3.4
其他	378	446	515	606	611	584	572	573	2.4	2.1	2.2
欧洲	4591	4909	5047	4918	4977	5049	5073	5078	29.7	18.7	0.5
欧盟	2627	3086	3192	3103	3123	3163	3157	3162	17.0	11.7	1.0
英国	351	376	362	316	317	318	313	309	2.3	1.1	-0.7
法国	528	556	552	558	545	551	572	562	3.4	2.1	0.3
德国	537	574	586	599	602	608	602	575	3.5	2.1	0.4
意大利	265	287	291	271	279	284	280	281	1.7	1.0	0.3
西班牙	227	279	293	272	267	268	267	267	1.5	1.0	0.9
俄罗斯	767	815	885	887	913	921	937	948	5.0	3.5	0.6
其他	1915	2022	2078	2013	2054	2099	2101	2137	12.4	7.9	0.6
亚太	4492	6301	8896	11047	11483	12063	12786	13454	29.1	49.6	5.9
澳大利亚	214	231	252	253	258	260	263	267	1.4	1.0	1.2
中国	1372	2515	4301	5757	6042	6457	7013	7489	8.9	27.6	9.3
印度	538	663	894	1266	1310	1379	1448	1579	3.5	5.8	5.8
日本	1011	1042	1092	1008	1000	1009	992	1044	6.5	3.8	0.2
韩国	271	364	469	513	529	541	553	543	1.8	2.0	3.7
其他	1086	1486	1888	2250	2345	2418	2517	2532	7.0	9.3	4.6
中东	467	636	895	1166	1204	1227	1253	1291	3.0	4.8	5.5
非洲	423	530	635	732	755	783	810	826	2.7	3.0	3.6
埃及	72	98	136	170	182	185	192	190	0.5	0.7	5.2
南非	199	232	246	237	239	243	243	247	1.3	0.9	1.1
其他	151	199	253	325	335	356	374	388	1.0	1.4	5.1
世界	15442	18255	21637	24225	24805	25467	26419	27137	100.0	100.0	3.0
OECD	9482	10154	10571	10518	10604	10616	10752	10769	61.4	39.7	0.7
非 OECD	5960	8101	11066	13707	14202	14850	15667	16368	38.6	60.3	5.5

数据来源：国际能源署，国际可再生能源署，国际原子能机构，GlobalData，国网能源研究院。

注　e 代表估算。

2. 总发电装机

表 C-20　2000—2019 年分地区总发电装机　　单位：百万千瓦

地区 / 国家	2000	2005	2010	2015	2016	2017	2018	2019	结构 (%) 2000	结构 (%) 2019	增速 (%) 2000—2019
北美	1018	1243	1338	1391	1411	1425	1446	1474	29.0	19.7	2.0
美国	866	1066	1143	1177	1191	1203	1220	1238	24.7	16.6	1.9
加拿大	112	123	134	146	149	151	151	153	3.2	2.0	1.6
墨西哥	40	54	61	67	71	72	76	83	1.1	1.1	3.9
中南美	186	217	258	320	342	354	368	379	5.3	5.1	3.8
巴西	74	94	114	142	152	159	166	172	2.1	2.3	4.6
阿根廷	25	26	30	35	36	38	40	42	0.7	0.6	2.7
其他	88	97	114	143	154	157	161	165	2.5	2.2	3.4
欧洲	1080	1162	1321	1477	1501	1526	1555	1592	30.8	21.3	2.1
欧盟	603	734	881	988	996	1011	1033	1056	17.2	14.1	3.0
英国	80	83	94	97	98	104	107	108	2.3	1.4	1.6
法国	116	116	125	131	133	133	135	138	3.3	1.8	0.9
德国	117	132	164	199	206	211	216	220	3.3	2.9	3.4
意大利	76	85	107	117	114	114	115	117	2.2	1.6	2.3
西班牙	58	77	103	106	105	105	105	111	1.7	1.5	3.4
俄罗斯	213	219	231	258	268	271	275	278	6.1	3.7	2.0
其他	421	449	496	569	576	588	601	619	12.0	8.3	2.0
亚太	1022	1322	1924	2780	2972	3155	3337	3499	29.1	46.8	6.7
澳大利亚	44	48	58	70	70	70	73	79	1.3	1.1	3.1
中国	324	523	977	1541	1667	1795	1921	2024	9.2	27.1	10.1
印度	119	147	210	349	373	396	413	427	3.4	5.7	7.0
日本	261	279	287	318	330	337	348	351	7.4	4.7	1.6
韩国	48	62	77	99	106	118	120	125	1.4	1.7	5.2
其他	226	263	315	404	426	439	463	492	6.4	6.6	4.2
中东	101	136	202	273	284	294	307	320	2.9	4.3	6.2
非洲	99	105	129	163	176	191	208	215	2.8	2.9	4.2
埃及	15	19	25	36	41	46	57	58	0.4	0.8	7.4
南非	47	43	48	51	54	57	58	59	1.3	0.8	1.2
其他	37	43	56	76	81	88	94	97	1.0	1.3	5.3
世界	3507	4186	5172	6404	6686	6945	7222	7479	100.0	100.0	4.1
OECD	2084	2417	2689	2936	2991	3052	3114	3115	59.4	41.6	2.1
非 OECD	1422	1769	2483	3468	3695	3893	4108	4364	40.6	58.4	6.1

数据来源：国际能源署，国际可再生能源署，国际原子能机构，GlobalData，国网能源研究院。

C.5.2 分品种情况

1. 煤电

表 C-21 2000—2019 年分地区煤电发电量 单位：十亿千瓦•时

地区 / 国家	2000	2005	2010	2015	2016	2017	2018	2019e	结构 (%)		增速 (%)
									2000	2019	2000—2019
北美	2097	2134	1953	1444	1328	1288	1222	1074	35.8	10.7	-3.5
美国	1966	2013	1847	1352	1238	1206	1146	997	33.5	9.9	-3.5
加拿大	98	85	70	54	52	48	41	45	1.7	0.4	-4.1
墨西哥	32	36	36	38	38	34	34	33	0.6	0.3	0.1
中南美	25	28	42	71	74	65	68	74	0.4	0.7	5.9
巴西	8	7	8	20	18	18	18	19	0.1	0.2	4.5
阿根廷	1	2	2	3	3	2	2	2	0.0	0.0	2.1
其他	15	20	32	48	53	45	48	53	0.3	0.5	6.8
欧洲	1185	1228	1110	1074	1000	960	940	830	20.2	8.2	-1.9
欧盟	621	861	771	767	673	647	614	517	10.6	5.1	-1.0
英国	111	126	100	70	28	21	16	14	1.9	0.1	-10.2
法国	26	27	23	11	9	12	8	9	0.5	0.1	-5.3
德国	267	265	242	250	240	222	210	157	4.6	1.6	-2.8
意大利	25	42	38	42	34	31	38	35	0.4	0.3	1.8
西班牙	67	78	24	53	38	45	38	13	1.1	0.1	-8.2
俄罗斯	142	131	131	120	131	125	125	127	2.4	1.3	-0.6
其他	547	560	553	528	519	503	506	474	9.3	4.7	-0.8
亚太	2313	3594	5328	6569	6721	7084	7501	7823	39.5	77.6	6.6
澳大利亚	174	181	180	159	163	162	158	157	3.0	1.6	-0.6
中国	1053	1943	3260	3906	3957	4190	4493	4697	18.0	46.6	8.2
印度	367	451	608	963	1009	1056	1096	1181	6.3	11.7	6.3
日本	210	277	291	348	339	343	330	336	3.6	3.3	2.5
韩国	102	137	204	222	230	257	265	244	1.7	2.4	4.7
其他	408	605	786	972	1023	1075	1160	1209	7.0	12.0	5.9
中东	31	38	35	31	26	25	25	26	0.5	0.3	-0.9
非洲	210	250	258	248	246	248	253	250	3.6	2.5	0.9
埃及	0	0	0	0	0	0	0	0	0.0	0.0	—
南非	180	214	226	212	210	211	212	211	3.1	2.1	0.9
其他	30	36	32	36	36	36	40	39	0.5	0.4	1.3
世界	5862	7272	8727	9438	9395	9670	10008	10077	100.0	100.0	2.9
OECD	3537	3745	3523	3069	2881	2847	2751	2484	60.3	24.6	-1.8
非 OECD	2324	3528	5203	6369	6514	6823	7257	7594	39.7	75.4	6.4

数据来源：国际能源署，GlobalData，国网能源研究院。

注 e 代表估算。

表 C-22 2000—2019 年分地区煤电装机 单位：百万千瓦

地区 / 国家	2000	2005	2010	2015	2016	2017	2018	2019	结构 (%)		增速 (%)
									2000	2019	2000—2019
北美	355	357	362	321	306	295	279	272	32.4	12.9	-1.4
美国	336	336	342	305	291	279	264	257	30.7	12.2	-1.4
加拿大	14	16	14	10	10	10	9	9	1.3	0.4	-2.5
墨西哥	5	5	6	6	6	6	6	6	0.4	0.3	1.3
中南美	5	6	7	12	12	12	12	13	0.5	0.6	5.0
巴西	1	1	2	3	3	3	3	3	0.1	0.2	4.4
阿根廷	1	1	1	1	1	1	1	1	0.1	0.0	0.9
其他	3	4	5	7	8	8	9	9	0.3	0.4	5.8
欧洲	264	260	258	247	237	233	232	227	24.1	10.8	-0.8
欧盟	131	169	177	166	156	153	153	147	11.9	7.0	0.6
英国	25	23	23	18	14	13	12	10	2.3	0.5	-4.8
法国	10	10	8	3	3	3	3	3	0.9	0.1	-6.3
德国	50	48	48	49	49	46	45	44	4.6	2.1	-0.7
意大利	7	9	11	9	9	8	8	8	0.6	0.4	1.0
西班牙	12	12	11	11	10	10	10	10	1.1	0.5	-1.2
俄罗斯	40	40	41	42	41	41	41	41	3.6	2.0	0.2
其他	120	118	115	116	111	111	112	111	11.0	5.3	-0.4
亚太	423	596	950	1323	1394	1447	1490	1535	38.6	73.1	7.0
澳大利亚	25	29	30	28	28	26	26	26	2.3	1.2	0.2
中国	227	363	661	903	951	985	1017	1044	20.7	49.7	8.4
印度	69	79	113	214	223	230	234	237	6.3	11.3	6.7
日本	39	47	47	47	47	47	47	48	3.5	2.3	1.2
韩国	14	18	25	27	32	37	37	37	1.3	1.8	5.2
其他	49	60	75	103	115	122	129	142	4.5	6.8	5.8
中东	4	5	5	5	5	5	5	5	0.4	0.2	1.0
非洲	44	41	43	43	43	45	47	48	4.0	2.3	0.5
埃及	0	0	0	0	0	0	0	0	0.0	0.0	—
南非	42	38	40	40	40	42	42	44	3.8	2.1	0.3
其他	2	2	2	3	3	3	5	5	0.2	0.2	4.0
世界	1096	1264	1625	1951	1998	2037	2065	2101	100.0	100.0	3.5
OECD	606	621	636	587	571	561	547	536	55.3	25.5	-0.6
非 OECD	489	642	989	1363	1427	1476	1519	1565	44.7	74.5	6.3

数据来源：国际能源署，GlobalData，国网能源研究院。

2. 油电

表 C-23　2000—2019 年分地区油电发电量　　单位：十亿千瓦•时

地区 / 国家	2000	2005	2010	2015	2016	2017	2018	2019e	结构 (%) 2000	结构 (%) 2019	增速 (%) 2000—2019
北美	159.9	157.8	59.1	43.2	38.7	35.2	38.4	38.4	15.3	4.6	-7.2
美国	111.2	122.2	37.1	28.2	24.2	21.4	24.8	25.7	10.7	3.1	-7.4
加拿大	17.4	15.3	9.0	4.0	3.6	3.1	2.9	3.2	1.7	0.4	-8.6
墨西哥	31.3	20.2	13.0	11.0	10.9	10.8	10.7	9.5	3.0	1.1	-6.1
中南美	97.0	109.8	134.3	149.6	116.9	108.5	106.8	104.3	9.3	12.6	0.4
巴西	13.6	10.6	14.2	25.7	12.1	12.7	12.7	11.9	1.3	1.4	-0.7
阿根廷	0.3	0.2	1.3	2.6	2.6	2.9	2.5	2.4	0.0	0.3	11.7
其他	83.1	99.0	118.8	121.3	102.2	92.9	91.6	89.9	8.0	10.9	0.4
欧洲	234.3	171.9	85.9	58.6	58.7	62.1	56.6	57.1	22.4	6.9	-7.2
欧盟	144.8	104.6	51.9	33.5	32.2	33.2	31.4	30.3	13.9	3.7	-7.9
英国	5.7	4.5	4.2	0.0	0.0	0.0	0.0	0.0	0.6	0.0	-22.2
法国	6.6	7.9	5.9	3.5	3.4	4.8	3.0	2.8	0.6	0.3	-4.5
德国	5.4	11.0	7.9	5.5	5.2	5.0	4.6	4.4	0.5	0.5	-1.0
意大利	81.6	34.3	9.5	5.4	4.0	3.9	4.5	4.3	7.8	0.5	-14.3
西班牙	22.4	22.5	11.6	9.4	9.8	10.1	9.9	8.9	2.1	1.1	-4.8
俄罗斯	26.7	16.8	7.3	7.7	8.4	10.3	8.3	9.0	2.6	1.1	-5.6
其他	85.8	74.9	39.5	27.1	28.0	27.8	26.2	27.7	8.2	3.3	-5.8
亚太	409.0	394.0	308.5	290.6	262.5	227.0	181.3	179.1	39.2	21.6	-4.3
澳大利亚	1.8	2.8	3.1	6.8	5.7	5.3	5.3	5.5	0.2	0.7	6.1
中国	47.3	51.1	16.4	4.2	2.8	2.7	3.0	2.7	4.5	0.3	-13.9
印度	8.6	7.2	5.6	3.0	3.1	3.4	3.7	4.0	0.8	0.5	-4.0
日本	126.6	128.2	89.8	96.1	80.1	68.3	54.0	65.1	12.1	7.9	-3.4
韩国	19.7	16.3	11.9	10.1	15.0	6.4	7.6	9.4	1.9	1.1	-3.8
其他	205.0	188.3	181.6	170.4	155.8	141.0	107.7	92.4	19.6	11.1	-4.1
中东	131.5	167.9	238.3	357.9	385.6	404.6	424.7	415.9	12.6	50.2	6.2
非洲	12.5	15.1	23.5	25.7	32.1	33.0	34.0	33.9	1.2	4.1	5.4
埃及	3.8	3.7	3.5	2.7	6.6	3.8	4.8	4.8	0.4	0.6	1.2
南非	0.0	0.0	0.0	0.0	0.0	0.0	0.0	0.0	0.0	0.0	—
其他	8.7	11.4	20.0	23.0	25.5	29.2	29.2	29.1	0.8	3.5	6.6
世界	1044.2	1016.4	849.6	925.6	894.4	870.5	841.8	828.6	100.0	100.0	-1.2
OECD	483.8	430.0	229.8	198.5	179.2	153.7	140.7	154.0	46.3	18.6	-5.8
非 OECD	560.3	586.4	619.8	727.1	715.2	716.8	701.1	674.6	53.7	81.4	1.0

数据来源：国际能源署，GlobalData，国网能源研究院。

注　e 代表估算。

表 C-24 2000—2019 年分地区油电装机

单位：百万千瓦

地区 / 国家	2000	2005	2010	2015	2016	2017	2018	2019	结构 (%)		增速 (%)
									2000	2019	2000—2019
北美	83.2	80.6	77.8	57.0	54.2	53.1	52.9	52.5	24.0	15.7	-2.4
美国	68.1	64.8	62.5	42.3	39.4	38.3	38.1	38.1	19.6	11.4	-3.0
加拿大	6.8	7.5	6.7	6.0	6.0	6.0	6.0	6.0	2.0	1.8	-0.6
墨西哥	8.3	8.3	8.6	8.7	8.8	8.8	8.8	8.4	2.4	2.5	0.1
中南美	26.8	28.9	38.6	44.9	45.3	45.0	43.1	43.5	7.7	13.0	2.6
巴西	4.3	4.5	6.9	8.8	8.9	8.8	7.6	7.8	1.2	2.3	3.2
阿根廷	0.4	0.4	0.9	2.7	2.2	2.3	2.1	2.1	0.1	0.6	8.8
其他	22.0	24.1	30.8	33.4	34.3	33.8	33.4	33.6	6.3	10.1	2.3
欧洲	80.0	74.7	64.8	41.3	37.4	33.8	32.7	32.4	23.1	9.7	-4.6
欧盟	63.3	58.9	51.3	31.8	28.8	25.6	24.7	24.4	18.3	7.3	-4.9
英国	2.9	3.1	3.6	0.0	0.0	0.0	0.0	0.0	0.8	0.0	-20.6
法国	11.1	9.9	10.4	8.6	7.1	4.1	3.4	3.4	3.2	1.0	-6.0
德国	7.2	6.3	5.8	4.8	4.7	4.5	4.4	4.4	2.1	1.3	-2.6
意大利	22.4	16.7	11.3	3.2	2.6	2.6	2.5	2.2	6.5	0.7	-11.5
西班牙	8.2	8.3	5.7	3.3	3.2	3.2	3.2	3.1	2.4	0.9	-4.9
俄罗斯	2.7	2.7	2.8	2.8	2.8	2.8	2.8	2.8	0.8	0.9	0.3
其他	25.6	27.6	25.2	18.6	16.8	16.6	16.3	16.4	7.4	4.9	-2.3
亚太	123.0	125.3	120.0	122.0	116.5	115.4	113.8	113.4	35.4	34.0	-0.4
澳大利亚	3.8	2.0	2.0	2.8	2.9	2.9	2.9	2.9	1.1	0.9	-1.3
中国	9.5	11.9	8.8	4.3	2.1	2.0	1.8	1.7	2.7	0.5	-8.6
印度	6.9	8.7	10.3	12.0	12.8	13.6	13.4	13.8	2.0	4.1	3.7
日本	54.3	54.7	51.4	50.6	49.0	48.5	48.5	48.5	15.7	14.5	-0.6
韩国	4.9	6.1	5.8	4.2	4.1	4.2	4.3	3.8	1.4	1.1	-1.3
其他	43.6	41.9	41.8	48.1	45.6	44.3	42.8	42.7	12.6	12.8	-0.1
中东	29.0	34.4	45.6	66.1	70.1	73.1	76.5	78.7	8.4	23.6	5.4
非洲	4.9	5.6	6.4	9.7	11.3	12.7	13.0	13.1	1.4	3.9	5.3
埃及	1.4	1.6	1.4	1.8	2.9	3.5	3.7	3.7	0.4	1.1	5.3
南非	0.0	0.0	0.0	0.0	0.0	0.0	0.0	0.0	0.0	0.0	—
其他	3.5	4.0	5.0	7.9	8.3	9.2	9.3	9.4	1.0	2.8	5.3
世界	346.9	349.5	353.2	341.1	334.7	333.0	332.0	333.7	100.0	100.0	-0.2
OECD	212.9	205.0	191.0	148.7	140.9	136.3	135.2	134.2	61.4	40.2	-2.4
非 OECD	134.0	144.5	162.2	192.5	193.8	196.7	196.8	199.4	38.6	59.8	2.1

数据来源：国际能源署，GlobalData，国网能源研究院。

3. 气电

表 C-25 2000—2019 年分地区气电发电量 单位：十亿千瓦·时

地区 / 国家	2000	2005	2010	2015	2016	2017	2018	2019[e]	结构 (%) 2000	结构 (%) 2019	增速 (%) 2000—2019
北美	716	938	1206	1592	1640	1562	1725	1792	25.0	27.9	4.9
美国	615	774	999	1347	1391	1309	1480	1536	21.5	23.9	4.9
加拿大	30	34	43	56	53	47	58	53	1.1	0.8	3.0
墨西哥	71	130	164	189	196	205	187	203	2.5	3.2	5.7
中南美	100	143	200	310	290	290	294	292	3.5	4.5	5.8
巴西	9	25	42	90	67	76	77	72	0.3	1.1	11.7
阿根廷	42	49	63	81	85	83	83	85	1.4	1.3	3.9
其他	50	69	95	139	138	131	134	134	1.7	2.1	5.4
欧洲	1014	1307	1500	1201	1309	1399	1339	1383	35.4	21.5	1.6
欧盟	461	658	762	511	626	677	629	667	16.1	10.4	2.0
英国	140	146	168	96	137	131	126	121	4.9	1.9	-0.8
法国	15	25	26	26	40	52	43	44	0.5	0.7	6.0
德国	47	70	87	60	79	84	81	90	1.6	1.4	3.5
意大利	101	160	166	119	135	148	126	128	3.5	2.0	1.2
西班牙	30	76	95	53	54	64	58	83	1.1	1.3	5.5
俄罗斯	299	348	410	402	398	401	411	410	10.4	6.4	1.7
其他	381	481	549	445	466	519	493	507	13.3	7.9	1.5
亚太	645	902	1292	1633	1683	1691	1745	1831	22.5	28.5	5.6
澳大利亚	16	24	45	53	51	50	54	52	0.6	0.8	6.3
中国	8	46	124	267	302	316	348	387	0.3	6.0	22.8
印度	50	66	106	58	61	63	62	68	1.8	1.1	1.6
日本	243	234	305	403	405	389	371	382	8.5	5.9	2.4
韩国	29	59	99	108	107	111	123	117	1.0	1.8	7.6
其他	297	473	613	744	757	763	788	824	10.4	12.8	5.5
中东	288	401	596	748	754	758	763	786	10.0	12.2	5.4
非洲	101	153	217	305	317	331	347	348	3.5	5.4	6.7
埃及	53	81	117	151	158	164	170	167	1.9	2.6	6.2
南非	0	0	0	4	1	0	1	1	0.0	0.0	51.5
其他	48	73	99	149	157	167	175	180	1.7	2.8	7.2
世界	2863	3844	5009	5789	5993	6032	6213	6431	100.0	100.0	4.4
OECD	1577	2046	2594	2846	3003	2980	3078	3190	55.1	49.6	3.8
非 OECD	1286	1798	2415	2943	2990	3051	3135	3240	44.9	50.4	5.0

数据来源：国际能源署，GlobalData，国网能源研究院。

注 e 代表估算。

表 C-26　2000—2019 年分地区气电装机

单位：百万千瓦

地区 / 国家	2000	2005	2010	2015	2016	2017	2018	2019	结构 (%)		增速 (%)
									2000	2019	2000—2019
北美	271	478	520	560	572	581	597	609	32.1	31.9	4.3
美国	245	439	470	507	515	525	539	546	29.0	28.6	4.3
加拿大	11	12	18	19	20	20	20	21	1.3	1.1	3.5
墨西哥	15	27	32	34	36	36	37	42	1.8	2.2	5.3
中南美	31	43	52	66	70	73	76	76	3.7	4.0	4.8
巴西	2	11	13	14	15	15	15	15	0.3	0.8	10.7
阿根廷	13	14	16	18	19	21	23	23	1.5	1.2	3.2
其他	16	19	23	34	36	37	38	38	1.9	2.0	4.6
欧洲	280	320	395	430	439	444	445	447	33.1	23.4	2.5
欧盟	126	162	224	233	231	233	232	233	14.9	12.2	3.3
英国	33	38	44	36	36	38	38	38	3.9	2.0	0.8
法国	5	5	9	11	12	12	12	12	0.6	0.6	4.9
德国	20	21	26	28	30	30	29	30	2.4	1.6	2.0
意大利	25	35	51	50	47	47	47	47	2.9	2.5	3.5
西班牙	9	20	33	32	32	32	32	32	1.1	1.7	6.5
俄罗斯	103	105	113	133	143	145	147	148	12.2	7.8	1.9
其他	84	96	120	140	140	140	139	140	9.9	7.3	2.7
亚太	176	224	296	408	426	442	461	474	20.9	24.8	5.3
澳大利亚	5	7	13	19	19	19	19	19	0.6	1.0	7.0
中国	1	16	37	88	95	102	109	115	0.1	6.0	28.3
印度	12	15	23	30	31	31	31	31	1.5	1.6	5.0
日本	72	74	84	93	97	97	99	99	8.6	5.2	1.7
韩国	13	16	20	32	33	38	38	40	1.5	2.1	6.2
其他	73	96	120	145	151	154	165	169	8.6	8.8	4.6
中东	63	85	137	180	186	192	200	206	7.4	10.8	6.5
非洲	24	32	48	70	77	83	95	98	2.9	5.1	7.6
埃及	11	15	20	30	33	38	48	48	1.3	2.5	8.2
南非	1	1	3	4	4	4	4	4	0.1	0.2	10.3
其他	13	17	25	36	39	41	43	46	1.5	2.4	6.9
世界	846	1183	1449	1713	1769	1815	1873	1910	100.0	100.0	4.4
OECD	492	742	868	947	961	978	994	1008	58.2	52.8	3.8
非 OECD	354	441	581	767	808	837	878	902	41.8	47.2	5.0

数据来源：国际能源署，GlobalData，国网能源研究院。

4. 水电

表 C-27　2000—2019 年分地区水电发电量　　单位：十亿千瓦·时

地区 / 国家	2000	2005	2010	2015	2016	2017	2018	2019[e]	结构 (%) 2000	结构 (%) 2019	增速 (%) 2000—2019
北美	693	686	675	685	710	750	732	699	25.3	16.2	0.0
美国	304	297	286	271	292	325	317	297	11.1	6.9	-0.1
加拿大	357	362	352	383	388	393	382	378	13.0	8.8	0.3
墨西哥	33	28	37	31	31	32	33	24	1.2	0.6	-1.7
中南美	548	616	694	667	696	690	685	681	20.0	15.8	1.1
巴西	304	337	403	360	381	371	389	399	11.1	9.3	1.4
阿根廷	26	30	34	35	30	40	40	36	0.9	0.8	1.7
其他	218	248	257	272	285	280	256	246	7.9	5.7	0.6
欧洲	898	812	860	848	882	817	881	873	32.7	20.2	-0.2
欧盟	399	338	409	373	382	332	380	371	14.5	8.6	-0.4
英国	10	9	7	9	8	9	8	9	0.3	0.2	-0.5
法国	72	55	68	61	66	55	71	65	2.6	1.5	-0.6
德国	32	26	27	25	26	26	24	27	1.2	0.6	-0.9
意大利	47	38	54	47	44	38	51	48	1.7	1.1	0.2
西班牙	37	19	46	31	40	21	37	27	1.3	0.6	-1.7
挪威	143	137	117	138	143	143	140	126	5.2	2.9	-0.7
瑞典	44	41	67	75	62	65	62	66	1.6	1.5	2.1
瑞士	39	33	38	40	37	37	38	38	1.4	0.9	-0.1
俄罗斯	165	174	170	171	188	188	194	198	6.0	4.6	1.0
其他	310	280	267	251	268	234	258	270	11.3	6.2	-0.7
亚太	519	752	1172	1646	1728	1769	1817	1895	18.9	43.9	7.1
澳大利亚	16	15	14	13	15	16	16	13	0.6	0.3	-1.1
中国	218	389	722	1130	1193	1195	1232	1302	7.9	30.2	9.9
印度	85	107	112	136	130	131	137	158	3.1	3.7	3.4
日本	85	80	91	91	85	90	88	81	3.1	1.9	-0.3
韩国	11	10	6	6	7	7	7	6	0.4	0.1	-3.2
其他	104	150	227	270	298	330	336	334	3.8	7.7	6.4
中东	8	23	18	18	22	21	19	33	0.3	0.8	7.7
非洲	76	91	114	126	123	130	134	136	2.8	3.2	3.1
埃及	14	12	13	14	14	13	13	13	0.5	0.3	-0.5
南非	3	3	5	4	4	5	5	8	0.1	0.2	5.9
其他	60	76	96	109	106	112	116	122	2.2	2.8	3.8
世界	2743	2980	3533	3990	4163	4177	4267	4318	100.0	100.0	2.4
OECD	1412	1319	1405	1427	1459	1448	1472	1469	51.5	34.0	0.2
非 OECD	1332	1661	2128	2564	2704	2729	2795	2849	48.5	66.0	4.1

数据来源：国际可再生能源署，国际水电协会，GlobalData，国网能源研究院。

注　e 代表估算。

表 C-28 2000—2019 年分地区水电装机 单位：百万千瓦

地区 / 国家	2000	2005	2010	2015	2016	2017	2018	2019	结构 (%) 2000	结构 (%) 2019	增速 (%) 2000—2019
北美	176	181	188	194	196	196	197	197	22.5	15.0	0.6
美国	99	99	101	102	103	103	103	103	12.6	7.9	0.2
加拿大	68	72	75	80	80	81	81	81	8.6	6.2	1.0
墨西哥	10	11	12	12	13	13	13	13	1.2	1.0	1.5
中南美	115	129	142	161	171	175	181	186	14.7	14.2	2.6
巴西	61	71	81	92	97	100	104	109	7.8	8.3	3.1
阿根廷	10	10	10	11	11	11	11	11	1.2	0.9	0.9
其他	44	48	52	58	63	64	65	65	5.6	5.0	2.1
欧洲	252	262	274	297	301	304	307	308	32.2	23.5	1.1
欧盟	119	144	148	153	155	156	156	156	15.2	12.0	1.5
英国	4	4	4	5	5	5	5	5	0.5	0.4	0.6
法国	25	25	25	26	26	26	26	26	3.2	2.0	0.1
德国	9	11	11	11	11	11	11	11	1.2	0.8	0.8
意大利	20	21	22	22	22	22	22	23	2.6	1.8	0.6
西班牙	18	18	19	20	20	20	20	20	2.3	1.5	0.6
挪威	28	29	30	31	32	32	33	33	3.6	2.5	0.8
瑞典	17	16	17	16	16	17	16	16	2.1	1.3	0.0
瑞士	13	13	14	14	15	15	16	16	1.7	1.2	0.8
俄罗斯	44	46	47	51	51	51	51	51	5.6	3.9	0.9
其他	73	79	86	100	103	105	107	107	9.4	8.2	2.0
亚太	213	265	382	514	530	545	558	565	27.2	43.2	5.3
澳大利亚	9	8	8	8	8	8	9	9	1.2	0.7	-0.4
中国	79	117	216	320	332	344	352	356	10.2	27.2	8.2
印度	25	34	41	47	48	50	50	50	3.3	3.8	3.6
日本	46	47	48	50	50	50	50	50	5.9	3.8	0.4
韩国	3	4	6	6	6	6	6	7	0.4	0.5	3.9
其他	49	54	63	83	85	87	91	93	6.3	7.1	3.4
中东	4	10	12	17	17	17	17	18	0.5	1.3	8.0
非洲	22	23	27	29	31	35	36	36	2.8	2.7	2.6
埃及	3	3	3	3	3	3	3	3	0.4	0.2	0.1
南非	2	2	2	2	3	3	3	3	0.3	0.3	2.3
其他	17	19	22	24	25	29	29	30	2.2	2.3	2.9
世界	782	870	1025	1212	1246	1273	1295	1308	100.0	100.0	2.7
OECD	414	426	451	479	484	487	489	490	52.9	37.5	0.9
非 OECD	368	444	574	733	762	786	806	818	47.1	62.5	4.3

数据来源：国际可再生能源署，国际水电协会，GlobalData，国网能源研究院。

5. 核电

表 C-29　2000—2019 年分地区核电发电量　　单位：十亿千瓦·时

地区 / 国家	2000	2005	2010	2015	2016	2017	2018	2019	结构 (%) 2000	结构 (%) 2019	增速 (%) 2000—2019
北美	833	881	898	905	911	911	916	915	34.1	35.4	0.5
美国	756	783	807	798	805	806	808	809	30.9	31.3	0.4
加拿大	69	87	86	96	96	95	94	95	2.8	3.7	1.7
墨西哥	8	10	6	11	10	11	13	11	0.3	0.4	1.7
中南美	11	16	20	20	23	21	21	23	0.5	0.9	3.8
巴西	6	9	14	14	15	15	15	15	0.2	0.6	5.4
阿根廷	6	6	7	7	8	6	7	8	0.2	0.3	1.7
欧洲	1109	1193	1142	1105	1081	1082	1084	1074	45.4	41.5	-0.2
欧盟	889	947	871	815	798	789	787	773	36.4	29.9	-0.7
英国	73	75	57	64	65	64	59	51	3.0	2.0	-1.9
法国	395	431	410	419	386	382	396	382	16.2	14.8	-0.2
德国	161	155	133	87	80	72	72	61	6.6	2.4	-5.0
西班牙	59	55	59	55	56	56	53	56	2.4	2.2	-0.3
俄罗斯	120	138	159	183	184	190	191	196	4.9	7.6	2.6
其他	300	339	324	298	309	318	313	328	12.3	12.7	0.5
亚太	478	525	556	397	441	468	525	555	19.6	21.4	0.8
中国	16	50	71	161	198	233	277	330	0.7	12.8	17.3
印度	14	16	20	35	35	35	35	41	0.6	1.6	5.7
日本	306	281	280	4	18	29	49	66	12.5	2.5	-7.8
韩国	104	138	142	157	154	141	127	139	4.2	5.4	1.6
其他	1	2	3	4	5	8	9	9	0.0	0.4	12.9
中东	0	0	0	3	6	6	6	6	0.0	0.2	—
非洲	13	12	13	11	15	15	11	14	0.5	0.5	0.2
南非	13	12	13	11	15	15	11	14	0.5	0.5	0.2
世界	2444	2626	2630	2441	2476	2503	2563	2586	100.0	100.0	0.3
OECD	2128	2236	2192	1878	1876	1865	1878	1892	87.1	73.1	-0.6
非 OECD	316	390	438	563	600	638	685	695	12.9	26.9	4.2

数据来源：国际原子能机构，世界核能协会，国际能源署，GlobalData，国网能源研究院。

表 C-30　2000—2019 年分地区核电装机　　　　单位：百万千瓦

地区 / 国家	2000	2005	2010	2015	2016	2017	2018	2019	结构 (%)		增速 (%)
									2000	2019	2000—2019
北美	108	112	115	114	115	115	114	113	30.7	28.9	0.3
美国	96	98	101	99	100	100	99	98	27.5	25.0	0.1
加拿大	10	13	13	14	14	14	14	14	2.9	3.5	1.6
墨西哥	1	1	1	1	2	2	2	2	0.4	0.4	1.0
中南美	2	3	3	4	4	4	4	4	0.5	0.9	4.2
巴西	1	2	2	2	2	2	2	2	0.2	0.5	6.0
阿根廷	1	1	1	2	2	2	2	2	0.3	0.4	2.8
欧洲	171	172	170	163	163	161	162	161	49.0	41.0	-0.3
欧盟	137	134	131	120	120	118	118	116	39.1	29.6	-0.9
英国	12	12	10	9	9	9	9	9	3.6	2.3	-1.8
法国	63	63	63	63	63	63	63	63	18.0	16.1	0.0
德国	21	20	20	11	11	10	10	8	6.1	2.1	-4.9
西班牙	7	8	8	7	7	7	7	7	2.1	1.8	-0.3
俄罗斯	20	22	23	25	26	26	27	28	5.7	7.3	1.9
其他	47	47	46	47	47	46	46	45	13.5	11.5	-0.2
亚太	68	79	85	100	107	109	114	112	19.3	28.5	2.7
中国	2	7	10	27	31	35	43	46	0.6	11.6	17.3
印度	3	3	4	5	6	6	6	6	0.7	1.6	4.9
日本	43	48	47	40	40	40	37	32	12.4	8.1	-1.6
韩国	13	17	19	22	23	22	22	23	3.7	5.9	3.1
其他	0	0	0	1	1	1	1	1	0.1	0.3	6.1
中东	0	0	0	1	1	1	1	1	0.0	0.2	—
非洲	2	2	2	2	2	2	2	2	0.5	0.5	0.1
南非	2	2	2	2	2	2	2	2	0.5	0.5	0.1
世界	350	368	375	383	391	392	397	392	100.0	100.0	0.6
OECD	297	309	312	297	298	295	292	284	84.9	72.3	-0.2
非 OECD	53	59	64	86	93	96	105	108	15.1	27.7	3.8

数据来源：国际原子能机构，世界核能协会，国际能源署，GlobalData，国网能源研究院。

6. 风电

表 C-31　2000—2019 年分地区风电发电量　　单位：十亿千瓦·时

地区 / 国家	2000	2005	2010	2015	2016	2017	2018	2019e	结构 (%)		增速 (%)
									2000	2019	2000—2019
北美	5.9	19.5	105.1	228.2	270.3	296.5	320.6	353.7	18.4	24.9	24.0
美国	5.6	17.9	95.1	193.0	229.5	257.2	275.8	303.6	17.5	21.4	23.4
加拿大	0.3	1.6	8.7	26.4	30.5	28.8	31.8	32.8	0.8	2.3	28.8
墨西哥	0.0	0.0	1.2	8.7	10.4	10.4	12.9	17.3	0.1	1.2	43.6
中南美	0.3	0.5	3.5	31.6	45.3	56.3	65.8	79.3	0.8	5.6	35.3
巴西	0.0	0.1	2.2	21.6	33.5	42.4	48.5	55.8	0.0	3.9	77.8
阿根廷	0.0	0.1	0.0	0.6	0.6	0.7	1.4	5.0	0.1	0.4	30.0
其他	0.2	0.4	1.3	9.3	11.2	13.2	15.9	18.4	0.7	1.3	26.3
欧洲	23.1	72.6	154.0	319.3	323.2	385.2	403.8	462.7	72.0	32.6	17.1
欧盟	22.5	70.8	150.2	303.6	304.1	362.0	377.5	432.4	70.1	30.4	16.8
英国	0.9	2.9	10.3	40.3	37.2	49.6	56.9	64.1	3.0	4.5	24.8
法国	0.1	1.0	9.9	21.4	21.4	24.6	28.6	35.1	0.2	2.5	37.8
德国	9.5	27.2	38.5	80.6	79.9	105.7	110.0	126.0	29.7	8.9	14.6
意大利	0.6	2.3	9.1	14.8	17.7	17.7	17.7	20.1	1.8	1.4	20.7
西班牙	4.7	21.3	44.3	49.3	48.9	49.1	50.9	56.2	14.8	4.0	13.9
丹麦	4.2	6.6	7.8	14.1	12.8	14.8	13.9	16.2	13.2	1.1	7.3
俄罗斯	0.0	0.0	0.0	0.0	0.0	0.0	0.1	0.1	0.0	0.0	—
其他	3.0	11.2	34.1	98.7	105.4	123.6	125.7	145.0	9.3	10.2	22.7
亚太	2.6	11.9	78.0	242.7	306.1	383.2	457.3	507.1	8.0	35.7	32.1
澳大利亚	0.1	1.3	5.1	11.5	12.2	12.6	15.2	18.0	0.4	1.3	29.3
中国	0.6	2.1	49.1	186.0	242.4	305.0	366.5	406.4	2.0	28.6	40.3
印度	1.6	5.9	16.1	31.9	36.3	47.7	55.0	57.7	4.9	4.1	20.9
日本	0.1	1.9	4.0	5.6	6.2	6.5	7.5	8.8	0.3	0.6	25.9
韩国	0.0	0.1	0.8	1.3	1.7	2.2	2.5	2.6	0.1	0.2	30.7
其他	0.1	0.4	2.9	6.5	7.4	9.2	10.7	13.5	0.3	1.0	30.0
中东	0.0	0.1	0.2	0.4	0.7	0.8	1.3	1.4	0.1	0.1	20.4
非洲	0.2	0.7	2.0	7.7	10.4	11.7	14.1	17.3	0.7	1.2	26.2
埃及	0.1	0.4	1.2	1.4	2.1	2.2	2.3	2.9	0.3	0.2	18.9
南非	0.0	0.0	0.0	2.5	3.7	4.9	6.5	6.5	0.0	0.5	—
其他	0.1	0.3	0.8	3.8	4.6	4.6	5.3	7.9	0.3	0.6	25.7
世界	32.0	105.3	342.8	829.8	956.0	1133.6	1262.9	1421.5	100.0	100.0	22.1
OECD	29.3	95.6	268.6	556.8	605.0	692.8	740.7	811.9	91.4	57.1	19.1
非 OECD	2.8	9.7	74.2	273.0	351.0	440.8	522.2	609.6	8.6	42.9	32.8

数据来源：国际可再生能源署，全球风能理事会，英国石油公司，GlobalData，国网能源研究院。

注　e 代表估算。

表 C-32　2000—2019 年分地区风电装机　　单位：百万千瓦

地区 / 国家	2000	2005	2010	2015	2016	2017	2018	2019	结构 (%) 2000	结构 (%) 2019	增速 (%) 2000—2019
北美	2.5	9.6	43.6	87.1	97.3	104.2	112.1	123.6	14.3	19.9	22.8
美国	2.4	8.9	39.1	72.6	81.3	87.6	94.4	103.6	13.7	16.6	22.0
加拿大	0.1	0.7	4.0	11.2	12.0	12.4	12.8	13.4	0.5	2.2	30.0
墨西哥	0.0	0.0	0.5	3.3	4.1	4.2	4.9	6.6	0.1	1.1	36.8
中南美	0.1	0.2	1.5	11.2	14.5	17.3	20.8	22.6	0.5	3.6	33.7
巴西	0.0	0.0	0.9	7.6	10.1	12.3	14.8	15.4	0.1	2.5	41.2
阿根廷	0.0	0.0	0.0	0.2	0.2	0.2	0.8	1.6	0.1	0.3	28.4
其他	0.1	0.1	0.5	3.4	4.2	4.8	5.3	5.6	0.3	0.9	27.7
欧洲	12.8	41.5	86.3	147.6	161.6	177.2	188.5	203.6	73.7	32.7	15.7
欧盟	12.7	39.6	84.4	141.5	154.2	168.6	179.1	191.3	73.4	30.7	15.3
英国	0.4	1.3	5.4	14.3	16.1	19.6	21.8	24.0	2.5	3.9	23.5
法国	0.0	0.7	5.9	10.3	11.6	13.5	14.9	16.3	0.2	2.6	37.6
德国	6.1	18.3	26.9	44.6	49.4	55.6	58.8	60.8	35.2	9.8	12.9
意大利	0.4	1.5	5.8	9.1	9.4	9.7	10.2	10.8	2.1	1.7	19.5
西班牙	2.2	10.1	20.7	22.9	23.0	23.1	23.4	25.6	12.7	4.1	13.8
丹麦	2.4	3.1	3.8	5.1	5.2	5.5	6.1	6.1	13.8	1.0	5.1
俄罗斯	0.0	0.0	0.0	0.0	0.0	0.0	0.1	0.1	0.0	0.0	—
其他	1.2	6.3	17.7	41.2	46.8	50.2	53.2	60.0	7.2	9.6	22.6
亚太	1.8	7.8	48.5	166.8	189.3	210.6	235.6	266.2	10.6	42.8	29.9
澳大利亚	0.0	0.7	1.9	4.2	4.3	4.8	5.7	7.1	0.2	1.1	32.7
中国	0.4	1.3	29.6	131.0	148.5	164.4	184.7	210.5	2.0	33.8	40.0
印度	1.3	4.4	13.2	25.1	28.7	32.8	35.3	37.5	7.3	6.0	19.5
日本	0.1	1.0	2.3	2.8	3.2	3.5	3.7	3.8	0.8	0.6	19.1
韩国	0.0	0.1	0.4	0.8	1.1	1.2	1.4	1.5	0.0	0.2	33.8
其他	0.0	0.2	1.2	2.8	3.4	3.8	4.9	5.8	0.2	0.9	29.4
中东	0.0	0.0	0.1	0.3	0.4	0.5	0.6	0.7	0.1	0.1	24.6
非洲	0.1	0.2	0.9	3.3	3.8	4.6	5.5	5.8	0.8	0.9	21.9
埃及	0.1	0.2	0.6	0.8	0.8	0.8	1.1	1.4	0.4	0.2	17.1
南非	0.0	0.0	0.0	1.1	1.5	2.1	2.1	2.1	0.0	0.3	—
其他	0.1	0.1	0.3	1.5	1.6	1.7	2.3	2.3	0.4	0.4	20.7
世界	17.3	59.4	180.8	416.2	466.8	514.4	563.2	622.4	100.0	100.0	20.7
OECD	15.2	51.2	120.6	225.7	248.0	280.9	301.1	301.1	87.7	48.4	17.0
非 OECD	2.1	8.2	60.3	190.5	218.9	233.5	262.1	321.3	12.3	51.6	30.2

数据来源：国际可再生能源署，全球风能理事会，英国石油公司，GlobalData，国网能源研究院。

7. 太阳能发电

表 C-33　2000—2019 年分地区太阳能发电量　　单位：十亿千瓦·时

地区 / 国家	2000	2005	2010	2015	2016	2017	2018	2019e	结构 (%) 2000	结构 (%) 2019	增速 (%) 2000—2019
北美	0.7	1.0	4.2	38.8	53.9	75.6	90.3	136.1	55.9	18.9	31.9
美国	0.7	1.0	3.9	35.6	50.3	71.0	85.2	127.8	53.8	17.7	31.7
加拿大	0.0	0.0	0.3	2.9	3.3	3.6	3.8	6.1	1.5	0.8	35.5
墨西哥	0.0	0.0	0.0	0.2	0.3	1.1	1.4	2.3	0.6	0.3	35.6
中南美	0.0	0.0	0.1	3.0	5.2	7.9	13.4	18.5	2.4	2.6	40.1
巴西	0.0	0.0	0.0	0.1	0.1	1.0	4.0	6.4	0.0	0.9	—
阿根廷	0.0	0.0	0.0	0.0	0.0	0.0	0.1	0.8	0.0	0.1	—
智利	0.0	0.0	0.0	1.3	2.6	3.9	5.2	6.4	0.0	0.9	—
其他	0.0	0.0	0.1	1.6	2.4	3.0	4.1	4.9	2.4	0.7	30.6
欧洲	0.1	1.6	23.4	110.8	115.0	125.7	140.1	156.7	10.3	21.7	45.3
欧盟	0.1	1.5	23.4	108.9	112.0	119.9	128.4	155.8	9.5	21.6	45.9
英国	0.0	0.0	0.0	7.5	10.4	11.5	12.9	12.7	0.2	1.8	57.4
法国	0.0	0.0	0.6	7.8	8.7	9.6	10.6	12.0	0.5	1.7	49.3
德国	0.1	1.3	11.7	38.7	38.1	39.4	45.8	47.5	4.8	6.6	42.1
意大利	0.0	0.0	1.9	23.0	22.1	24.4	22.7	24.3	1.4	3.4	46.1
西班牙	0.0	0.1	7.2	13.9	13.6	14.4	12.7	15.0	1.4	2.1	42.7
俄罗斯	0.0	0.0	0.0	0.1	0.1	0.3	0.5	0.7	0.0	0.1	—
其他	0.0	0.1	1.9	19.9	22.0	26.2	35.0	44.4	2.1	6.2	48.0
亚太	0.4	1.8	5.7	94.6	143.0	217.1	303.4	381.5	31.2	52.8	43.6
澳大利亚	0.0	0.0	0.4	5.0	6.2	8.1	9.9	14.5	1.6	2.0	41.3
中国	0.0	0.1	0.7	40.0	67.9	118.3	178.1	225.3	1.9	31.2	61.9
印度	0.0	0.0	0.1	6.0	10.2	18.1	31.1	39.6	0.1	5.5	70.7
日本	0.3	1.6	3.5	34.8	45.8	55.1	62.7	71.4	26.1	9.9	32.7
韩国	0.0	0.0	0.8	4.0	5.1	7.1	9.2	11.6	0.4	1.6	50.3
其他	0.0	0.1	0.2	4.8	7.9	10.5	12.4	19.2	1.2	2.7	46.0
中东	0.0	0.0	0.2	1.8	3.2	4.3	6.2	12.0	0.0	1.7	—
非洲	0.0	0.0	0.2	3.4	5.4	7.4	8.7	17.1	0.2	2.4	60.3
埃及	0.0	0.0	0.0	0.0	0.2	0.6	0.6	1.3	0.0	0.2	—
南非	0.0	0.0	0.0	2.4	3.3	4.4	5.0	5.3	0.0	0.7	—
其他	0.0	0.0	0.2	1.0	1.8	2.3	3.2	10.4	0.2	1.4	56.2
世界	1.3	4.4	33.8	252.4	325.7	438.0	562.0	722.1	100.0	100.0	39.7
OECD	1.2	4.2	32.5	195.1	233.9	268.5	317.0	378.8	92.7	52.5	35.6
非 OECD	0.1	0.2	1.3	57.3	91.8	169.5	245.0	343.2	7.3	47.5	54.2

数据来源：国际可再生能源署，英国石油公司，GlobalData，国网能源研究院。

注　e 代表估算。

表 C-34 2000—2019 年分地区太阳能发电装机 单位：百万千瓦

地区 / 国家	2000	2005	2010	2015	2016	2017	2018	2019	结构 (%) 2000	结构 (%) 2019	增速 (%) 2000—2019
北美	0.6	0.7	3.6	26.1	37.8	46.7	58.8	70.0	50.3	12.0	28.3
美国	0.6	0.7	3.4	23.4	34.7	43.1	53.2	62.3	48.6	10.7	27.7
加拿大	0.0	0.0	0.2	2.5	2.7	2.9	3.1	3.3	1.1	0.6	33.3
墨西哥	0.0	0.0	0.0	0.2	0.4	0.7	2.6	4.4	0.6	0.8	40.4
中南美	0.0	0.0	0.1	1.8	2.7	4.9	7.1	8.7	0.0	1.5	—
巴西	0.0	0.0	0.0	0.0	0.1	1.1	2.1	2.5	0.0	0.4	—
阿根廷	0.0	0.0	0.0	0.0	0.0	0.0	0.2	0.4	0.0	0.1	—
智利	0.0	0.0	0.0	0.6	1.1	1.8	2.1	2.6	0.0	0.5	—
其他	0.0	0.0	0.1	1.2	1.5	2.0	2.7	3.1	0.0	0.5	—
欧洲	0.2	2.3	30.9	99.9	107.0	116.2	127.2	148.0	16.5	25.3	41.5
欧盟	0.2	2.3	30.9	97.7	103.7	109.6	117.5	132.5	14.7	22.7	41.5
英国	0.0	0.0	0.1	9.6	11.9	12.8	13.1	13.6	0.2	2.3	59.1
法国	0.0	0.0	1.0	7.1	7.7	8.6	9.6	10.6	0.6	1.8	47.0
德国	0.1	2.1	18.0	39.2	40.7	42.3	45.2	49.0	9.3	8.4	37.6
意大利	0.0	0.0	3.6	18.9	19.3	19.7	20.1	20.9	1.6	3.6	44.6
西班牙	0.0	0.1	4.6	7.0	7.0	7.0	7.1	11.1	1.0	1.9	43.2
俄罗斯	0.0	0.0	0.0	0.1	0.1	0.2	0.5	1.1	0.0	0.2	—
其他	0.0	0.2	3.5	18.0	20.3	25.6	31.6	41.8	3.9	7.1	42.8
亚太	0.4	1.6	6.6	90.9	143.5	214.3	284.0	344.6	31.0	58.9	43.1
澳大利亚	0.0	0.1	1.1	5.9	6.7	7.4	8.6	13.3	2.0	2.3	39.1
中国	0.0	0.0	1.0	43.5	77.8	130.8	175.3	205.5	1.6	35.1	63.0
印度	0.0	0.0	0.1	5.6	9.9	18.2	27.4	35.1	0.0	6.0	—
日本	0.3	1.4	3.6	28.6	38.4	44.2	55.5	61.8	27.0	10.6	31.7
韩国	0.0	0.0	0.7	3.6	4.5	5.8	7.1	10.5	0.3	1.8	51.3
其他	0.0	0.1	0.2	3.5	6.2	7.9	10.1	18.5	0.1	3.2	67.7
中东	0.0	0.0	0.1	1.1	1.6	2.2	3.5	6.0	0.0	1.0	—
非洲	0.0	0.0	0.2	2.2	3.4	4.2	6.2	7.4	2.1	1.3	34.7
埃及	0.0	0.0	0.0	0.0	0.1	0.2	0.8	1.7	0.0	0.3	—
南非	0.0	0.0	0.0	1.4	2.2	2.5	3.0	3.1	0.7	0.5	36.8
其他	0.0	0.0	0.2	0.9	1.2	1.6	2.4	2.7	1.5	0.5	30.2
世界	1.2	4.7	41.5	222.1	295.9	388.6	486.7	584.8	100.0	100.0	38.4
OECD	1.1	4.5	37.9	162.7	192.7	213.9	249.5	249.5	93.0	42.7	32.8
非 OECD	0.1	0.2	3.7	59.4	103.3	174.7	237.3	335.4	7.0	57.3	54.6

数据来源：国际可再生能源署，英国石油公司，GlobalData，国网能源研究院。

8. 生物质发电

表 C-35 2000—2019 年分地区生物质发电量 单位：十亿千瓦•时

地区 / 国家	2000	2005	2010	2015	2016	2017	2018	2019e	结构 (%) 2000	结构 (%) 2019	增速 (%) 2000—2019
北美	64.3	69.7	72.9	84.1	83.2	78.2	81.2	79.9	40.8	14.7	1.1
美国	54.8	59.7	61.7	70.1	69.0	68.9	67.9	67.2	34.7	12.4	1.1
加拿大	8.9	9.2	10.4	12.7	12.7	7.3	10.7	10.1	5.7	1.9	0.6
墨西哥	0.6	0.8	0.7	1.3	1.5	2.0	2.6	2.7	0.4	0.5	7.8
中南美	12.8	19.7	40.7	66.2	70.0	71.7	74.6	77.8	8.1	14.3	10.0
巴西	7.9	13.6	31.9	49.9	51.4	53.0	54.5	56.1	5.0	10.3	10.9
阿根廷	0.6	0.9	2.2	5.6	6.0	6.1	6.1	6.3	0.4	1.2	12.9
其他	4.3	5.2	6.5	10.7	12.7	12.6	14.0	15.3	2.7	2.8	6.9
欧洲	39.4	73.7	126.2	181.7	184.0	188.7	194.0	203.0	25.0	37.4	9.0
欧盟	38.6	73.5	124.3	178.3	180.1	184.1	188.1	191.4	24.4	35.2	8.8
英国	3.7	8.8	12.3	28.5	28.7	30.0	32.9	34.5	2.4	6.4	12.4
法国	2.7	3.5	4.4	6.5	7.5	7.8	8.3	6.7	1.7	1.2	4.9
德国	4.6	14.0	33.9	50.3	50.9	50.9	50.9	58.1	2.9	10.7	14.3
意大利	4.2	7.3	9.4	19.4	19.5	19.4	19.2	18.9	2.7	3.5	8.2
西班牙	2.1	3.6	4.0	5.8	5.7	6.1	5.9	6.0	1.3	1.1	5.8
瑞典	4.1	7.5	12.2	10.8	11.5	12.1	11.9	12.3	2.6	2.3	6.0
俄罗斯	0.0	0.0	0.0	0.0	0.0	0.1	0.1	0.1	0.0	0.0	14.8
其他	18.0	29.0	49.9	60.4	60.2	62.4	64.9	66.4	11.4	12.2	7.1
亚太	40.2	56.0	74.8	131.4	143.5	153.5	169.1	178.6	25.4	32.9	8.2
澳大利亚	1.0	4.4	2.8	3.6	3.7	3.5	3.5	4.8	0.6	0.9	8.6
中国	3.5	7.4	18.7	40.7	49.4	60.0	67.3	79.6	2.2	14.7	17.8
印度	1.5	3.7	17.0	29.0	18.4	16.9	18.0	17.8	1.0	3.3	13.8
日本	20.3	27.3	18.0	21.7	16.9	21.4	23.1	26.2	12.8	4.8	1.4
韩国	0.0	0.1	0.9	2.7	5.7	6.1	7.6	8.7	0.0	1.6	38.2
印尼	2.9	4.0	6.9	9.0	8.6	9.5	9.6	9.8	1.8	1.8	6.6
泰国	0.5	1.9	3.4	15.9	31.1	25.5	28.7	27.6	0.3	5.1	23.1
其他	10.3	7.3	7.1	8.7	9.7	10.7	11.3	4.2	6.6	0.8	-4.6
中东	0.0	0.0	0.1	0.4	0.4	0.4	0.4	0.4	0.0	0.1	30.5
非洲	1.1	1.5	2.5	2.9	3.1	2.9	3.2	3.4	0.7	0.6	6.1
埃及	0.0	0.0	0.3	0.3	0.3	0.3	0.3	0.3	0.0	0.1	—
南非	0.4	0.4	0.3	0.3	0.3	0.4	0.5	0.6	0.3	0.1	1.5
其他	0.7	1.2	1.9	2.3	2.5	2.2	2.4	2.5	0.4	0.5	7.3
世界	157.8	220.6	317.1	466.7	484.3	495.4	522.6	543.0	100.0	100.0	6.7
OECD	132.8	175.5	230.2	308.5	316.2	299.1	301.6	306.2	84.1	56.4	4.5
非 OECD	25.0	45.1	86.9	158.2	168.1	196.3	221.0	236.8	15.9	43.6	12.6

数据来源：国际可再生能源署，英国石油公司，GlobalData，国网能源研究院。

注 e 代表估算。

表 C-36　2000—2019 年分地区生物质发电装机　　单位：百万千瓦

地区 / 国家	2000	2005	2010	2015	2016	2017	2018	2019	结构 (%) 2000	结构 (%) 2019	增速 (%) 2000—2019
北美	11.3	10.7	12.4	16.1	16.2	17.2	17.2	16.8	33.5	13.6	2.1
美国	9.6	9.1	10.3	13.0	12.9	12.8	12.7	12.5	28.6	10.0	1.4
加拿大	1.3	1.0	1.7	2.4	2.4	3.3	3.4	3.4	4.0	2.7	5.0
墨西哥	0.3	0.5	0.4	0.7	0.9	1.0	1.1	1.0	1.0	0.8	6.1
中南美	5.1	5.3	10.8	17.3	18.5	19.1	19.5	19.8	15.1	15.9	7.4
巴西	3.2	3.4	7.9	13.3	14.2	14.6	14.8	15.0	9.5	12.1	8.4
阿根廷	0.5	0.5	0.5	0.5	0.5	0.5	0.5	0.5	1.6	0.4	-0.4
其他	1.3	1.4	2.4	3.6	3.9	4.1	4.2	4.3	4.0	3.5	6.3
欧洲	9.5	18.2	26.6	36.2	37.3	38.7	41.8	44.0	28.3	35.5	8.4
欧盟	8.8	18.1	25.0	34.1	35.1	36.5	39.4	41.2	26.1	33.2	8.5
英国	0.8	1.6	2.2	4.8	5.2	5.5	7.0	7.3	2.3	5.9	12.4
法国	0.6	0.7	0.9	1.3	1.4	1.5	1.7	1.8	1.9	1.4	5.4
德国	1.1	3.3	6.2	8.4	8.7	9.0	9.7	10.0	3.3	8.0	12.2
意大利	0.7	1.1	1.8	3.4	3.4	3.5	3.5	3.9	2.0	3.1	9.6
西班牙	0.3	0.5	0.9	1.0	1.0	1.0	1.0	1.2	0.9	1.0	7.6
瑞典	1.6	3.6	4.1	4.7	4.9	4.8	5.0	5.0	4.7	4.0	6.3
俄罗斯	1.3	1.3	1.2	1.4	1.4	1.4	1.4	1.4	3.8	1.1	0.4
其他	3.2	6.1	9.3	11.1	11.2	12.1	12.6	13.5	9.4	10.9	8.0
亚太	7.0	10.6	14.8	25.6	31.0	33.8	37.5	41.6	20.7	33.5	9.9
澳大利亚	0.4	0.8	0.8	0.8	0.9	0.9	0.9	0.9	1.3	0.7	3.9
中国	1.1	1.9	3.4	8.0	9.3	11.2	13.2	16.5	3.3	13.3	15.3
印度	0.4	1.0	3.1	5.5	8.9	9.4	10.1	10.2	1.1	8.2	18.9
日本	2.7	3.3	1.6	1.9	2.2	2.6	2.8	3.2	7.9	2.6	1.0
韩国	0.0	0.1	0.2	1.2	1.3	1.4	1.5	1.6	0.0	1.3	—
印尼	0.3	1.1	1.9	1.7	1.8	1.8	1.8	1.8	0.9	1.5	10.0
泰国	0.6	1.0	1.8	3.2	3.4	3.8	4.2	4.3	1.8	3.4	10.9
其他	1.5	1.5	1.9	3.2	3.3	2.6	2.9	3.1	4.4	2.5	3.9
中东	0.0	0.0	0.0	0.1	0.1	0.1	0.1	0.1	0.0	0.1	28.0
非洲	0.8	0.7	1.0	1.5	1.5	1.6	1.7	1.7	2.4	1.4	4.0
埃及	0.0	0.0	0.1	0.1	0.1	0.1	0.1	0.1	0.0	0.1	—
南非	0.2	0.2	0.2	0.3	0.3	0.3	0.3	0.3	0.7	0.2	0.5
其他	0.6	0.5	0.7	1.2	1.2	1.2	1.3	1.4	1.7	1.1	4.8
世界	33.7	45.5	65.6	96.8	104.6	110.5	117.7	124.0	100.0	100.0	7.1
OECD	25.6	33.9	43.2	58.2	60.3	63.4	66.1	68.9	75.8	55.6	5.4
非 OECD	8.2	11.6	22.4	38.6	44.3	47.2	51.6	55.1	24.2	44.4	10.6

数据来源：国际可再生能源署，英国石油公司，GlobalData，国网能源研究院。

C.6 碳排放

1. 碳排放总量

表 C-37　1980—2019 年分地区能源相关碳排放量　　单位：亿吨

地区 / 国家	1980	1985	1990	1995	2000	2005	2010	2015	2019e	结构 (%)		增速 (%)
										1980	2019	1980—2019
北美	52.2	51.5	54.7	58.0	65.9	66.5	63.2	59.2	57.1	29.5	17.2	0.2
美国	46.0	45.1	48.0	50.7	57.3	57.0	53.5	49.3	47.7	26.0	14.3	0.1
加拿大	4.2	3.9	4.1	4.4	5.0	5.4	5.3	5.5	5.6	2.4	1.7	0.7
墨西哥	2.0	2.4	2.6	2.9	3.6	4.1	4.4	4.4	3.9	1.2	1.2	1.7
中南美	5.3	5.0	5.8	6.8	8.2	9.0	10.6	12.0	11.1	3.0	3.3	1.9
巴西	1.7	1.6	1.8	2.3	2.9	3.1	3.7	4.5	4.1	0.9	1.2	2.3
阿根廷	0.9	0.9	0.9	1.1	1.3	1.4	1.6	1.8	1.6	0.5	0.5	1.5
其他	2.6	2.6	3.0	3.4	4.0	4.5	5.3	5.7	5.3	1.5	1.6	1.8
欧洲	73.9	73.5	78.5	64.6	62.8	65.0	63.6	59.1	58.8	41.8	17.7	-0.6
欧盟	—	—	40.2	38.1	37.9	39.2	36.1	32.2	29.8	—	9.0	-1.0*
英国	5.7	5.4	5.5	5.1	5.2	5.3	4.8	3.9	3.3	3.2	1.0	-1.4
法国	4.6	3.5	3.5	3.4	3.6	3.7	3.4	3.0	3.0	2.6	0.9	-1.0
德国	10.5	10.0	9.4	8.6	8.1	7.9	7.6	7.3	6.4	5.9	1.9	-1.3
意大利	3.6	3.4	3.9	4.0	4.2	4.6	3.9	3.3	2.9	2.0	0.9	-0.5
西班牙	1.9	1.7	2.0	2.3	2.8	3.3	2.6	2.5	2.3	1.1	0.7	0.6
俄罗斯	—	—	21.6	15.5	14.7	14.8	15.3	15.3	17.2	—	5.2	-0.8*
其他	—	—	16.6	11.0	10.2	11.0	12.2	11.5	11.8	—	3.6	-1.2*
亚太	33.0	38.1	49.3	63.9	71.5	100.1	132.1	152.4	163.4	18.7	49.1	4.2
澳大利亚	2.1	2.2	2.6	2.9	3.3	3.7	3.8	3.7	3.6	1.2	1.1	1.4
中国	13.6	16.3	20.9	29.0	31.0	54.1	78.3	90.9	97.4	7.7	29.3	5.2
印度	2.6	3.8	5.3	7.0	8.9	10.7	15.7	20.4	22.8	1.5	6.8	5.7
日本	8.7	8.7	10.5	11.3	11.5	11.8	11.3	11.6	10.3	4.9	3.1	0.4
韩国	1.3	1.6	2.3	3.6	4.3	4.6	5.5	5.8	6.3	0.7	1.9	4.2
印尼	0.7	0.8	1.3	2.0	2.6	3.2	3.9	4.5	5.4	0.4	1.6	5.5
其他	4.1	4.8	6.3	8.1	9.9	12.0	13.5	15.4	17.7	2.3	5.3	3.8
中东	3.0	4.4	5.4	7.4	8.8	11.5	14.9	17.5	18.2	1.7	5.5	4.7
非洲	4.0	4.7	5.3	5.8	6.6	8.7	10.3	11.7	12.3	2.2	3.7	2.9
埃及	0.4	0.6	0.8	0.8	1.0	1.5	1.8	2.0	2.2	0.2	0.7	4.4
南非	2.1	2.2	2.4	2.6	2.8	3.7	4.2	4.2	4.0	1.2	1.2	1.7
其他	1.5	1.8	2.1	2.4	2.8	3.5	4.3	5.4	6.0	0.8	1.8	3.6
世界	177.1	182.5	205.2	213.7	232.4	270.8	305.8	323.7	332.7	100.0	100.0	1.6
OECD	105.8	103.4	110.6	115.3	125.5	128.6	123.7	116.9	113.1	59.8	34.0	0.2
非 OECD	65.6	73.8	88.3	91.2	98.4	132.3	170.9	194.9	207.8	37.1	62.5	3.0

数据来源：国际能源署，政府间气候变化专门委员会，英国石油公司，国网能源研究院。

注　* 表示 1990—2019 年均增速；e 代表估算。

2. 人均碳排放

表 C-38 1980—2019 年分地区人均碳排放

单位：吨二氧化碳

地区 / 国家	1980	1985	1990	1995	2000	2005	2010	2015	2019e	增速 (%) 1980—2019
北美	16.3	15.2	15.1	15.0	16.0	15.3	13.8	12.4	11.6	-0.9
美国	20.2	19.0	19.2	19.1	20.3	19.3	17.3	15.4	14.5	-0.8
加拿大	17.2	15.2	14.8	15.0	16.4	16.7	15.5	15.4	14.8	-0.4
墨西哥	3.0	3.2	3.1	3.2	3.6	3.9	3.9	3.6	3.1	0.0
中南美	1.9	1.6	1.7	1.8	2.0	2.1	2.3	2.5	2.2	0.5
巴西	1.4	1.2	1.2	1.4	1.7	1.7	1.9	2.2	2.0	0.9
阿根廷	3.4	2.9	2.9	3.1	3.5	3.6	4.0	4.2	3.7	0.2
其他	2.0	1.7	1.8	1.9	2.1	2.2	2.4	2.5	2.2	0.3
欧洲	9.7	9.4	9.7	7.9	7.6	7.8	7.5	6.8	6.7	-0.9
欧盟	—	—	8.4	7.9	7.8	7.9	7.2	6.3	5.8	-1.3*
英国	10.1	9.6	9.6	8.9	8.8	8.8	7.6	6.1	5.0	-1.8
法国	8.3	6.2	5.9	5.8	6.0	5.9	5.2	4.6	4.5	-1.5
德国	13.4	12.9	11.8	10.5	9.9	9.5	9.3	8.9	7.6	-1.4
意大利	6.3	6.0	6.9	7.1	7.4	7.9	6.6	5.4	4.8	-0.7
西班牙	5.0	4.5	5.2	5.7	6.9	7.6	5.6	5.3	4.9	0.0
俄罗斯	—	—	14.6	10.4	10.1	10.3	10.7	10.6	11.9	-0.7*
其他	—	—	6.8	4.4	4.1	4.3	4.6	4.2	4.2	-1.7*
亚太	1.4	1.5	1.7	2.1	2.2	2.9	3.6	4.0	4.2	2.8
澳大利亚	14.1	14.0	15.2	15.8	17.5	17.9	17.4	15.6	14.2	0.0
中国	1.4	1.5	1.8	2.4	2.5	4.1	5.9	6.6	7.0	4.2
印度	0.4	0.5	0.6	0.7	0.8	0.9	1.3	1.6	1.7	3.9
日本	7.5	7.2	8.5	9.0	9.0	9.2	8.8	9.1	8.2	0.2
韩国	3.3	3.8	5.4	7.9	9.2	9.5	11.1	11.4	12.2	3.4
印尼	0.5	0.5	0.7	1.0	1.2	1.4	1.6	1.8	2.0	3.8
其他	1.1	1.2	1.4	1.6	1.8	2.1	2.2	2.3	2.5	2.1
中东	1.2	1.5	1.6	1.9	2.1	2.4	2.8	3.0	2.9	2.2
非洲	0.9	0.9	0.9	0.8	0.9	1.0	1.0	1.0	1.0	0.3
埃及	0.9	1.3	1.4	1.3	1.5	1.9	2.1	2.2	2.2	2.2
南非	7.3	6.8	6.6	6.3	6.2	7.8	8.2	7.6	6.9	-0.1
其他	0.4	0.4	0.4	0.4	0.4	0.5	0.5	0.6	0.6	1.0
世界	4.0	3.8	3.9	3.7	3.8	4.2	4.4	4.4	4.3	0.2
OECD	10.7	10.0	10.3	10.4	10.9	10.8	10.0	9.2	8.7	-0.5
非 OECD	1.9	1.9	2.1	2.0	2.0	2.5	3.0	3.2	3.3	1.4

数据来源：世界银行，国际能源署，政府间气候变化专门委员会，英国石油公司，国网能源研究院。

注 * 表示 1990—2019 年均增速；e 代表估算。

3. 碳排放强度

表 C-39　1980—2019 年分地区碳排放强度　　单位：吨二氧化碳 / 万美元

地区 / 国家	1980	1985	1990	1995	2000	2005	2010	2015	2019e	增速 (%) 1980—2019
北美	6.7	5.7	5.2	4.9	4.5	4.0	3.6	3.0	2.6	-2.4
美国	7.1	5.9	5.3	5.0	4.5	4.0	3.6	2.9	2.6	-2.5
加拿大	5.9	4.8	4.4	4.3	4.2	3.8	3.3	3.1	2.9	-1.8
墨西哥	3.8	4.0	3.9	4.1	3.9	4.2	4.2	3.6	3.0	-0.6
中南美	2.5	2.3	2.6	2.6	2.8	2.7	2.5	2.8	2.6	0.1
巴西	1.7	1.5	1.6	1.6	1.9	1.8	1.7	1.9	1.8	0.1
阿根廷	4.2	4.2	4.6	4.0	4.2	4.3	3.8	3.9	3.8	-0.3
其他	3.0	2.8	3.6	3.5	3.7	3.5	3.4	4.0	3.4	0.3
欧洲	7.2	6.5	5.4	4.4	3.7	3.4	3.1	2.7	2.4	-2.8
欧盟	—	—	3.4	3.0	2.6	2.4	2.1	1.8	1.5	-2.7*
英国	4.6	3.9	3.3	2.9	2.5	2.2	1.9	1.4	1.1	-3.5
法国	3.1	2.2	1.8	1.7	1.6	1.5	1.3	1.1	1.0	-2.8
德国	5.1	4.6	3.6	3.0	2.6	2.5	2.2	2.0	1.6	-2.9
意大利	2.6	2.3	2.2	2.1	2.0	2.1	1.8	1.6	1.4	-1.6
西班牙	2.8	2.5	2.3	2.4	2.4	2.5	1.8	1.7	1.5	-1.7
俄罗斯	—	—	15.3	17.6	15.5	11.6	10.0	9.2	9.7	-1.5*
其他	—	—	5.9	3.7	3.0	2.7	2.8	2.2	2.0	-3.7*
亚太	6.2	5.6	6.1	6.5	6.2	7.0	7.3	6.6	5.9	-0.1
澳大利亚	4.7	4.4	4.2	4.1	3.9	3.7	3.3	2.8	2.5	-1.6
中国	40.0	28.8	25.2	19.7	13.9	15.2	12.9	10.2	8.4	-3.9
印度	8.9	9.9	10.4	10.8	10.2	9.0	9.4	8.9	7.7	-0.4
日本	2.9	2.3	2.2	2.2	2.1	2.1	2.0	1.9	1.7	-1.4
韩国	9.0	7.1	6.4	6.5	6.0	4.9	4.8	4.4	4.3	-1.9
印尼	3.7	3.7	4.2	4.6	5.6	5.6	5.2	4.6	4.5	0.5
其他	4.6	4.1	8.5	9.0	9.6	9.1	8.4	7.2	6.1	0.7
中东	1.8	3.0	3.1	3.6	3.5	3.7	3.9	3.8	4.1	2.1
非洲	5.2	5.6	6.0	6.2	5.7	5.8	5.3	5.1	4.8	-0.2
埃及	8.5	9.4	8.9	7.9	7.3	8.9	8.1	8.1	7.3	-0.4
南非	10.9	10.9	10.9	11.2	10.5	11.6	11.2	10.0	9.4	-0.4
其他	2.9	3.2	3.6	4.0	3.7	3.5	3.2	3.4	3.3	0.4
世界	6.4	5.8	5.4	5.1	4.7	4.7	4.6	4.3	3.9	-1.2
OECD	4.7	4.0	3.8	3.6	3.3	3.1	2.8	2.4	2.1	-2.0
非 OECD	11.8	12.3	10.0	9.1	8.0	8.2	7.8	7.1	6.6	-1.5

数据来源：世界银行，国际能源署，政府间气候变化专门委员会，英国石油公司，国网能源研究院。

注　* 表示 1990—2019 年均增速；e 代表估算。

附录D　展望数据表

表 D-1　加快转型情景全球展望结果

单位：百万吨标准煤

类别	2030	2040	2050
一次能源需求	21767	22424	22311
煤	23%	18%	13%
油	31%	30%	27%
气	22%	21%	20%
水	3%	3%	4%
核	5%	6%	6%
可再生能源及其他	15%	22%	30%
终端能源需求	16032	16855	17077
煤	11%	8%	6%
油	38%	36%	32%
气	14%	13%	12%
电	25%	31%	40%
热及其他	12%	11%	9%
工业	4752	4955	4941
煤	28%	23%	17%
油	10%	9%	9%
气	19%	18%	16%
电	34%	41%	50%
交通	4655	4929	4978
油	88%	81%	73%
气	4%	4%	5%
电	6%	13%	22%
居民	3386	3613	3845
煤	3%	2%	1%
油	8%	7%	5%
气	18%	15%	11%
电	32%	42%	55%
商业	1190	1207	1198
煤	5%	4%	2%
油	9%	7%	5%
气	21%	17%	13%
电	57%	64%	73%
其他	614	619	586
非能利用	1474	1575	1557

单位：百万千瓦

类别	2030	2040	2050
发电装机	12847	18426	25047
煤	2171	1949	1505
油	287	272	246
气	2414	2506	2316
水	1588	1799	2021
核	461	481	497
风	2065	3870	6464
光	3634	7231	11599
生物质及其他	227	317	400

单位：十亿千瓦・时

类别	2030	2040	2050
发电量	38240	50869	65989
煤	25%	17%	10%
油	2%	2%	1%
气	22%	18%	13%
水	14%	12%	11%
核	8%	7%	6%
风	13%	20%	28%
光	13%	22%	30%
生物质及其他	3%	3%	3%

类别	2030	2040	2050
人口（百万）	8450	9102	9602
GDP（万亿美元）	110	148	195
电力需求（十亿千瓦・时）	35140	46562	60190
碳排放（亿吨）	340	292	221
人均能源需求（吨标准煤）	2.6	2.5	2.3
人均电力需求（千瓦・时）	4158	5115	6268
人均碳排放（吨）	4.0	3.2	2.3
单位 GDP 能源需求（吨标准煤 / 万美元）	2.0	1.5	1.1
单位 GDP 电力需求（千瓦・时 / 万美元）	3201	3148	3085
单位 GDP 碳排放（吨 / 万美元）	3.1	2.0	1.1

表 D-2　加快转型情景北美展望结果

单位：百万吨标准煤

类型	2030	2040	2050
一次能源需求	3498	3340	3061
煤	6%	4%	2%
油	35%	32%	28%
气	33%	30%	25%
水	3%	3%	3%
核	9%	8%	7%
可再生能源及其他	14%	23%	34%
终端能源需求	2563	2491	2353
煤	1%	1%	1%
油	46%	42%	35%
气	20%	18%	15%
电	28%	35%	45%
热及其他	5%	4%	3%
工业	495	491	469
煤	7%	6%	5%
油	9%	8%	7%
气	41%	38%	32%
电	34%	41%	50%
交通	1020	981	915
油	86%	77%	65%
气	3%	3%	3%
电	7%	16%	29%
居民	445	431	409
煤	0%	0%	0%
油	7%	5%	3%
气	32%	26%	19%
电	55%	63%	73%
商业	333	321	304
煤	0%	0%	0%
油	6%	4%	3%
气	33%	28%	22%
电	59%	65%	73%
其他	90	96	92
非能利用	219	216	199

单位：百万千瓦

类别	2030	2040	2050
发电装机	2224	2985	3811
煤	122	62	32
油	27	17	12
气	709	663	508
水	208	216	221
核	99	86	69
风	491	787	1122
光	545	1121	1807
生物质及其他	24	31	41

单位：十亿千瓦・时

类别	2030	2040	2050
发电量	6709	8278	10107
煤	8%	3%	1%
油	0%	0%	0%
气	32%	24%	16%
水	12%	10%	8%
核	12%	8%	6%
风	21%	28%	34%
光	13%	23%	33%
生物质及其他	2%	2%	2%

类别	2030	2040	2050
人口（百万）	538	576	611
GDP（万亿美元）	25	31	37
电力需求（十亿千瓦・时）	6267	7715	9405
碳排放（亿吨）	49	38	25
人均能源需求（吨标准煤）	6.5	5.8	5.0
人均电力需求（千瓦・时）	11639	13384	15390
人均碳排放（吨）	9.0	6.6	4.0
单位 GDP 能源需求（吨标准煤 / 万美元）	1.4	1.1	0.8
单位 GDP 电力需求（千瓦・时 / 万美元）	2474	2503	2557
单位 GDP 碳排放（吨 / 万美元）	1.9	1.2	0.7

表 D-3　加快转型情景美国展望结果

单位：百万吨标准煤

类别	2030	2040	2050
一次能源需求	2848	2680	2412
煤	7%	4%	3%
油	35%	32%	28%
气	33%	31%	26%
水	1%	1%	2%
核	9%	9%	8%
可再生能源及其他	14%	23%	34%
终端能源需求	2094	2008	1870
煤	1%	1%	1%
油	46%	41%	35%
气	21%	18%	15%
电	28%	35%	45%
热及其他	5%	4%	4%
工业	377	368	346
煤	6%	6%	5%
油	7%	6%	6%
气	44%	40%	33%
电	33%	40%	49%
交通	852	811	747
油	86%	77%	64%
气	3%	3%	3%
电	7%	16%	29%
居民	368	353	332
煤	0%	0%	0%
油	5%	4%	2%
气	32%	25%	18%
电	52%	59%	69%
商业	294	282	266
煤	0%	0%	0%
油	4%	3%	2%
气	33%	28%	22%
电	60%	66%	73%
其他	54	54	52
非能利用	183	180	162

单位：百万千瓦

类别	2030	2040	2050
发电装机	1788	2323	2925
煤	112	58	30
油	24	16	11
气	631	592	453
水	102	106	107
核	88	77	61
风	401	616	842
光	413	837	1395
生物质及其他	17	21	25

单位：十亿千瓦・时

类别	2030	2040	2050
发电量	5344	6466	7781
煤	9%	4%	2%
油	0%	0%	0%
气	34%	27%	17%
水	6%	5%	4%
核	14%	10%	6%
风	22%	30%	35%
光	13%	23%	34%
生物质及其他	2%	2%	2%

类别	2030	2040	2050
人口（百万）	357	379	399
GDP（万亿美元）	21	26	31
电力需求（十亿千瓦・时）	5135	6212	7476
碳排放（亿吨）	39	30	19
人均能源需求（吨标准煤）	8.0	7.1	6.1
人均电力需求（千瓦・时）	14375	16383	18755
人均碳排放（吨）	11.0	8.0	4.9
单位 GDP 能源需求（吨标准煤 / 万美元）	1.3	1.0	0.8
单位 GDP 电力需求（千瓦・时 / 万美元）	2403	2397	2425
单位 GDP 碳排放（吨 / 万美元）	1.8	1.2	0.6

表 D-4　加快转型情景中南美展望结果

单位：百万吨标准煤

类别	2030	2040	2050
一次能源需求	1044	1138	1263
煤	4%	3%	2%
油	43%	40%	35%
气	22%	21%	19%
水	9%	10%	11%
核	1%	2%	3%
可再生能源及其他	20%	24%	30%
终端能源需求	814	905	1003
煤	2%	2%	1%
油	47%	44%	39%
气	13%	13%	12%
电	22%	28%	36%
热及其他	16%	14%	11%
工业	229	257	305
煤	6%	5%	4%
油	19%	17%	14%
气	21%	21%	18%
电	29%	36%	45%
交通	308	341	359
油	83%	80%	73%
气	5%	5%	5%
电	3%	8%	16%
居民	130	144	160
煤	0%	0%	0%
油	16%	15%	14%
气	12%	11%	9%
电	41%	48%	59%
商业	52	57	58
煤	0%	0%	0%
油	10%	8%	7%
气	8%	8%	6%
电	79%	81%	84%
其他	44	49	52
非能利用	54	61	69

单位：百万千瓦

类别	2030	2040	2050
发电装机	557	844	1269
煤	16	14	10
油	47	40	29
气	87	88	85
水	212	249	308
核	6	9	15
风	75	162	296
光	86	247	487
生物质及其他	29	36	40

单位：十亿千瓦・时

类别	2030	2040	2050
发电量	1834	2571	3706
煤	5%	3%	1%
油	7%	4%	2%
气	18%	13%	9%
水	42%	35%	30%
核	2%	2%	3%
风	12%	19%	25%
光	8%	18%	25%
生物质及其他	6%	5%	4%

类别	2030	2040	2050
人口（百万）	570	607	637
GDP（万亿美元）	6	8	11
电力需求（十亿千瓦・时）	1556	2182	3146
碳排放（亿吨）	14	14	13
人均能源需求（吨标准煤）	1.8	1.9	2.0
人均电力需求（千瓦・时）	2728	3593	4941
人均碳排放（吨）	2.5	2.3	2.0
单位 GDP 能源需求（吨标准煤 / 万美元）	1.7	1.4	1.1
单位 GDP 电力需求（千瓦・时 / 万美元）	2574	2684	2775
单位 GDP 碳排放（吨 / 万美元）	2.3	1.7	1.1

表 D-5　加快转型情景巴西展望结果

单位：百万吨标准煤

类别	2030	2040	2050
一次能源需求	468	516	593
煤	4%	3%	3%
油	41%	39%	33%
气	12%	12%	11%
水	11%	11%	10%
核	2%	3%	6%
可再生能源及其他	30%	32%	37%
终端能源需求	375	419	469
煤	3%	2%	2%
油	46%	43%	37%
气	6%	6%	6%
电	23%	29%	38%
热及其他	22%	19%	16%
工业	117	132	157
煤	8%	7%	6%
油	13%	11%	10%
气	15%	14%	12%
电	27%	34%	43%
交通	150	166	175
油	76%	72%	64%
气	3%	3%	3%
电	4%	10%	21%
居民	41	47	54
煤	0%	0%	0%
油	23%	21%	19%
气	1%	1%	0%
电	52%	59%	70%
商业	24	25	25
煤	0%	0%	0%
油	4%	3%	2%
气	2%	3%	3%
电	93%	93%	95%
其他	22	25	27
非能利用	24	27	32

单位：百万千瓦

类别	2030	2040	2050
发电装机	246	375	573
煤	4	4	2
油	4	3	2
气	18	22	27
水	116	130	145
核	4	6	12
风	45	86	138
光	37	102	222
生物质及其他	20	23	25

单位：十亿千瓦・时

类别	2030	2040	2050
发电量	835	1184	1718
煤	2%	2%	1%
油	1%	1%	0%
气	10%	8%	7%
水	49%	38%	29%
核	3%	4%	5%
风	17%	23%	26%
光	9%	17%	26%
生物质及其他	9%	7%	5%

类别	2030	2040	2050
人口（百万）	227	238	246
GDP（万亿美元）	3	4	5
电力需求（十亿千瓦・时）	750	1064	1544
碳排放（亿吨）	5	5	5
人均能源需求（吨标准煤）	2.1	2.2	2.4
人均电力需求（千瓦・时）	3301	4476	6271
人均碳排放（吨）	2.3	2.2	1.9
单位 GDP 能源需求（吨标准煤 / 万美元）	1.6	1.3	1.1
单位 GDP 电力需求（千瓦・时 / 万美元）	2553	2761	2909
单位 GDP 碳排放（吨 / 万美元）	1.8	1.3	0.9

表 D-6　加快转型情景欧洲展望结果

单位：百万吨标准煤

类别	2030	2040	2050
一次能源需求	3646	3512	3285
煤	10%	8%	6%
油	26%	23%	19%
气	34%	31%	25%
水	4%	4%	5%
核	11%	11%	10%
可再生能源及其他	14%	24%	35%
终端能源需求	2573	2476	2330
煤	4%	4%	4%
油	33%	29%	24%
气	25%	23%	18%
电	26%	34%	46%
热及其他	12%	10%	8%
工业	648	636	612
煤	11%	10%	9%
油	9%	8%	7%
气	29%	27%	23%
电	36%	42%	51%
交通	632	575	500
油	82%	73%	62%
气	6%	5%	5%
电	10%	20%	31%
居民	655	641	616
煤	3%	3%	3%
油	7%	5%	3%
气	36%	30%	19%
电	31%	44%	61%
商业	298	290	283
煤	4%	4%	3%
油	7%	6%	5%
气	25%	21%	13%
电	50%	58%	69%
其他	68	64	61
非能利用	271	266	253

单位：百万千瓦

类别	2030	2040	2050
发电装机	2276	3251	4206
煤	157	115	80
油	31	30	23
气	563	531	452
水	372	400	416
核	166	151	131
风	443	725	1136
光	464	1182	1825
生物质及其他	81	116	145

单位：十亿千瓦·时

类别	2030	2040	2050
发电量	6814	8712	10931
煤	9%	5%	3%
油	1%	1%	0%
气	27%	20%	14%
水	16%	14%	12%
核	16%	12%	8%
风	16%	21%	29%
光	9%	20%	28%
生物质及其他	6%	7%	7%

类别	2030	2040	2050
人口（百万）	932	936	932
GDP（万亿美元）	28	34	41
电力需求（十亿千瓦·时）	6285	8028	10069
碳排放（亿吨）	48	37	25
人均能源需求（吨标准煤）	3.9	3.8	3.5
人均电力需求（千瓦·时）	6744	8573	10807
人均碳排放（吨）	5.1	4.0	2.7
单位 GDP 能源需求（吨标准煤 / 万美元）	1.3	1.0	0.8
单位 GDP 电力需求（千瓦·时 / 万美元）	2228	2330	2465
单位 GDP 碳排放（吨 / 万美元）	1.7	1.1	0.6

表 D-7　加快转型情景英国展望结果

单位：百万吨标准煤

类别	2030	2040	2050
一次能源需求	205	186	168
煤	2%	2%	1%
油	33%	29%	22%
气	30%	25%	20%
水	1%	1%	1%
核	13%	14%	16%
可再生能源及其他	21%	30%	41%
终端能源需求	151	136	122
煤	2%	1%	1%
油	41%	35%	28%
气	26%	21%	15%
电	29%	40%	55%
热及其他	3%	2%	1%
工业	26	23	22
煤	8%	7%	6%
油	16%	15%	15%
气	30%	26%	21%
电	41%	48%	56%
交通	52	46	39
油	87%	73%	55%
气	0%	0%	0%
电	12%	26%	44%
居民	40	36	33
煤	1%	1%	1%
油	5%	4%	3%
气	53%	41%	23%
电	38%	52%	72%
商业	19	18	16
煤	0%	0%	0%
油	3%	2%	0%
气	38%	33%	24%
电	56%	64%	75%
其他	3	3	3
非能利用	10	10	9

单位：百万千瓦

类别	2030	2040	2050
发电装机	135	177	224
煤	0	0	0
油	0	0	0
气	19	16	15
水	6	6	5
核	10	10	10
风	57	71	81
光	35	66	104
生物质及其他	8	9	9

单位：十亿千瓦・时

类别	2030	2040	2050
发电量	391	489	604
煤	0%	0%	0%
油	0%	0%	0%
气	19%	13%	10%
水	3%	3%	2%
核	18%	14%	12%
风	38%	41%	40%
光	11%	19%	28%
生物质及其他	11%	10%	9%

类别	2030	2040	2050
人口（百万）	68	68	66
GDP（万亿美元）	3	3	4
电力需求（十亿千瓦・时）	385	481	594
碳排放（亿吨）	2	2	1
人均能源需求（吨标准煤）	3.0	2.7	2.5
人均电力需求（千瓦・时）	5654	7094	8943
人均碳排放（吨）	3.6	2.5	1.4
单位 GDP 能源需求（吨标准煤 / 万美元）	0.7	0.5	0.4
单位 GDP 电力需求（千瓦・时 / 万美元）	1257	1406	1589
单位 GDP 碳排放（吨 / 万美元）	0.8	0.5	0.2

表 D-8 加快转型情景法国展望结果

单位：百万吨标准煤

类别	2030	2040	2050
一次能源需求	291	267	248
煤	2%	1%	1%
油	27%	23%	17%
气	17%	14%	9%
水	3%	3%	3%
核	40%	38%	39%
可再生能源及其他	12%	21%	31%
终端能源需求	183	166	149
煤	1%	1%	1%
油	41%	35%	27%
气	18%	15%	10%
电	33%	44%	58%
热及其他	7%	6%	4%
工业	33	30	25
煤	5%	4%	4%
油	7%	6%	5%
气	41%	36%	29%
电	43%	51%	60%
交通	58	52	45
油	81%	67%	50%
气	1%	1%	1%
电	12%	27%	45%
居民	44	40	38
煤	0%	0%	0%
油	13%	11%	9%
气	26%	18%	6%
电	46%	60%	78%
商业	29	27	26
煤	0%	0%	0%
油	8%	6%	5%
气	25%	20%	13%
电	62%	69%	79%
其他	4	3	3
非能利用	15	14	12

单位：百万千瓦

类别	2030	2040	2050
发电装机	230	306	371
煤	2	1	1
油	2	1	0
气	17	14	10
水	25	25	24
核	51	45	42
风	44	72	98
光	88	146	191
生物质及其他	2	3	4

单位：十亿千瓦・时

类别	2030	2040	2050
发电量	653	784	935
煤	1%	0%	0%
油	0%	0%	0%
气	8%	6%	3%
水	10%	8%	7%
核	47%	35%	28%
风	14%	21%	26%
光	18%	28%	33%
生物质及其他	2%	2%	2%

类别	2030	2040	2050
人口（百万）	68	68	66
GDP（万亿美元）	3	3	4
电力需求（十亿千瓦・时）	543	652	777
碳排放（亿吨）	2	2	1
人均能源需求（吨标准煤）	4.3	4.0	3.7
人均电力需求（千瓦・时）	7998	9653	11746
人均碳排放（吨）	3.4	2.3	1.2
单位 GDP 能源需求（吨标准煤 / 万美元）	0.9	0.8	0.7
单位 GDP 电力需求（千瓦・时 / 万美元）	1753	1887	2058
单位 GDP 碳排放（吨 / 万美元）	0.7	0.5	0.2

表 D-9 加快转型情景德国展望结果

单位：百万吨标准煤

类别	2030	2040	2050
一次能源需求	349	305	262
煤	11%	4%	3%
油	33%	27%	20%
气	29%	26%	17%
水	1%	1%	2%
核	0%	0%	0%
可再生能源及其他	27%	41%	59%
终端能源需求	276	248	215
煤	3%	3%	2%
油	38%	31%	23%
气	21%	17%	10%
电	29%	42%	59%
热及其他	8%	7%	6%
工业	76	70	63
煤	10%	9%	8%
油	4%	3%	2%
气	32%	28%	20%
电	42%	50%	62%
交通	79	69	55
油	83%	69%	51%
气	1%	1%	1%
电	12%	26%	45%
居民	52	45	40
煤	1%	1%	0%
油	16%	12%	8%
气	34%	24%	7%
电	35%	52%	76%
商业	46	44	41
煤	0%	0%	0%
油	14%	10%	6%
气	28%	21%	9%
电	48%	61%	80%
其他	0	0	0
非能利用	24	20	15

单位：百万千瓦

类别	2030	2040	2050
发电装机	429	553	639
煤	16	0	0
油	2	1	1
气	53	48	28
水	13	13	13
核	0	0	0
风	126	158	164
光	207	320	420
生物质及其他	12	13	13

单位：十亿千瓦·时

类别	2030	2040	2050
发电量	823	1051	1281
煤	9%	0%	0%
油	0%	0%	0%
气	17%	13%	6%
水	4%	3%	3%
核	0%	0%	0%
风	30%	33%	31%
光	31%	44%	54%
生物质及其他	9%	7%	6%

类别	2030	2040	2050
人口（百万）	83	82	81
GDP（万亿美元）	4	5	6
电力需求（十亿千瓦·时）	735	939	1145
碳排放（亿吨）	5	3	1
人均能源需求（吨标准煤）	4.2	3.7	3.2
人均电力需求（千瓦·时）	8892	11412	14195
人均碳排放（吨）	5.8	3.5	1.7
单位 GDP 能源需求（吨标准煤 / 万美元）	0.8	0.6	0.5
单位 GDP 电力需求（千瓦·时 / 万美元）	1665	1841	1982
单位 GDP 碳排放（吨 / 万美元）	1.1	0.6	0.2

表 D-10　加快转型情景俄罗斯展望结果

单位：百万吨标准煤

类别	2030	2040	2050
一次能源需求	950	923	877
煤	9%	6%	4%
油	22%	21%	18%
气	51%	48%	43%
水	3%	4%	5%
核	11%	13%	15%
可再生能源及其他	3%	8%	16%
终端能源需求	650	630	586
煤	3%	2%	2%
油	29%	27%	24%
气	32%	31%	28%
电	19%	27%	37%
热及其他	17%	13%	9%
工业	172	164	151
煤	7%	7%	6%
油	11%	10%	9%
气	31%	30%	27%
电	28%	35%	45%
交通	127	121	112
油	67%	64%	55%
气	20%	17%	15%
电	13%	20%	29%
居民	166	159	150
煤	2%	1%	1%
油	4%	3%	1%
气	40%	36%	26%
电	22%	36%	56%
商业	47	44	42
煤	4%	3%	3%
油	6%	6%	6%
气	6%	5%	5%
电	43%	51%	62%
其他	13	12	10
非能利用	124	126	116

单位：百万千瓦

类别	2030	2040	2050
发电装机	522	766	996
煤	43	30	19
油	4	3	3
气	207	221	231
水	74	85	93
核	42	48	50
风	82	179	333
光	69	198	264
生物质及其他	1	1	2

单位：十亿千瓦・时

类别	2030	2040	2050
发电量	1503	1997	2580
煤	9%	5%	2%
油	1%	1%	0%
气	40%	33%	28%
水	17%	15%	13%
核	19%	17%	13%
风	9%	17%	28%
光	6%	14%	16%
生物质及其他	0%	0%	0%

类别	2030	2040	2050
人口（百万）	142	141	139
GDP（万亿美元）	2	2	3
电力需求（十亿千瓦・时）	1339	1779	2298
碳排放（亿吨）	14	11	8
人均能源需求（吨标准煤）	6.7	6.6	6.3
人均电力需求（千瓦・时）	9431	12661	16517
人均碳排放（吨）	9.6	7.9	5.9
单位 GDP 能源需求（吨标准煤 / 万美元）	4.7	3.8	2.8
单位 GDP 电力需求（千瓦・时 / 万美元）	6592	7277	7432
单位 GDP 碳排放（吨 / 万美元）	6.7	4.6	2.7

表 D-11 加快转型情景亚太展望结果

单位：百万吨标准煤

类别	2030	2040	2050
一次能源需求	10060	10268	9958
煤	43%	34%	24%
油	26%	25%	23%
气	12%	14%	15%
水	3%	3%	4%
核	4%	6%	7%
可再生能源及其他	12%	18%	27%
终端能源需求	7291	7660	7603
煤	20%	16%	12%
油	32%	30%	27%
气	8%	9%	10%
电	28%	34%	43%
热及其他	12%	10%	8%
工业	2926	3029	2932
煤	41%	33%	25%
油	8%	8%	8%
气	8%	9%	10%
电	35%	42%	51%
交通	1507	1635	1672
油	86%	78%	68%
气	5%	6%	6%
电	8%	15%	25%
居民	1358	1436	1510
煤	5%	4%	2%
油	10%	8%	7%
气	9%	9%	10%
电	34%	46%	60%
商业	405	410	398
煤	11%	7%	3%
油	13%	10%	7%
气	12%	10%	9%
电	56%	64%	73%
其他	353	348	314
非能利用	741	798	774

单位：百万千瓦

类别	2030	2040	2050
发电装机	6658	9331	11969
煤	1834	1739	1360
油	79	62	45
气	619	731	774
水	714	852	972
核	187	234	277
风	885	1750	2848
光	2253	3837	5538
生物质及其他	88	126	157

单位：十亿千瓦・时

类别	2030	2040	2050
发电量	19121	24886	30624
煤	42%	29%	18%
油	1%	1%	0%
气	12%	11%	10%
水	12%	11%	11%
核	6%	7%	7%
风	10%	17%	24%
光	15%	22%	28%
生物质及其他	2%	2%	2%

类别	2030	2040	2050
人口（百万）	4449	4647	4738
GDP（万亿美元）	43	64	90
电力需求（十亿千瓦・时）	17777	23099	28438
碳排放（亿吨）	176	147	106
人均能源需求（吨标准煤）	2.3	2.2	2.1
人均电力需求（千瓦・时）	3995	4971	6002
人均碳排放（吨）	4.0	3.2	2.2
单位 GDP 能源需求（吨标准煤 / 万美元）	2.3	1.6	1.1
单位 GDP 电力需求（千瓦・时 / 万美元）	4122	3601	3149
单位 GDP 碳排放（吨 / 万美元）	4.1	2.3	1.2

表 D-12　加快转型情景中国展望结果

单位：百万吨标准煤

类别	2030	2040	2050
一次能源需求	5021	4485	3928
煤	51%	40%	28%
油	20%	19%	18%
气	9%	11%	14%
水	3%	4%	5%
核	5%	8%	11%
可再生能源及其他	12%	17%	24%
终端能源需求	3770	3510	3150
煤	24%	18%	13%
油	23%	20%	15%
气	7%	9%	10%
电	38%	48%	58%
热及其他	8%	5%	3%
工业	1753	1573	1366
煤	46%	36%	24%
油	4%	4%	4%
气	7%	9%	12%
电	38%	46%	56%
交通	708	669	604
油	82%	73%	51%
气	7%	8%	8%
电	10%	19%	40%
居民	550	512	493
煤	11%	8%	5%
油	9%	7%	5%
气	11%	12%	12%
电	38%	52%	70%
商业	172	160	147
煤	20%	13%	4%
油	14%	10%	6%
气	10%	9%	7%
电	47%	60%	75%
其他	223	213	190
非能利用	365	382	351

单位：百万千瓦

类别	2030	2040	2050
发电装机	3598	4826	5360
煤	1303	1093	800
油	1	0	0
气	186	239	254
水	391	468	510
核	105	200	230
风	718	1270	1630
光	855	1490	1850
生物质及其他	41	67	85

单位：十亿千瓦・时

类别	2030	2040	2050
发电量	10748	13104	14127
煤	48%	29%	18%
油	0%	0%	0%
气	6%	7%	7%
水	13%	12%	12%
核	7%	11%	12%
风	15%	24%	30%
光	9%	15%	18%
生物质及其他	2%	2%	3%

类别	2030	2040	2050
人口（百万）	1431	1438	1402
GDP（万亿美元）	21	33	48
电力需求（十亿千瓦・时）	10204	12441	13413
碳排放（亿吨）	93	64	40
人均能源需求（吨标准煤）	3.5	3.1	2.8
人均电力需求（千瓦・时）	7132	8653	9565
人均碳排放（吨）	6.5	4.5	2.9
单位 GDP 能源需求（吨标准煤 / 万美元）	2.4	1.3	0.8
单位 GDP 电力需求（千瓦・时 / 万美元）	4871	3734	2786
单位 GDP 碳排放（吨 / 万美元）	4.4	1.9	0.8

表 D-13 加快转型情景印度展望结果

单位：百万吨标准煤

类别	2030	2040	2050
一次能源需求	1803	2362	2791
煤	45%	35%	24%
油	26%	24%	22%
气	9%	10%	11%
水	2%	2%	2%
核	2%	4%	6%
可再生能源及其他	16%	25%	35%
终端能源需求	1367	1784	2089
煤	19%	17%	13%
油	30%	29%	27%
气	8%	9%	11%
电	23%	29%	38%
热及其他	20%	15%	11%
工业	549	749	846
煤	45%	39%	32%
油	12%	11%	10%
气	4%	5%	6%
电	26%	33%	41%
交通	241	346	452
油	92%	84%	74%
气	4%	5%	6%
电	4%	10%	20%
居民	343	418	500
煤	1%	1%	1%
油	14%	13%	12%
气	5%	8%	11%
电	27%	39%	55%
商业	53	66	74
煤	13%	9%	5%
油	6%	5%	4%
气	8%	11%	14%
电	44%	49%	55%
其他	73	73	70
非能利用	108	132	146

单位：百万千瓦

类别	2030	2040	2050
发电装机	1239	2331	3474
煤	344	351	278
油	7	3	1
气	69	87	92
水	83	110	134
核	18	38	70
风	248	577	1140
光	451	1138	1725
生物质及其他	19	27	34

单位：十亿千瓦·时

类别	2030	2040	2050
发电量	3282	5424	8055
煤	51%	31%	16%
油	0%	0%	0%
气	6%	5%	4%
水	8%	6%	5%
核	4%	5%	6%
风	13%	22%	34%
光	18%	31%	35%
生物质及其他	1%	1%	1%

类别	2030	2040	2050
人口（百万）	1505	1613	1696
GDP（万亿美元）	5	9	14
电力需求（十亿千瓦·时）	2769	4685	7119
碳排放（亿吨）	31	33	28
人均能源需求（吨标准煤）	1.2	1.5	1.6
人均电力需求（千瓦·时）	1840	2904	4197
人均碳排放（吨）	2.1	2.0	1.6
单位 GDP 能源需求（吨标准煤 / 万美元）	3.5	2.6	1.9
单位 GDP 电力需求（千瓦·时 / 万美元）	5375	5199	4967
单位 GDP 碳排放（吨 / 万美元）	6.1	3.7	2.0

表 D-14　加快转型情景日本展望结果

单位：百万吨标准煤

类别	2030	2040	2050
一次能源需求	519	461	393
煤	21%	18%	17%
油	35%	29%	24%
气	23%	22%	20%
水	2%	3%	4%
核	9%	11%	9%
可再生能源及其他	9%	16%	27%
终端能源需求	358	321	285
煤	6%	5%	3%
油	45%	37%	29%
气	11%	10%	9%
电	36%	46%	57%
热及其他	2%	2%	2%
工业	91	80	73
煤	24%	19%	12%
油	17%	14%	12%
气	14%	15%	16%
电	41%	48%	57%
交通	82	67	52
油	88%	75%	58%
气	0%	0%	0%
电	11%	24%	41%
居民	59	56	53
煤	0%	0%	0%
油	21%	17%	12%
气	18%	15%	11%
电	60%	67%	76%
商业	70	66	63
煤	1%	1%	1%
油	14%	8%	3%
气	21%	16%	10%
电	63%	73%	84%
其他	10	10	8
非能利用	46	41	36

单位：百万千瓦

类别	2030	2040	2050
发电装机	400	467	547
煤	35	32	29
油	18	13	10
气	90	77	60
水	55	61	68
核	43	28	16
风	29	59	103
光	122	187	251
生物质及其他	7	9	10

单位：十亿千瓦・时

类别	2030	2040	2050
发电量	1151	1301	1444
煤	21%	17%	14%
油	4%	2%	2%
气	31%	24%	18%
水	8%	8%	8%
核	11%	11%	7%
风	6%	11%	19%
光	13%	20%	27%
生物质及其他	5%	5%	6%

类别	2030	2040	2050
人口（百万）	122	117	112
GDP（万亿美元）	7	7	8
电力需求（十亿千瓦・时）	1111	1256	1393
碳排放（亿吨）	8	6	3
人均能源需求（吨标准煤）	4.2	3.9	3.5
人均电力需求（千瓦・时）	9098	10705	12487
人均碳排放（吨）	6.4	4.8	3.1
单位 GDP 能源需求（吨标准煤 / 万美元）	0.8	0.6	0.5
单位 GDP 电力需求（千瓦・时 / 万美元）	1703	1769	1839
单位 GDP 碳排放（吨 / 万美元）	1.2	0.8	0.5

表 D-15　加快转型情景韩国展望结果

单位：百万吨标准煤

类别	2030	2040	2050
一次能源需求	372	325	273
煤	25%	23%	20%
油	34%	33%	31%
气	14%	15%	15%
水	0%	0%	0%
核	10%	8%	6%
可再生能源及其他	16%	21%	28%
终端能源需求	233	212	186
煤	5%	4%	3%
油	49%	46%	42%
气	11%	10%	8%
电	31%	37%	44%
热及其他	4%	3%	3%
工业	62	54	46
煤	16%	13%	9%
油	6%	6%	5%
气	16%	16%	16%
电	53%	59%	65%
交通	51	47	40
油	86%	74%	59%
气	5%	6%	7%
电	8%	19%	33%
居民	24	22	20
煤	3%	2%	2%
油	14%	13%	12%
气	33%	24%	11%
电	44%	57%	72%
商业	31	31	28
煤	0%	0%	0%
油	8%	6%	4%
气	16%	14%	11%
电	68%	73%	79%
其他	7	7	5
非能利用	58	52	47

单位：百万千瓦

类别	2030	2040	2050
发电装机	209	254	277
煤	38	35	29
油	2	1	0
气	43	45	44
水	8	8	7
核	16	11	7
风	21	45	66
光	74	103	117
生物质及其他	6	6	7

单位：十亿千瓦・时

类别	2030	2040	2050
发电量	646	708	743
煤	36%	29%	22%
油	1%	0%	0%
气	21%	21%	20%
水	1%	1%	1%
核	15%	10%	6%
风	7%	15%	23%
光	14%	20%	24%
生物质及其他	5%	4%	4%

类别	2030	2040	2050
人口（百万）	53	53	51
GDP（万亿美元）	2	2	3
电力需求（十亿千瓦・时）	629	689	724
碳排放（亿吨）	5	4	3
人均能源需求（吨标准煤）	7.0	6.2	5.4
人均电力需求（千瓦・时）	11796	13113	14261
人均碳排放（吨）	9.2	7.2	5.0
单位 GDP 能源需求（吨标准煤 / 万美元）	2.1	1.5	1.1
单位 GDP 电力需求（千瓦・时 / 万美元）	3581	3178	2840
单位 GDP 碳排放（吨 / 万美元）	2.8	1.7	1.0

表 D-16 加快转型情景中东展望结果

单位：百万吨标准煤

类别	2030	2040	2050
一次能源需求	1387	1597	1747
煤	1%	1%	1%
油	42%	39%	36%
气	50%	44%	37%
水	0%	0%	0%
核	0%	1%	1%
可再生能源及其他	7%	15%	25%
终端能源需求	945	1124	1276
煤	1%	1%	1%
油	45%	42%	37%
气	33%	29%	23%
电	21%	28%	39%
热及其他	0%	0%	0%
工业	273	314	347
煤	2%	2%	2%
油	18%	15%	12%
气	60%	49%	33%
电	21%	34%	52%
交通	276	331	381
油	89%	81%	68%
气	5%	6%	6%
电	5%	14%	26%
居民	164	195	226
煤	0%	0%	0%
油	15%	14%	14%
气	42%	35%	26%
电	43%	50%	60%
商业	57	69	80
煤	0%	0%	0%
油	5%	4%	3%
气	21%	19%	16%
电	73%	75%	79%
其他	23	26	28
非能利用	153	189	213

单位：百万千瓦

类别	2030	2040	2050
发电装机	603	1099	1804
煤	4	3	3
油	78	89	97
气	278	318	338
水	21	22	22
核	3	6	9
风	66	209	446
光	152	448	884
生物质及其他	1	3	4

单位：十亿千瓦・时

类别	2030	2040	2050
发电量	1998	3231	5053
煤	1%	0%	0%
油	20%	14%	10%
气	54%	39%	27%
水	1%	1%	1%
核	1%	1%	1%
风	8%	18%	27%
光	14%	26%	34%
生物质及其他	0%	0%	0%

类别	2030	2040	2050
人口（百万）	284	321	357
GDP（万亿美元）	3	5	7
电力需求（十亿千瓦・时）	1756	2840	4441
碳排放（亿吨）	23	23	20
人均能源需求（吨标准煤）	4.9	5.0	4.9
人均电力需求（千瓦・时）	6186	8838	12449
人均碳排放（吨）	8.1	7.1	5.5
单位 GDP 能源需求（吨标准煤 / 万美元）	2.3	1.9	1.5
单位 GDP 电力需求（千瓦・时 / 万美元）	5351	6166	6737
单位 GDP 碳排放（吨 / 万美元）	7.0	4.9	3.0

表 D-17 加快转型情景非洲展望结果

单位：百万吨标准煤

类别	2030	2040	2050
一次能源需求	1464	1802	2204
煤	10%	8%	6%
油	24%	24%	22%
气	20%	20%	15%
水	2%	2%	2%
核	0%	0%	0%
可再生能源及其他	44%	46%	54%
终端能源需求	1177	1462	1785
煤	3%	2%	2%
油	27%	27%	26%
气	6%	6%	5%
电	15%	21%	30%
热及其他	49%	44%	38%
工业	181	228	275
煤	11%	9%	7%
油	20%	20%	19%
气	19%	18%	15%
电	30%	37%	45%
交通	244	328	422
油	95%	90%	84%
气	1%	1%	1%
电	4%	8%	15%
居民	634	766	924
煤	1%	1%	0%
油	3%	2%	1%
气	2%	2%	2%
电	12%	20%	31%
商业	45	59	75
煤	6%	4%	2%
油	9%	9%	9%
气	1%	1%	1%
电	50%	54%	61%
其他	35	37	38
非能利用	37	44	50

单位：百万千瓦

类别	2030	2040	2050
发电装机	578	1215	2353
煤	47	46	42
油	26	38	44
气	168	216	194
水	67	89	112
核	3	3	4
风	113	301	710
光	148	513	1228
生物质及其他	5	10	19

单位：十亿千瓦·时

类别	2030	2040	2050
发电量	1762	3158	5480
煤	15%	9%	5%
油	4%	3%	2%
气	35%	25%	13%
水	15%	11%	8%
核	1%	1%	0%
风	17%	26%	36%
光	13%	25%	35%
生物质及其他	1%	1%	1%

类别	2030	2040	2050
人口（百万）	1677	2014	2329
GDP（万亿美元）	4	6	9
电力需求（十亿千瓦·时）	1498	2666	4604
碳排放（亿吨）	16	18	18
人均能源需求（吨标准煤）	0.9	0.9	0.9
人均电力需求（千瓦·时）	893	1324	1977
人均碳排放（吨）	0.9	0.9	0.8
单位 GDP 能源需求（吨标准煤 / 万美元）	3.9	3.1	2.4
单位 GDP 电力需求（千瓦·时 / 万美元）	3940	4616	4986
单位 GDP 碳排放（吨 / 万美元）	4.1	3.1	1.9

表 D-18　加快转型情景南非展望结果

单位：百万吨标准煤

类别	2030	2040	2050
一次能源需求	215	231	256
煤	47%	36%	25%
油	18%	18%	16%
气	8%	9%	9%
水	1%	1%	1%
核	3%	3%	3%
可再生能源及其他	23%	33%	46%
终端能源需求	131	139	140
煤	20%	17%	15%
油	35%	34%	34%
气	4%	4%	4%
电	28%	34%	42%
热及其他	13%	10%	6%
工业	47	50	48
煤	33%	30%	27%
油	7%	5%	4%
气	10%	11%	9%
电	44%	50%	57%
交通	35	40	47
油	95%	88%	78%
气	0%	0%	0%
电	5%	12%	22%
居民	29	28	25
煤	18%	16%	14%
油	2%	1%	1%
气	0%	0%	0%
电	30%	43%	61%
商业	7	7	6
煤	37%	33%	27%
油	3%	2%	1%
气	3%	5%	7%
电	57%	60%	65%
其他	5	6	6
非能利用	7	8	9

单位：百万千瓦

类别	2030	2040	2050
发电装机	132	185	235
煤	34	27	20
油	0	0	0
气	9	14	22
水	6	7	7
核	2	3	3
风	30	48	67
光	49	83	111
生物质及其他	1	2	5

单位：十亿千瓦・时

类别	2030	2040	2050
发电量	374	480	599
煤	43%	26%	15%
油	0%	0%	0%
气	4%	5%	7%
水	3%	3%	3%
核	5%	4%	4%
风	22%	29%	34%
光	23%	32%	35%
生物质及其他	0%	1%	2%

类别	2030	2040	2050
人口（百万）	61	64	65
GDP（万亿美元）	1	1	1
电力需求（十亿千瓦・时）	346	444	554
碳排放（亿吨）	4	3	2
人均能源需求（吨标准煤）	3.5	3.6	3.9
人均电力需求（千瓦・时）	5668	6955	8464
人均碳排放（吨）	6.2	4.9	3.8
单位 GDP 能源需求（吨标准煤 / 万美元）	4.1	3.3	2.7
单位 GDP 电力需求（千瓦・时 / 万美元）	6544	6403	5803
单位 GDP 碳排放（吨 / 万美元）	7.2	4.6	2.6

参考文献

[1] International Energy Agency. World Energy Outlook 2020. Paris，2020.

[2] International Energy Agency. Global Energy Energy Review 2019: The latest trends in energy and emissions in 2019. Paris, 2020.

[3] International Energy Agency. Global Energy Energy Review 2020: The impacts of the Covid-19 crisis on global energy demand and CO_2 emissions. Paris, 2020.

[4] International Energy Agency. World Energy Outlook Special Report: Sustainable Recovery. Paris，2020.

[5] International Energy Agency. Energy Technology Perspectives 2020. Paris, 2020.

[6] International Energy Agency. World Energy Investment 2020. Paris, 2020.

[7] International Energy Agency. Energy Efficiency 2020. Paris, 2020.

[8] International Energy Agency. Global EV Outlook 2020: Entering the decade of electric drive?. Paris, 2019.

[9] International Renewable Energy Agency. Global Renewables Outlook (2020). Abu Dhabi, 2020.

[10] International Renewable Energy Agency. Reaching Zero with Renewables. Abu Dhabi, 2020.

[11] International Renewable Energy Agency. Renewable Capacity Statistics 2020. Abu Dhabi, 2020.

[12] International Renewable Energy Agency. Renewable Energy Statistics 2020. Abu Dhabi, 2020.

[13] International Renewable Energy Agency. Renewable Power Generation Costs in 2019. Abu Dhabi, 2020.

[14] World Energy Council. World Energy Scenarios 2019: Exploring Innovation Pathways to 2040. London, 2019.

[15] World Energy Council. World Energy Insights Brief 2019: Global Energy Scenarios Comparison Review. London, 2019.

[16] World Economic Forum. Fostering Effective Energy Transition (2020 edition). Switzerland，2020.

[17] U.S. Energy Information Administration. International Energy Outlook 2020. Washington DC, 2020.

[18] Institute of Energy Economics, Japan. Outlook 2021: Energy transition in the post corona world. Tokyo, 2020.

[19] The Energy Research Institute of the Russian Academy of Sciences. Global and Russian Energy Outlook 2019. Moscow, 2019.

[20] BP. 69th Edition of Statistical Review of World Energy. London, 2020.

[21] BP. Energy Outlook (2020). London,

2020.
[22] ExxonMobil. 2019 Outlook for Energy: A Perspective to 2040. Texas, 2019.
[23] Equinor. Energy Perspectives 2020: A time of great uncertainty. Norway, 2020.
[24] Total. Total Energy Outlook 2020. Paris, 2020.
[25] DNV GL. Energy Transition Outlook 2020: A global and regional forecast to 2050. Norway, 2020.
[26] Richard G.Newell, Daniel Raimi, Seth Villanueva, and Brian Prest. Global Energy Outlook 2020: Energy Transition or Energy Addition. Resources for the Future, 2020.
[27] Richard G.Newell and Daniel Raimi. Global Energy Outlook Comparison Methods: 2020 Update. Resources for the Future, 2020.
[28] OPEC. World Oil Outlook 2045 (2020). Vienna , 2020.
[29] Gas Exporting Counties Forum. Global Gas Outlook 2050. Doha, 2019.
[30] International Hydropower Association. 2020 Hydropower Status Report: Sector trends and insights. London, 2020.
[31] IAEA. Energy, Electricity and Nuclear Power Estimates for the Period up to 2050. Vienna, 2019.
[32] EMBER. Global Electricity Review 2020. London, 2020.
[33] BP. BP Technology Outlook: Technology choices for a secure, affordable and sustainable energy future. London, 2015.
[34] BP. BP Technology Outlook: How technology could change the way energy is produced and consumed. London, 2018.
[35] DNV GL. Energy Technology Outlook 2025. Norway, 2016.
[36] IEEE Power & Energy Society. Sharing Knowledge on Electrical Energy Industry's First Response to Covid-19. Washington, 2020.
[37] Eurelectric. Impact of Covid-19 on Customers and Society: Recommendations from the European Power Sector. Brussels, 2020.
[38] 陈新华．能源改变命运一中国应对挑战之路［M］．北京：新华出版社，2008.
[39] 罗伯特·海夫纳三世．能源大转型：气体能源的崛起与下一波经济大发展［M］．马圆春，李博抒，译．北京：中信出版社，2013.
[40] 朱彤，王蕾．国家能源转型：德、美实践与中国选择［M］．浙江：浙江大学出版社，2015.
[41] 胡森林．能源大变局：中国能否引领世界第三次能源转型［M］．北京：石油工业出版社，2015.
[42] 迈克尔·伊科诺米迪斯，谢西娜．能源：中国发展的瓶颈［M］．陈卫东，孟凡奇，译．北京：石油工业出版社，2016.
[43] 丹尼尔·拉卡耶，迪亚哥·帕瑞拉．能源世界是平的［M］．欧阳瑾，译．北京：石油工业出版社，2017.

[44] 谢克昌，等．推动能源生产和消费革命战略研究［M］．北京：科学出版社，2017.

[45] 瓦科拉夫・米斯尔．能源转型：数据、历史与未来［M］．高峰，江艾欣，李宏达，译．北京：科学出版社，2018.

[46] 菲利普・安德鲁斯一斯皮德．中国能源治理：低碳经济转型之路［M］．张素芳，等，译．北京：中国经济出版社，2018.

[47] 林益楷．能源大抉择：迎接能源转型的新时代［M］．北京：石油工业出版社，2019.

[48] 杨雷．能源的未来：数字化与金融重塑［M］．北京：石油工业出版社，2020.

[49] 国际能源署．数字化与能源［M］．中国科学院武汉文献情报中心，译．北京：科学出版社，2019.

[50] 国务院发展研究中心，壳牌国际有限公司．全球能源转型背景下的中国能源革命［M］．北京：中国发展出版社，2019.

[51] 国家发展改革委能源研究所．中国能源展望2018—2019［M］．北京：中国经济出版社，2019.

[52] 中国科学院创新发展研究中心．中国先进能源2035技术预见［M］．北京：科学出版社，2020.

[53] 王永中，田慧芳，等．世界能源中国展望（2020）［M］．北京：中国社会科学出版社，2020.

[54] 中国社会科学院研究生院国际能源安全研究中心．世界能源蓝皮书：世界能源发展报告（2020）［M］．北京：社会科学文献出版社，2020.

[55] 中国石油经济技术研究院．2050年世界与中国能源展望（2019）．北京，2019.

[56] 电力规划设计总院．中国能源发展报告2019［M］．北京：中国电力出版社，2020.

[57] 赵庆波，单葆国．世界能源需求现状及展望［J］．中国能源，2002，（02）：34-36.

[58] 单葆国，张春成，李江涛，刘小聪．1980—2015年全球能源供需格局演变［N］．国家电网报，2017-12-19（005）.

[59] 单葆国，李江涛，张春成，徐朝．展望：2050年全球能源发展趋势［N］．国家电网报，2018-01-09（005）.

[60] 张春成，李江涛，单葆国．一带一路沿线将成全球电力投资洼地［N］．中国能源报，2018-03-26（004）.

[61] 李江涛，王雨薇．世界主要国家人均用电情况探析［J］．电力决策与舆情参考，2018，335（01）：15-18.

[62] 李江涛．能源消费和碳排放在气候治理与能源转型中的角色与作用［J］．中国电力企业管理，2019（04）：68-71.

[63] 李江涛，翁玉艳，张春成，单葆国．《BP世界能源展望（2019）》数字背后的逻辑与判断［J］．电力决策与舆情参考，2019，397（01）：36-40.

[64] 李江涛，张春成，翁玉艳，单葆国．听邻国日本说中国能源发展［J］．能源，2019（06）：62-65.

[65] 李江涛．从情景层面研阅世界能源展望［J］．能源，2019（07）：57-59.

[66] 李江涛．能源经济分析需要新理念［N］．中国能源报，2019-07-15（004）.

[67] 李江涛，翁玉艳，单葆国．“煤降油稳气增”是全球能源大势［N］．中国能源报，2019-07-29（004）.

[68] 李江涛，张春成，翁玉艳，单葆国．基于情景的世界能源展望归纳研究（2019）[J]．能源，2019（08）：65-69.

[69] 李江涛，张春成，单葆国．隐藏在世界能源展望背后的“权谋”[N]．中国能源报，2019-12-20（004）．

[70] 李江涛，翁玉艳，张春成，单葆国．能源统计的国际对比与思考建议［J］．电力决策与舆情参考，2019，426（44）：26-30.

[71] 单葆国，李江涛，张春成，翁玉艳．全球都在走的能源转型路：清洁低碳 + 电气化［N］．国家电网报，2019-12-31（005）．

[72] 李江涛，张春成，翁玉艳，单葆国．新冠疫情对全球能源发展的短期冲击与中期影响［N］．中国能源报，2020-06-08（004）．

[73] 张春成，李江涛，翁玉艳，单葆国．2019 年全球电力发展回顾及 2020 年展望［J］．中国电力企业管理，2020，601（06）：94-95.